■ 浙江工商大学文化精品研究工程

■ 改革开放40周年浙商研究院智库丛书

"撤村建居"

人的现代化和社区融合

马 良 陶 莺 / 著

浙江工商大学出版社 | 杭州

ZHEJIANG GONGSHANG UNIVERSITY PRESS

图书在版编目(CIP)数据

"撤村建居"：人的现代化和社区融合 / 马良，陶
莺著. — 杭州：浙江工商大学出版社，2018.12
　　ISBN 978-7-5178-3072-6

　　Ⅰ. ①撤… Ⅱ. ①马… ②陶… Ⅲ. ①城市化－社区
建设－研究－中国 Ⅳ. ①D669.3

　　中国版本图书馆 CIP 数据核字(2018)第 277567 号

"撤村建居"：人的现代化和社区融合
"CHECUN JIANJU"：REN DE XIANDAIHUA HE SHEQU RONGHE
马　良　陶　莺著

责任编辑	徐　凌　谭娟娟	
封面设计	王妤驰	
责任印制	包建辉	
出版发行	浙江工商大学出版社	
	（杭州市教工路 198 号　邮政编码 310012）	
	（E-mail：zjgsupress@163.com）	
	（网址：http://www.zjgsupress.com）	
	电话：0571 - 88904980,88831806(传真)	
排　　版	杭州朝曦图文设计有限公司	
印　　刷	杭州高腾印务有限公司	
开　　本	710mm×1000mm　1/16	
印　　张	18	
字　　数	284 千	
版 印 次	2018 年 12 月第 1 版　2018 年 12 月第 1 次印刷	
书　　号	ISBN 978-7-5178-3072-6	
定　　价	53.80 元	

丛书编委会

总 主 编: 陈寿灿

副总主编: 李　军

副 主 编: 范　钧　鲍观明　吴　波

编　　委(按照姓氏笔画排序):

于希勇　马　良　马淑琴　王江杭　刘　杰

肖　亮　余福茂　周鸿承　姜　勇　宫云维

徐　锋　徐越倩　高　燕　陶　莺　黎　常

总　序

　　当代中国社会 40 年的改革开放历程与当代浙江发展的"浙江模式"及当代浙商的成长是一个相互辉映、互促互进的动态历史进程。一方面，当代中国改革开放伟大进程既成就了当代"浙江模式"的发展奇迹，也成就了当代浙商的辉煌，并因此成为考察"浙江模式"与浙商成就的基础视界；另一方面，当代"浙江模式"与浙商以其自身的耀眼成就与成长轨迹诠释了中国改革开放 40 年的时代特点，涉及各历史时期的政治、经济结构性样态与转型范式。 与之相应的是，作为改革开放之潮头阵地的浙江经济及作为改革开放之急先锋的浙商所代表的发展理念、未来趋势也在某种程度上指明了当代中国全面改革开放的可能方向。

　　所谓"浙江模式"，是指在由计划经济向市场经济及由农业社会向工业社会转型的进程中，发源于"温州模式"的以市场为主导、民营经济为主体及服务型地方政府建设为特征的当代中国改革开放进程中最具活力的经济模式。 "浙江模式"的最主要特色在于创新——特别是通过民间尝试性制度创新——形成了民间投资、民间运营和民间分享的"民有、民营、民享"的自我循环体系，型塑了内生型的自组织的增长动力系统，并在结合社会发展与政府治理模式创新的基础上，较早且较为系统地解决了经济体制改革中的企业改制与产权改革等问题。 可以说，"浙江模式"极为动态地呈现了经济体制改革图景中社会发展的内生型逻辑：一方面，制度变革首先为个体私营经济、民营经济的发展开辟了道路，并因此成为促进当代中国个体经济、民营经济发展的直接力量；另一方面，基于个体创业或集体创业的浙江个体私营经济和民营经济发展实践，成为中国改革开放的先锋，并为制度变革提供了坚实的基础和实践依据，从而成为推动制度变革的积极力量。

20世纪90年代以后，"温州模式"扩展至台州、宁波、绍兴、金华和杭州等地。进入21世纪，"浙江模式"又率先在乡村振兴、电子商务、海外并购、绿色金融等领域迅速发展，极大地拓展了"浙江模式"的恢宏图景，不但在当代中国改革开放与现代化建设中的道路开创与引领方面有所建树，更重要的是，"浙江模式"还在当代中国发展的"中国经验"的型构中，为全球发展中国家的发展提供了极其有益的"中国道路"与"中国方案"的战略借鉴。因为，在本质上，"浙江模式"代表的是新兴的中国特色社会主义市场经济模式，是中国特色社会主义道路的基本方向与策略指引下的市场经济，而"浙江模式"的成功代表了中国道路与中国方案的科学性与有效性。

当代浙商是浙江模式的最先锋力量，他们因特色的发展道路与辉煌的成就成为当代中国社会经济领域最引人瞩目的群体。当代浙商，萌芽于20世纪70年代末期即改革开放初期，在80年代商品经济和市场发育的进程中积聚了最初的资本力量；而后，在90年代市场经济体制建构的实践中迅速成长，并伴随着国有经济战略性调整和企业改制、产权改革等一系列的改革绘就了恢宏的浙商新画卷。当代浙商在90年代之前的发展历程，最为生动地呈现了他们自主改革、自担风险、自我发展、自强不息的"四自精神"。进入21世纪以来，当代浙商又成为中国经济融入全球化进程的先锋力量，迅速在经济全球化的进程中积极布局，在世界创业与全球并购中崭露头角。可以说，在当代中国，特别是在改革开放以来的社会进程中，当代浙商因其在国内外众多经济热点领域中的活跃表现与巨大成就而成为被公众广泛认可的地域性商帮。它既充分诠释了当代中国改革开放的伟大进程，又深刻揭示了作为浙商成长的"浙江模式"的实践价值。尤其值得关注的是，不论是当代浙江经济发展的"浙江模式"还是当代浙商创造的巨大成就，都离不开特定的文化支撑与引领。 马克斯·韦伯在其《新教伦理与资本主义精神》一书中阐明了一个关于经济发展与文化支撑的真理性命题，即"任何形态的经济发展都必定内蕴了特定的文化力支撑，缺少这种文化力的支撑，任何形态的经济发展都不可能获得持续的生命力"。 这一命题说明，当代浙江经济发展必定基于特定的文化力支撑，毫无疑问，浙学传统才是浙商文化、浙江经济发展的源头活水。 而浙学传统所代表的并非一般意义上的地域性学术，因为，无论是从其学术要旨的维度还是从其学术的实践精神维度考察，浙学传统所代表的其实是中国传统文化的承继与创新性发展，并在这种承继与创新性发展中成就独特的浙商精神，其要旨有三：①以义和利的义利观。 浙商精神中的以义和利的义利观既是对儒家传统的义利观的继承，又在永嘉事功学说的基础上有所开掘：一方面，永嘉事功学说的基本旨趣在于经世致用，它承继了二程的"义为利之和"的义利观，强调义和利并没有绝对的分别，即所谓的"圣人以义为利，义安处便为利"；另一方面，永嘉事功学说虽提倡事功趣向，但其事功并非以个体功利为目标，并非如道学家所批判的"坐在利欲的胶漆盆中"那样，而是始终把国家民族的社会公利置于私利之上。叶适所倡导的即是"明大义，求公心，图大事，立定论"的"公利主义"精神。 ②知行合一。 知行合一是阳明心学的核心要旨，一方面它强调知中有行，行中有知，反对把知与行截然二分化。 故王阳明说："知是行的主意，行是知的工夫，知是行之始，行是知之成。"另一方面，阳明心学的知行与道德是高度一致的，在四句教中就有"知善知恶是良知，为善去恶是格物"，故此，其知行观内蕴了深刻的道德追求。 正是这种以知善为善行的取向成就了浙商的儒商气度。 ③包容开放精神。 从中国传统文化发展的角度看，两宋以来，浙学绝非只意味着狭隘的地域性文化发展：永嘉学派、金华的婺学代表了儒家文化在浙江的传承与发展；象山心学虽盛于赣，但象山之后心学的最盛况发展却仍在浙江，先有甬上心学承象山衣钵，后有阳明心学之气象大成。 朱氏闽学源于且盛于福建，但朱熹之后，闽学在黄榦之后便转向浙江，黄震是闽学在浙江最具代表性的学者，也是闽学后期最具代表性的学者。由此不难看出，浙学发展最为完美地体现了创新与融汇乃是成就学术气象的根本。在浙学激荡成长的过程中确立起来的浙江精神、浙商传统也因此成为最富于包容与开放的精神。

值此当代中国改革开放 40 年之际，我们推出"改革开放 40 周年浙商研究院智库丛书"，拟在当代中国改革开放的恢宏图景中审视当代浙江经济、社会发展的"浙江模式""浙江经验"与"浙商精神"，既在历史的回溯与反思中深究未来浙江发展的应然方向与实践路径，又在"浙江模式""浙江经验"与"浙商精神"的系统阐述中挖掘后发地区可资借鉴的思想资源与实践经验。收入本丛书的研究成果，不同于传统意义上的浙江经济发展研究与浙商研究，它们不求面面俱到，但求视界独特；不求论述系统，但求思想创进；它们既着眼于揭示当代浙江经济社会发展与浙商精神的文化真谛，又努力澄清人们在相关问题上的认知误区。

《中国范本：改革开放 40 年义乌国际贸易综合改革的理路与成就》一书通过介绍改革开放以来义乌市场的发展历程，义乌国际贸易综合改革试点的确立与进展，"一带一路"背景下义乌市场竞争新支点、电子商务与物流业的新发展等内容，展现了义乌打造国际贸易综合改革的创新之路。《以利养义：改革开放 40 年浙商参与公益研究》则从改革开放以来社会主义市场经济体制建立与完善的视角解读了浙商及其文化，并从企业家的社会效应维度审视了浙商的公益参与，阐明了浙商的公益参与在促进经济增长和社会进步方面的重要作用。《中国模式：中国跨境电商综合试验区试点实践与创新经验》在全面回顾当代中国改革开放 40 年以来电子商务及跨境电商发展历程、趋势与动因的基础上，从微观、中观和宏观的角度系统阐述了跨境电商相关理论；在总结我国跨境电商综合试验区试点背景与历程、试点方案、试点成效与存在问题的基础上，从业务模式、"单一窗口"、产业园区、物流模式、制度创新的角度系统阐述了我国跨境电商综合试验区试点的主要内容和实践创新，并从杭州、宁波、义乌跨境电商综合试验区试点建设背景与基础、现状与问题、成效与对策的角度总结了跨境电商综合试验区试点的浙江经验。《治理转型：浙江服务型政府建设研究》主要论述了浙江省服务型政府建设在简政放权、规制权力、效率提升和民生保障等方面的经验，并提出了服务型政府建设的未来趋向。《"撤村建居"：人的现代化和社区融合》一书以多元中心的理论为主导，主要探讨了"撤村建居"社区的基层社会治理以及基层社区重建与"城市化"建设方面的重要问题，阐明了突破"城乡二元分治"的基本路径及如何通过完善基层民主自治实现"人的城市化"等问题。《健康浙江：社会健康治理的方法与实践》一书以当代中国改革开放 40 年为背景，系统梳理了"健康中国"发展的主要脉络，并在中日社区健康教育比较的基础上，阐述了浙江杭州市 30 个街道、300 个社区在社区健康教育方面的典型案例和成功经验，阐明了将社会工作方法融入公共健康教育，以及从以卫生管理与控制为目的的行政主导型健康教育到个人自发参与学习的以居民需求为核心的公共卫生健康教育发展的实践路径。《浙商与制度环境的共生演化：企业家精神配置的视角》一书基于企业家精神配置理论，对转型经济背景下浙商的行为进行解释，构建了企业家与制度之间的互动分析框架，并在总结不同时期浙商成长路径、机制和模式研究的基础上，从理论层面和实践层面诠释了浙商 40 年的技术创新和制度创新行为。《浙学传统与浙商精神》深入探究了浙江思想文化与社会经济发展的互动关系，阐明了浙江文化与浙学思想传统及浙江精神之间的内在关联，并揭示了浙学的基本精神对当代浙江乃至中国的经济社会发展、文化建设的重要价值和普遍意义，以及其中存在的一些问题。《中国商业史研究 40 年》是第一部针对改革开放以来中国商业史研究的学术总结类专著，作者系统梳理了近 40 年来的中国商业史研究及其走向，并简要介绍了相关的研究论著、研究团体和研究机构等。《南宋临安商业史资料整理与研究》通过对正史、地方志、笔记小说等有关南宋临安商业资料的整理，深入研究了南宋临安的商业状况，再现了 700 多年前杭州商业的繁荣盛况。《朝廷之厨：杭州运河文化与漕运史研究》一书通过中西方历史文献、档案资料的比较研究，立体地呈现了杭州历史上的漕运文化的历史变迁、演变特征与区域特点，并在大力倡议"一带一路"及大运河文化带构建的时代背景下，探讨杭州漕运文化的历史遗产价值。《〈童子鸣集〉笺注》在对《童子鸣集》进行点校的基础上，对童珮生平及交游进行了翔实的考证，并将相关成果以笺注形式呈现，在为学界提供扎实可靠的古籍整理文本方面有所建树。

整体地看，当代中国改革开放的 40 年，是浙江经济快速发展的 40 年，也是浙江经验、"浙江模式"发展的 40 年。"浙江模式"并不意味着一个固定的产业模式，作为一种具有典范性的发展模式，"浙江模式"的独特之处在于，它的每一发展阶段都是当代中国改革开放的先锋与旗帜，这里既体现了浙商的创新进取精神，也体现了浙商精神与浙学传统在当代浙江发展中的文化力，而这种创新进取的浙商精神与浙学传统的文化力恰是未来浙江经济、社会发展的不竭的动力源泉！

是为序。

陈寿山

2018 年 10 月 30 日

本著作是以下项目资助成果：

教育部人文社会科学研究项目规划基金项目：基于"多元中心"治理模式下的"撤村建居"社区公共服务和社区组织发育途径及机制研究（编号：09YJA840036）

前　言

2018 年是"承前启后"的关键之年，既是改革开放 40 周年，也是党的"十九大"之后的开局年；2018 年也是一个充满挑战的年份，从国际局面来看，以"中美贸易战"为主导的形势压力巨大，从国内发展来看，以"三大攻坚战"为主导的任务艰巨，我们必须坚持以习近平新时代中国特色社会主义思想为指导，深入贯彻落实党的"十九大"、十九届一中、二中和三中全会精神，为实现"两个百年"伟大目标努力奋斗。很明显，党的"十九大"把"五位一体"（经济建设、政治建设、文化建设、社会建设和生态建设）上升为中国特色社会主义事业的"总体布局"，这对深化政府职能转型，构建公共服务型政府提出了更高要求。

党的"十九大"报告明确指出，中国基层社会治理"要健全党委领导、政府负责、社会协同、公众参与和法治保障的共建共治共享的社会治理新格局"。这就讲明了一个问题：基层社会治理的重心是什么？一是"社区"。基层社区建设的实质也应围绕政府组织、党的组织、经济组织、社区中介组织、社区自治组织等之间的权利关系的协调来寻找制度创新的突破口。当前，在整个社会治理格局中，基层社会治理重心向社区转移是一种发展趋势，社区建设的目标是要为社区中的每个居民提供最具有"个体适当性"的自治机会和发展空间，其工作重点是推进公共产品的均衡化和推进基层民主自治[1]。社区成

---

[1] 彼得·德鲁克：《城市文明化》，载德鲁克基金会主编：《未来的社区》，中国人民大学出版社 2006 年版，序言 1—4。

为公民利用公共空间参与社会发展进程和分享社会发展成果的最有效的途径和渠道，社区不仅是一个公民居住的场所，也是公民参与政治实践和发育利他主义公民意识的场所。社区的核心是"精神共同体"。二是基层政府的治理要构建和谐社会，社区是社会最基层的"细胞"。面对日益多元化和异质性的民众需求，政府的行政管理和处置难以达成有效满足。政府应转变职能，从行政管理型政府转向公共服务型政府。社会工作专业服务将成为沟通政府、基层民众和社会组织之间的"桥梁"，直接体现出"适度普惠"社会福利体系的基本要求，这不仅能构建基础性的社会秩序，而且能够增量社区社会资本，从基层社区开始来重建社会信任①。

政府和社区双向互动是基层社会治理创新的关键。现代众多社会问题无法单一依靠经济发展来解决，随着社会问题的尖锐化，这些社会问题将成为经济发展的制约性因素。要从深层次来解决社会问题，必然要依靠社会治理创新。推进中国社会建设，特别是加大整个社会的"福利投资"，不仅有利于实现由简单体力劳动者向综合能力高的劳动者的转变，给经济发展带来"新动力"，而且有利于实现由传统的"个体性"社会向现代"利他主义社群性"社会转向，给社会发展奠定稳定的基础。同时，面对公共服务领域内的市场失灵和政府失灵问题，社区作为最基层的社会性组织，其参与公共事务治理具有天然的合理性。法国政治学家比埃尔·卡蓝默指出："一个强加于人、凌驾于社会之上、能够实现发展的国家形象正在消失，取而代之的是采取一种更加客观的观念来审视公共行动、统合各种社会力量的条件。因此，国家和其他行动者的合作伙伴关系具有压倒一切的重要性。"②社区是社会建设和管理的基础环节，也是各种社会矛盾的交会点和聚集点。从公共管理角度看，它是城市管理的"神经末

---

① 英格拉姆：《公共管理体制改革的模式》，载《西方国家行政改革述评》，国家行政学院出版社 1998 年版，第 62—63 页。

② 比埃尔·卡蓝默：《破碎的民主——试论治理的革命》，三联书店 2005 年版，第 56 页。

梢";从政府权力的角度看,它是国家行政权力在城市最底层的延续,是城市公共权力的起点与发展基础;从利他主义公民责任的角度看,社区是利他主义精神培育和社会组织的发源地①。 现代社会的"转型升级",不仅是经济增长模式的变革,更加重要的是社会发展的"转型升级"。

一、基层社区治理创新的理论意义

第一,基层社区治理是实现人民群众"美好生活"的重要内容。党的"十九大"在报告中明确指出:当前中国社会的主要矛盾已经转化为人民群众日益增长的美好生活需要和不平衡不充分的发展之间的矛盾。 这种不平衡不充分的发展主要是经济和社会发展的不平衡不充分,要解决这种不平衡不充分的发展,就要贯彻"五位一体"均衡发展的总体战略,尤其要加快社会建设的发展速度。

更进一步来说,人民群众的美好生活需要指人民群众不仅对物质文化提出了更高要求,而且在"民主、法治、公平、正义、安全和环境"等方面的需求也日益增长。 基层社区治理的加强,尤其是基层社区治理中的"三社联动",有利于推进基层民主全面落实,推进基层治理中自治、法治、德治体系的形成,推进对弱势群体的精准帮扶,保障社会公平公正,从而赋予广大民众更高的社会安全感和良好的社会治理环境。 因此,习总书记强调:"社会治理的重心必须落到城乡社区,社区服务和管理能力强了,社会治理的基础就实了。"②

第二,基层社区治理是社会建设的重要内容。 社会建设是社会和谐稳定的重要保证。 首先,社会建设要落实基本公共服务,搞好民生工程,这就是党的"十九大"中提到的"七个有":幼有所育、学有所教、劳有所得、病有所医、老有所养、住有所居和弱有所扶。 基

---

① 杨团:《社区公共服务论析》,华夏出版社 2002 年版,第 32—74 页。

② 《习近平:社会治理的重心必须落实到城乡、社区》,人民网,2016 年 3 月 5 日,http://politics.people.com.cn/n1/2016/0305/c1024-28174494.html。

层社区治理就是要基层牢牢守住"民生底线"，通过社会救助、社会福利和养老服务发展等实现民生工程，保护基层民众的基本生存权和基本发展权。习总书记也指出，"让老百姓过上好日子是我们一切工作的出发点和落脚点"①，基层社区治理立足于基层社区，"加强社区服务能力建设，更好为群众提供精准化精细化服务"②。

其次，社会建设就是要创新共建共治共享社会治理新格局，搞好民主工程。做好基层民主工作，就是要落实民主工程，推进社会组织发展，确立基层群众社会参与的主体性地位。"党委领导"是关键，要加强党的自身建设，还要全面促进党和群众密切联系；"政府负责"是基础，做民生工程，政府要占据主导地位；"社会协同"是桥梁，要转型为公共服务型政府，实现"小政府、大社会"，就要大力培育社会组织，形成政府和社会组织全面协同创新；"公众参与"是目标，要确立基层民众参与的主体性地位，要体现"公众性"特征，提升基层民众参与的组织化；"法治保障"是归宿，法治不是为了管理，而是为了保护，保护广大群众当家做主的权利，保护合法利益不受侵犯，高水平的民主和高水平的法治是相辅相成的。

第三，基层社区治理是完善国家治理能力现代化的必然要求。在国家治理现代化体系构建中，处理好政府和市场、政府和社会组织、社会组织和市场之间的关系非常重要。要靠"三社联动"助推基层社区治理：（1）基层社区建设中，社区居民委员会属于基层群众自治性的社会组织，而街道乡镇属于基层政府组织，两者之间不应该存在"上下级领导关系"，因此，在未来社区建设过程中必然要走"去行政化"的发展路径；（2）基层社会组织发展是确立基层民众参与主体性地位的组织保证，基层群众组织化程度的提高，不仅有利于建设基层民主，而且有利于基层民众参与回归理性化和法治化，推动基层

①《习近平总书记系列重要讲话读本：让老百姓过上好日子》，《人民日报》，2014年10月13日。
②《在湖北考察长江经济发展的经济运行情况　习近平：奋力谱写新时代湖北发展新篇章》，《人民日报（海外版）》，2018年4月30日，第2版。

社会矛盾的有效化解；（3）推动基层社区和基层社会组织提高专业化水平，社会工作的服务领域是渗透到社会福利各个领域的，专业化的社会工作服务能提供治疗性、成长性和发展性服务。

第四，基层社区治理是基层社会资本增量的有效路径。 20世纪50年代，布迪厄首先提出了"社会资本"的概念，后由罗·普特南集大成。 社会资本理论强调"人与人、人与组织之间形成的诚信、利他主义社会支持网络本身就是一种资本，而且是21世纪最具有竞争力的资本"。 显然，社会资本有别于传统自然资本（土地、矿产资源等）、经济资本（金钱等）和人力资本（科学技术等），它是一种人际网络和人际支持，互联网技术的发展也为社会资本效应的发挥提供了技术性基础，诚信和利他主义行为是这种资本的最大特征，当前的"区块链"技术则是这种资本作用的显现。 社会资本增量的路径是政府的社会福利、基层社会组织发展和基层社区建设。 因此，基层社区治理是基层社会资本投资的重要路径。

第五，基层社区治理要做到"减负增效"，就是要创新"三社联动"。 政府"简政放权"，减少制度性成本，是基层社区治理"减负"最重要的内容，基层群众有自我管理、自我服务的能力。 基层社区治理"增效"，就是要提升基层的社会公平和政府基本公共服务的输送效率，增强基层能力建设；就是要推进专业社会组织发展，通过政府购买提供专业服务；就是要完善基层民主自治组织发育，提升基层民主自治空间，基层民众的"自组织化"程度大幅度提升；就是要推进基层社区备案性社会组织发展，完善居民互助自主的社区志愿服务体系，降低政府社区治理成本。 社会工作人才队伍和专业社会工作服务则是架起社区建设和社会组织发展之间的桥梁，社区建设"去行政化"和社会组织"专业化"必须导入专业社会工作服务。

第六，"撤村建居"社区治理创新实际上还是"乡村振兴"战略的示范工程。 党的"十九大"报告明确指出，乡村振兴的目标是实现"农村农业的现代化""建立健全城乡融合发展体制机制和政策体系"。 很显然，乡村振兴就是要推进"以城带乡"，实现真正的城市化发展战略,通过乡村振兴,使广大农村居民在知识储备、财富准备和心理准备上能够真正融入城市文明和城市生活方式。 就目前而言,2017 年全国的城市化率大约为 58%,还有大约 42% 的人口居住在农村,中国的城市化显然还要向前推进,大量的农村人口还要进入城市,乡村振兴战略实际上也是新一轮城市化的必然要求。 "撤村建居"社区治理恰恰是农村变城市,农民变市民,农村生活方式变城市生活方式的过程。

二、基层社区治理的实践意义

第一,基层社区治理内容创新上,不仅要注重物质性帮扶,还要注重服务性导入。 现代基层社区治理在基础物质性帮扶服务体系过程中,还要更加重视发展型的服务。 例如,对基层民主中村规民约等"软约束力"的重视,对低保户家庭如何走出低保困境的能力建设等的重视,这将为专业社会工作服务的发展带来巨大空间。

第二,基层社区治理着力点在创新上,社区建设要导入专业社会工作方法。 专业化的社区工作主要围绕社区组织发展和社区经济发展。 社区组织发展是确立基层民众参与主体性地位的组织保证,也是整合各种社会资源推进社区建设的组织载体;社区经济发展是让社区具有自我造血功能即社会企业发展的必然要求,其目标是提升相对弱势的居民的社区参与能力,社会企业的属性是通过市场化手段实现公益性目标。 未来社区建设要进入 3.0 时代,社区建设要突破原来"三位一体"(社区党组织、社区公共服务站和社区居民委员会)体制中"政社不分"的行政化格局,社区居民委员会要回归基层民主自治的主体,尤其要推进基层社区建设的考核指标转向,由原来的以政府行政考核为主导转向以社区需求为主导,这种社区需求就是要实现居民对社区的认同感和归属感,推进社区社会资本的增量。 基层社区建设要摆脱经验化路径,走专业化发展之路,社会工作专业服务的导入已成必然。 逐步建立一支素质优良的专业化社区工作者队伍是当前的目标。

　　第三，基层社区治理创新的重点工作之一是大力推进基层社会组织发展。从广义上而言，社会组织主要涉及社会团体、基金会和民办非企业单位三大类。对于基层社区治理而言，基层社会组织主要指基层专业服务组织、基层民主自治组织和基层社区备案社会组织。基层专业社会组织主要涉及政府购买服务、搭建政府基本公共服务输送路径；基层民主自治组织主要涉及集体性社区居民、搭建基层民主自治体系；基层社区备案社会组织主要涉及个体性居民、搭建基层居民互助性志愿服务体系。当然，不同社会组织之间不是条块分割的，而是相互联系的，这种联系的桥梁就是专业社会工作服务。

　　第四，基层社区治理创新重点工作之一是大力推进社会工作人才队伍建设。社会建设需要自己的专业化队伍，基层社区治理的"铁军"需要走专业化和职业化发展。同时，基层社区治理"铁军"的形成还需要"友军"（社区基层组织和社会组织发展）的支援，其连接点是专业社会工作服务。应该说，在经济建设中，经济人才的培养正高歌猛进，在法治建设中，法律人才的数量也在迅猛发展，而在社会建设中，社会工作人才队伍建设发展速度还跟不上实践发展的需求，因此必须要加快社会工作人才队伍的建设。

　　第五，基层社区治理创新的关键点是落实好基层党建工作。基层党建是基层社区治理的最大特征，做好抓基层打基础的工作，夯实党执政的组织基础，关键是要建设一支高素质基层党组织带头人队伍。党建引领，就是要坚持"以人民为中心"，把居民群众的获得感、幸福感和满意度作为检验工作成效的第一标准，把实现好、维护好、发展好居民群众的根本利益作为首要目标。基层党组织要增强对基层群众凝聚力、吸引力和战斗力，必须要密切党群关系，必须要提升抵制基层不良社会风险能力，尤其是消除民间宗教和封建迷信等影响。

C目 录
ontents

1

"撤村建居"社区治理的研究背景

现代社会的高速发展反而导致了人性"异化",人们在不断拷问:"发展的本质是什么?""作为具有公共权威的政府到底要把公民引向何方?""作为公民,是否有权利和能力参与政府的公共决策呢?"对这些问题的探求,实际上就是对一种新的社会治理体制的探求。

很显然,改革开放 40 年来,现代化(工业化、城市化和信息化)、市场化和全球化的进程推动中国社会发生了"翻天覆地"的巨大变化,新的历史发展阶段必然会产生新的社会问题,然而,政府在面对复杂社会问题时,原有的单一"行政管制"或"意识形态教化"已无法从深层次来透视问题的根源,无法真正发挥有效的治理功能。在传统社会管理体制下,由于受到"强势政府"或"万能政府"等观念的影响,"政府治理和市场治理""政府治理和社会治理""社会治理和市场治理"之间边界不清等问题不可避免,加之社会治理的主体——社会组织属于"尚未分化成熟"的整体性社会,这不仅使社会本身的主动性和积极性不能得到很好的发挥,也使基层社会的自我治理能力不能得到充分发挥,这严重影响了社会治理主体与政府主体、市场主体之间的协调和健康发展。在新的发展阶段,我们只有充分认识到"社会利益多元性、社会主体多元化",才能形成"管理—服务—自治"的新型社会治理体系。

1.1 新型社会治理体系建设

中国改革开放 40 年来，经济发展取得了巨大成就，但是社会发展相对滞后，社会治理体制的创新已经上升到国家发展战略高度。中国在 2010 年提前 40 年实现了 20 世纪 80 年代确立的 2050 年人均国民生产总值 4000 美元的经济发展指标，到 2017 年，人均国民生产总值已经超过 9000 美元。但是，中国整体社会的发展却存在结构性缺陷，经济发展与社会发展的不平衡不充分特征明显：虽然经济实现了快速增长，改革开放 40 年来平均保持 9.5％的年增长速度，中国的国内生产总值已经名列世界第二，但在某种程度上，中国依靠较低最终消费支出特别是居民消费支出来实现增加资本的形成总额，社会发展的指标并没有与经济发展指标同步发展，甚至有些指标发展严重"滞后"：生育难、上学难、就业难、看病难、养老难、住房难、生活难等成为中国社会的突出矛盾。中国社会福利水平不仅与发达国家存在一定的差距，甚至与很多发展中国家相比优势也不明显，例如贫富差距问题、中等收入规模扩大等问题，这些都会成为未来经济发展的"瓶颈"。

1.1.1 构建"管理—服务—自治"社会治理体系

改革开放 40 年来，我国社会的整体格局已经发生了翻天覆地的变化，改革开放的总思路也从原来单一的经济体制改革转向经济体制改革、政治体制改革、生态文明管理体制改革、文化建设管理体制改革和社会管理体制改革的综合配套，这是改革开放从非均衡走向均衡发展的必然要求。党的"十八大"报告提出，中国改革开放新的总体战略就是要实现由原来的"一切以经济建设为中心"转向经济建设、政治建设、社会建设、文化建设、生态建设"五位一体"的发展，党的"十九大"报告把"五位一体"提升到中国特色社会主义事业的"总体布局"，"四个全面"（全面改革开放、全面小康社会、全面依法治国和全面从严治党）是中国特色社会主义事业的战略布局，两者共同构成"两大布局"。经济体制改革的目标是要实现从原有传统计划经济体制向中国特色社会主义的市场经济体系转变，要实现"政府和企业"分离；政治体制改革的目标是转变政府职能，由"万能型"向"服务型"政府转移；社会治理改革目标是全面落实科学发展观，注重民生民主，实现"政府和社会组织的分离"。

从现代社会的组织体系来说，政府组织、市场组织和社会组织分别代表着"三大部门"。作为公共服务型的现代政府，政府是拥有行政强制力的公共权威组织，其角色从对社会的单一管理者逐步向"多元治理主体"中的主导者转移，其职责是追求社会公正公平，保护公民的基本生存权，促进公民社会权实现，为全体民众提供各类具有"非排他性和均衡性"的公共产品，坚持公共利益最大化原则。作为生产型的市场组织，其职责是追求股东的最大限度的利益，以生产为优先和效率为生命，为社会民众提供可供选择的尽可能多的优质商品，按照市场运行原则来实现自愿前提下的公平交换。作为非营利和非政府的社会组织，其职责是使得社会公众通过"组织"力量来平衡各种社会权力关系，既可以加强公民自我管理和自律行为，也可以推进社会福利事业发展，社会组织在提供社会性和互助性服务、协调不同集团的利益、化解社会矛盾和冲突、组织化反映基层民众的需要和诉求等方面发挥了积极作用。政府、市场和社会三者之间构建了新型的合作伙伴关系。

为了实现"两个百年"发展目标，实现可持续的科学发展，中国社会的发展必须要达成经济和社会的协调发展，就必须在保持经济稳定发展的前提下，加大力度来推进社会治理体制改革和创新。只有这样，才能改变经济发展和社会发展"一条腿长一条腿短"的局面。应该说，社会管理的科学化就是社会治理，社会治理的过程是以维护社会秩序为目的来规范和协调社会关系、社会组织和社会行为的活动，就是要消除人们生存和发展的社会性障碍，诸如贫困、疾病、歧视、隔离和差别待遇等，并提供"全方位"的安全保障。在现代社会治理的体制和制度设计中，管理绝对不是自上而下的单向管理，而是"多元社会主体"之间互动式的合作管理；管理手段也不可能单纯凭借"行政管控"或"意识形态教化"来完成，而是通过以"服务"为主导的治理来推动公民自治能力的提升。因此，构建"管理—服务—自治"的社会治理新格局是未来发展的大方向。

1.1.2　社会治理体系创新是解决社会矛盾的关键

近年来，中国社会中"不和谐"的现象持续不断产生。 2018 年出现了轰动全国的吉林省长春市长生生物"疫苗事件"、安徽省六安市的乡村教师"讨薪事件"、江西省殡葬改革中的"强抢棺材事件"，这些事件本身对国家治理体系和治理能力的现代化提出了更高要求，也体现出社会公众的民主意识、法治意识等正日益提升。 在中国的工业化推进过程中，工业化加速了农业社会向工业社会的转变，但随着生产力的极大发展和物质商品的极大丰富，失业问题、环境污染问题、工伤和职业病问题、老龄化问题等也开始出现。 同时，在城市化推进下，城市文明的大扩张实现了乡村社会向城镇社会的转变，但与人口流动和生活水平提升相伴随的，是城乡不均衡发展问题的出现，乡村的空心化和凋零化现象严重，在城市还出现了各种"城市病"——城市贫困、城市犯罪、农民工和流动人口群体、精神性疾病高发等；在农村则出现了"失地农民"、留守儿童、留守妇女和留守老人等具有中国特色的社会问题。在市场化的推进下，中国实现了由计划经济型向市场经济型社会的转变，初步实现了物质从匮乏到丰裕、生活水平从温饱到小康的转变，与此相伴的，则是群体之间的贫富差距问题和区域之间发展不平衡的问题等。 在信息化革命的推进下，通信技术和互联网的普及正在改变着人们的生活方式和交往方式，而随着生活质量和工作效率的提升，人们也变得越来越"原子化"和"空间化"，传统的社区共同体解体，众多不讲诚信和道德滑坡等问题以及婚姻家庭危机相继出现。 在全球化的推动下，社会实现了由生存型社会向发展型社会的转变，而资本和市场的强势扩张使得弱势群体权益受到侵害，与此相对应的，维护弱势群体的社会运动也日益高涨。 同样的，全球化带来了多元文化，社会格局将会从整体性社会走向高度分化和多元化的社会。

很显然，众多的社会问题是无法单一依靠经济的发展来解决的，而且社会问题的尖锐化将成为经济发展的制约性因素。 因此，要从深层次解决社会问题，必然要加快社会管理体制的改革和创新。 推进中国社会建设，要通过构建与经济发展水平相适应的社会福利体系来加大整个社会的"福利投资"，这不仅有利于实现由简单体力劳动者向综合能力高的劳动者转变，给经济发展带来"新动力"，而且有利于实现由传统的"群众性"社会向现代"组织化"程度高的"群众性"社会的转向，给社会发展带来稳定的基础。社会组织的发育，将会实现由集权统治下政府和社会之间的支配从属关系向民主治理下的合作伙伴式良性互动关系的转变。因此，"管理—服务—自治"社会治理体制建设是解决中国深层次社会矛盾的大"抓手"。

当前中国社会治理体制的变革有其自身的内在变革逻辑和规律，改革开放以来，我国的社会管理体制的改革大体可以分成4个不同阶段。第一阶段：1978—1992年。社会管理国家化的延续和解体阶段，政府"包办"社会发展事务。政府实现了由政治主导型向经济主导型的转变，社会发展在某种程度上成为经济发展的"配角"，主导型话语体系表现为"一切以经济建设为中心"。第二阶段：1993—2002年。社会管理行政化阶段，政府和社会处于"有限分化"阶段，各种基层社会组织快速发展，例如社区居委会和农村村委会等。第三阶段：2003—2012年。社会管理社会化阶段，政府职能转变为公共服务型政府，逐步实现了政府和社会组织分离，两者之间形成合作治理关系。第四阶段：2012年后社会治理新格局形成阶段，形成党委领导、政府负责、社会协同、公众参与、法治保障的共建共治共享社会治理新格局。

这4个不同发展阶段展现了我国社会治理体制变迁的路径：第一，社会管理权力从垄断到分权。传统体制下，政府权力的过度膨胀直接导致政府的管理能力和社会自治能力"双重失落"，要重构政府和社会的关系，就要实现"政社分开"，向社会分权，为公民增权，一个相对独立于政府和市场之外的公民自由交往和自主结社的社会生活领域已经悄然出现。第二，社会管理主体从一元化向多元化的转化。在传统的"行政一元化"的社会管理体制下，政府是社会管理的唯一主体，是社会服务的唯一提供者。改革开放带来了我国社会的"总体性革命"，政府、市场、社会逐步分立的"结构性"社会形成，社会管理主体多元化是必然的发展趋势。第三，社会管理手段从人治到法治。现代社会的高度流动性必然带来高风险，现代社会是一种异质性强又强调世俗理性的社会，法律以其权威性和稳定性成为社会管理的主要手段，法律也因其指定的透明性和公众参与性而合法化为最高权威。这也要求政府对社会组织尤其是对基层社区社会组织的管理逐步实现从单一行政手段向制度化、法治化转变。这样的路径变化趋势也说明，"管理—服务—自治"的社会治理体制变革是一种历史的必然。

1.1.3 基层社会治理创新的实践经验

目前，国内在全面落实社会管理体制的改革和创新的理解上还存在很多的不同声音，但是，对新时代实现政府职能转变已经形成了一定的"共识"：在全面深化改革开放中，要完善国家治理体系并促进国家治理能力现代化，政府治理能力的现代化就是要实现"小而强"的公共服务型政府，政府对社会组织的管理，形成了政府的社会管理体制；在社会治理创新中，政府要大力鼓励发展各种各样的社会组织，与之建立良好的合作伙伴关系，形成社会治理服务体系。基于这样的基本"共识"，各地方政府都在对基层社会治理进行有益的探索和实践，从而形成了各不相同的基层经验。

第一，舟山市的服务型模式。浙江省舟山市在基层社会管理体系的改革创新中形成的基层经验为："网格化管理""组团式服务"。"网格化管理"其实并非舟山市所独创，在其之前，这些创新在北京、常熟等地的社会管理中都已出现。舟山市的创新在于在"网格化管理"之后加上了"组团式服务"。舟山市把"组团式服务"和"网格化管理"结合起来，使"网格化管理"更加丰满，以"组团式服务"来促进社会管理能力的提升。舟山市模式的特点表现为：以党的基层组织建设为核心，密切党群关系，把党的组织优势转变为发展优势，实现"多元"社会力量的整合，促进城乡、社会协调发展。

对舟山市模式的总体性评价：该模式作为一种基层社会管理体系的创新，注重"管理和服务"的相辅相成，通过直接提供服务来提升政府的公信力和执政党的执政能力，但是该模式对基层群众自我组织能力、自我服务能力的重视度相对不足，在公共服务、群众互助服务和商业性服务之间的界限划分不够清晰，这也就直接决定了舟山市模式在这些社会服务的不同层面的相互衔接和转换机制的创新略显不足。同时，舟山市模式的动力源是党和政府的积极推动，而对基层社会组织的动力源和能力建设的重视度相对不足。在社会管理服务体系的构建中，舟山市的服务型模式重在政府的社会管理，而轻于社会组织的自治管理，在某种程度上显得有些保守。

第二，深圳市的发展型模式。深圳市作为改革开放的"窗口"，在社会管理体系创新探索方面也是"弄潮儿"。深圳市以民政局为主要推动力量，强力依托高等院校等社会性资源，大力组建非营利性专业社会服务组织，全面推进社会管理体制和社会服务体系的改革。深圳市通过对现有行政体制的变革来推动政府职能转变，通过政府向社会分权和培育社会组织来实现政府职能和社会职能的逐步分化和协作，通过政府向非营利性社会组织直接购买服务的方式来推进社会组织的良性发展，这些措施的实施也推进了专业社会工作人才队伍的建设。

深圳市社会管理服务体系构建的特点是通过专业社会服务组织或机构和专业服务人员提供专业化高质量服务，从而实现在社会问题解决路径上从以前的"单纯灭火"向"预防为主，灭火为辅"的转变，注重社会融合，消除社会排斥。其社会服务组织发育的典型就是"深圳市鹏星社会工作服务社"的成立和壮大，该组织由深圳大学社会工作系创立，现已发展成全国知名的公益性社会服务组织。

对深圳市模式的总体性评价：政府庞大的财政支持是舟山市模式和深圳市模式的共同特点。与舟山市模式不同的是，深圳市模式定位于发育社会性组织，以提供专业性社会工作服务，这就出现了新的社会主体发育。缺陷是政府在短时期内的财政压力比较大，而且有的社会组织的成立带有"瞬间"性，在某些领域会出现公共资源的"重叠"现象，社会公共资源配置的效率还没有得到很好的评估。总体而言，深圳发展型模式努力把政府的社会管理和社会组织的自治管理相结合，"基层组织"意识更强，在某种程度上显得有些"激进"。

第三，嘉兴市南湖区的融合模式。嘉兴市南湖区的新型社会管理模式是基于自身特定的社会发展情境产生的，这种社会情境可以用3句话来概括：第一，政府公共服务的均衡化水平高，直接带动城乡一体化水平提高，这体现了政府社会管理能力高；第二，城乡社区建设中社会服务水平高，积极推动城乡基层社会组织发育水平提高，这体现了社会组织自治管理水平的提高；第三，前面两者的结合所带来的直接效益：一方面是党和政府通过一系列政治和行政改革提高了自身的执政能力和行政能力，以政府为主导的社会管理格局初步形成；另一方面，基层老百姓通过参与基层组织拓宽了社会参与渠道，改变了传统的臣民意识并逐步树立公民意识，基层社会中的“利益共同体”格局初步形成。 在政府和社会组织的关系上，南湖区已经初步改变了原先“零和博弈”的对立性思维方式和现实情境，朝着民主、自由、协调、合作、和谐的方向发展。

政府社会管理体制变革的落实必然要求相应社会组织的社会服务体系重构，而不同社会管理理念则决定了服务体系构建的差异性。 在整个社会管理体制中，无论是政府社会管理还是社会组织自治管理，其实都以“服务”为手段和目标；更进一步，在具体服务领域内，无论是政府的公共服务还是社会本身的互助服务，或是市场的商业性服务，实际上都存在着相互整合的空间和相互转换的机制。 南湖区积极探索新型社会服务体系之“新”，就在于以“服务”为主线，创造条件、搭建平台，并且整合服务需求和服务资源，来促进政府社会管理和社会组织自治管理的“共融”。

基于这样的社会发展情境，南湖区的新型社会管理服务体系始终坚持通过服务在基层社区层面实现具体落实。 “基层社区”是基层社会管理体制改革的核心所在。 “社会进步经由社区发展”，这是联合国在 1955 年就积极倡导的社会发展理念。 在现代化和城市化发展中，社区建设和社区性社会组织的发育有着天然的联系和共同的成长空间。 城市社区建设的关键是要为城市中的每个居民提供最具有“个体适当性”的自治机会和发展空间，社区成为公民利用公共空间参与社会发展进程并分享社会发展成果的最有效途径和渠道。

对嘉兴市南湖区模式的总体性评价：以基层社区的服务导入来融合政府社会管理和基层社会组织自治管理两种“社会治理”维度，体现了党的“十八大”和“十九大”提出的共建共治共享的社会治理新格局。

1.2 “撤村建居”社区治理

“社区”这一概念最早是由德国社会学家滕尼斯提出的，他在 1887 年出版的著作《社区与社会》（又译作《共同体与社会》）一书中最先使用了“社区"一词①。他认为,社区是基于亲族血缘关系而结成的社会联合,是由具有共同价值取向的同质人口组成的,关系亲密、出入相友、守望相助、疾病相抚,富有人情味的社会团体②。之后,随着社会变迁和科学发展,"社区"一词的内涵也在不断发生变化。目前,我国大部分学者主要从地域的角度对"社区"进行界定,认为"社区是由居住在某一地方的人们组成的多种社会关系和社会群体,从事多种社会活动所构成的区域生活共同体"③。

自20世纪90年代治理理论兴起并在各个领域开始实践,社区治理也应运而生。社区治理作为一种全新的公共权力配置方式,推动了社区的转型和发展。社区治理是一种集体的选择过程,是政府、社区组织、辖区单位、社会组织、社区居民等之间的合作互动过程,是一定区域范围内政府与社区组织、辖区单位、社会组织、社区居民共同管理社区公共事务的活动④。社区治理的主要特征有:治理主体多元化且网络化,治理方式多样化,治理目的是为维护社区的公共利益。

1.2.1 城市化推进下的"撤村建居"

随着社会的发展和工业化的推进,城市化成了时代发展的必然选择。据国家统计局官方网站统计数据,1949年中华人民共和国成立之初,我国的城市化率(城镇人口占总人口的比重)仅为10.64%,到1978年改革开放,初期城市化率为17.92%,中华人民共和国成立后近30年,城市化率仅增长7.28%;到了2013年年底,城市化率为53.73%,改革开放30多年的时间,城市化率增加了35.81%;到2017年,我国城市化率则达到58.52%⑤。由此可见,从统计数据来看,我国的城市化可以分为两个阶段:第一阶段,中华

①汪大海、魏娜、郇建立:《社区管理》,中国人民大学出版社2005年版,第4页。
②张永理:《社区治理》,北京大学出版社2014年版,第3—4页。
③姜振华、胡鸿保:《社区概念发展的历程》,《中国青年政治学院学报》2002年第4期,第123页。
④秦瑞英:《城市社区演变与治理》,经济科学出版社2012年版,第8页。
⑤中华人民共和国国家统计局:《中国统计年鉴(2013)》,http://www.stats.gov.cn/tjsj/ndsj/2013/indexch.htm。

人民共和国成立到改革开放，是缓慢的城市化阶段；第二个阶段自改革开放后至今，是快速城市化阶段，在这个阶段上，农村人口不断向城市转移，越来越多的农村居民开始转变为城市居民。城市化的推进，一方面实现了城市经济的倍增效应，工业化效率远远高于农业化，信息化速度更是以几何级数增长；另一方面也推动了城市文明的扩展，使其不断替代农业文明，实现城市生活方式替代农村生活方式的目标。

这种快速城市化的发展，是中国现代化进程的必然要求，但是这其中依旧存在"伪城市化"等问题。我们应该看到，由庞大的农村人口转变为城市人口的群体主要有两个类别，一是以农民工为主体，其特征是实现了职业身份的转变，而其社会身份和心理身份却未发生根本转变。该类主体的城市化主要是市场经济发展推动的城市化，是主动的城市化，但因为户籍制度等政策性排斥，使得他们虽然"在城市工作"却还是"农民"。另一类主体以城市郊区"撤村建居"的失地农民为主体，其特征是已经实现社会身份、职业身份的转变，而心理身份却未发生转变。该类主体的城市化大多是由于城市发展，以行政手段强制推行的城市化，是被动的城市化，尤其是在东部沿海发达地区，大多数"撤村建居"居民对"村籍"的重视程度远远高于"户籍"。无论是主动的城市化还是被动的城市化，这些主体都未实现由村民到市民的完全转变，也就是说，他们都未全面实现"人的城市化"，是一种"伪城市化"。根据 2018 年 2 月国家统计局发布的《中华人民共和国 2017 年国民经济和社会发展统计公报》显示，2017 年末中国大陆总人口 139008 万人，比2016 年末增加 737 万人，其中城镇常住人口 81347 万人，占总人口比重（常住人口城镇化率）为 58.52％，比 2016 年末提高 1.17％；但是 2017 年户籍人口城镇化率为 42.35％，比 2016 年末提高 1.15％。可以看到，户籍人口城镇化率比常住人口城镇化率整整低了 16.17％，牵涉的人口数量超过 22477 万人，这批人绝大多数是农村流向城市的"外来务工人员群体"。"伪城市化"是指农村人口向城市人口转化过程中的一种不完整状态，即缺乏人的全面发展，具体表现为：①农民到城市就业和居住，却不能享受与城市居民同等的地位和待遇，即农民工问题；②"强制城市化"，行政手段干预，强制推进城市化，而不是农民自愿选择，即"撤村建居"的整体城市化，其路径选择以

"土地城市化"为主导。①

中国城市化的推进要实现从当下的数量快速增长向第三阶段的质量快速提升转化，在城市化进程中要以科学发展观为指导，实现全面协调可持续的城市化，抓住城市化的真正核心——人的城市化。党的十八届三中全会《中共中央关于全面深化改革若干重大问题的决定》（下文简称《决定》）提出，要推进以人为核心的城镇化，2013年12月召开的中央城镇化工作会议也指出，解决好人的问题是推进新型城镇化的关键。城市化的推进应该以人的城市化为核心和目标，而不能以牺牲农民的利益为代价，让广大农民在"人的城市化"中最大程度地享受改革开放的积极成果。我们看到，我国第三阶段的"人的城市化"发展已经迈开了坚实的步子，农民工在流入地"城市融入"问题的顶层制度设计已经完成，2014年国务院印发了《关于进一步推进户籍制度改革的意见》。相信在未来的发展中，这个问题将会慢慢得到有效解决。另一方面，"撤村建居"居民"城市融入"还相对缺乏顶层的政策设计和基层的实践性经验。

更进一步来看，党的十八届三中全会《决定》还指出要创新社会治理，改进社会治理方式，而社区作为基层社会的细胞，既是各种社会矛盾的"发源地"，也是各种社会矛盾的"汇聚地"，更是各种社会矛盾的"主阵地"。毫无疑问，基层社区是创新社会治理最基础的单元，创新和健全基层社会治理的新模式，就是要以社区居民的需求为本，加强社区区域化党建，促进基层社会组织的发展和壮大，构建社区居民自治体系和专业化服务体系，推进自下而上的基层民主自治模式，提高居民的社区参与积极性和对社区的认同感，促进整个社会和谐稳定。"撤村建居"是我国推进城市化进程中的重要举措，从20世纪90年代，浙江省就开始了"撤村建居"的试点工作，之后，全国各地开始采用"撤村建居"的方式将农村社区过渡到城市社区。

中国高速的城市化发展进程，产生了中国特有的"撤村建居"现象，"撤村建居"社区是使农村社区向城市社区转变的必然路径选择。它的出现是现代化改革过程中农村社区滞后的内在改革动力和强大的外在推动力共同作用

---

① 苏博：《土地的城市化还是人的城市化》，《社科纵横》2012年第3期，第54—55页。

的结果，"撤村建居"社区保持着城市社区外部形态和相对传统的农村社区管理方式及社区互动形式，居民的内在价值观也受传统农村价值文化的深刻影响。 "撤村建居"社区这种内外矛盾性使其呈现出一定的伪城市化倾向，为抑制这种现象的出现，学界一直关注"撤村建居"社区的治理问题，但主要集中在社区居民参与程度、村集体经济的管理、社区的自治以及在城市化融入过程中不同群体之间的利益博弈、政府与失地农民的利益冲突等。

"撤村建居"社区是指将村民委员会转成社区居民委员会，撤销村委会建制，实行社区居委会建制。 这种"撤村建居"主要包括 3 种模式：一是成建制社区"撤村建居"，主要针对地域界别相对独立或整体性拆迁的农村；二是将较小的村进行合并"撤村建居"并建立居民委员会；三是对"撤村建居"的自然形态（主要针对城市化进程中出现的"撤村建居"社区）进行改造。 "撤村建居"社区是城市化的必然产物，它是农村转向城市的一个过渡阶段，并将持续较长一段时间才能真正实现向城市化的彻底转轨，在此过程中，必然会耗费政府及社区大量的人力、物力、财力。 "撤村建居"过程涉及各利益集团的利益，难免会出现各种矛盾及冲突，因此社区在"撤村建居"时面临的问题并非是单一、简单的，而是错综复杂的。 主要表现为：社区公共空间及基础设施不足，社区居民凝聚力不足，居民的社区归属感不强，社区居民的生活方式还受农村传统方式的影响，社区管理水平与城市社区相比还存在很大的差别，"撤村建居"社区治理模式还保留着原来农村村落的治理痕迹，这些都在很大程度上抑制了整个城市化的发展。 而要改变"撤村建居"社区居民的生活方式、提高居民的社区认同感，提高"撤村建居"社区的治理水平，最终实现村落治理模式与城市社区治理接轨是非常困难的，这也使"撤村建居"社区成了最难实现真正城市化的地区之一。

1.2.2 "撤村建居"社区基层治理特征

改革开放 40 年来，伴随着社会主义现代化建设和社会转型，社区已经成为社会结构的重要组成部分，成为解决社会问题的基本社会单元。 各界对社区的认识也在不断升华，"社区建设可以促进社会更好地发展"这一理念逐渐深入人心。 2011 年 2 月 19 日，在我国省部级主要领导干部社会管理及其创新专题研讨班开班仪式上，时任中共中央总书记、国家主席、中央军委主席胡锦涛强调要"进一步加强和完善基层社会管理和服务体系，把人力、财力、物力更多投到基层，努力夯实基层组织、壮大基层力量、整合基层资源、强化基础工作，强化城乡社区自治和服务功能，健全新型社区管理和服务体制"[①]。

从 20 世纪 80 年代开始，城市化进程加快，城市建设不断扩张，现代城市文明不断打破传统乡村文明的某些条条框框，使得社会结构的重心从乡村社区转变为城市社区，这是具有历史必然性的社会现象。"撤村建居"是城市化过程的必然选择，是城市化由形式转变为内容的现实途径。"撤村建居"即拆除整合一个或若干个村为一个社区，将现有的村民委员会转成社区居委会，撤销村委会建制，实行社区居委会建制。这一"农民向居民，农村向城市"的转变已成为错综复杂的城市化进程中特殊的"镜像"。

亨廷顿曾指出，"一个高度传统化的社会和一个已经实现现代化的社会，其社会运行是稳定而有序的，而一个处在社会急剧变动、社会体制转轨的现代化之中的社会，往往充满着各种社会冲突和动荡"[②]。农民和市民之间的冲突，是处在社会转型期的一个必然表现，"撤村建居"社区已经进入城市的社会发展空间，社区居民的思想观念、生活方式和行为方式和以往相比，都存在一定程度上的冲突和碰撞，社区社会化管理的推进和实行，促使"撤村建居"社区居民经历着社会身份的转换和社会角色的转变，而"撤村建居"社区在政治、经济、文化、风俗习惯诸多方面带有"亦城亦乡"的特性，使得此类社区在社区治理、社区建设上有着自身的独特性。

"撤村建居"社区是一个由血缘、亲缘、宗缘和地缘关系结成的熟人社会，社区居民对传统农村社区在经济、日常生活、情感、社会交往、心理认同上有强烈的依赖感和认同感。不可否认，这是原有村落的社会资本，对社区发展有着重要的积极作用。但是千百年来传承下来的等级、宗族、家族和封建迷信等小农意识和传统文化观念还在相当程度上存在并影响着社区居民。

---

①胡锦涛：《扎扎实实提高社会管理科学化水平，建设中国特色社会主义社会管理体系》，省部级主要领导干部社会管理及其创新专题研讨班开班仪式，2011 年 2 月 19 日。

②亨廷顿：《变化社会中的政治秩序》，生活·读书·新知三联书店 1989 年版，第 40—41 页。

随着社区居民的社会角色被动地由农村居民转变为城市居民，他们前期社会化所形成的角色规范与城市居民的角色规范必然存在很大的差异。"撤村建居"社区的居民正在经历这样一个过程："改变传统的生活方式，进入一种复杂的、技术先进和不断变动的生活方式"①，政府、社会和社区应该创造更多的时间、机会、场景和条件，让这些"新市民"有充分的途径享有应有的公共建设、社会保障、社区管理等服务，从各个方面支持他们"像城里人那样生活"②，改善社区居民的生活质量。

应该看到，现有的"撤村建居"模式遵循政府行政主导的逻辑，要想让这种自上而下的、始于组织层面的模式不会导致农村居民产生"被城市化"的认知，要想推动社区发展，改变当前他们对于村籍的认同高于户籍的状况，适应并融入城市社会，必须通过社区发展来满足社区居民的公共需求，借助现代化的民主、平等、自由等基本价值理念，引入开放性、流动性、异质性的城市生活方式和规范性的法律规范、公共生活准则，以消解旧时村落体制中的弊端。

"撤村建居"工作不仅对加快城市化进程、推进城市化的良性发展、缩小城乡差别、统筹城乡经济社会发展有重要意义，而且是政府为促进社会公平采取的一项重大举措。"撤村建居"社区对中国"真正"城市化的制度性启发在于，由政府、社会组织和社区居民等多元主体形成的风险分担机制所构成的城市化途径。虽然不是最佳，但确实是城乡二元经济社会最现实的途径。这与西方的城市化进程有着本质区别：西方国家的城市化是由工业化推动的，反过来城市化又促进工业化，实现了经济、社会的良性发展。

---

① 罗吉斯：《乡村社会变迁》，浙江人民出版社 1988 年版，第 309 页。
② 郑晓东：《一个农民市民化过程较为平顺的社区——H 市 Z 社区的经验与问题》，《浙江社会科学》2008 年第 2 期，第 60—64 页。

2 基本概念及文献回顾

　　"撤村建居"社区是城市在扩展过程中由农村转化而来的、不同于传统意义的城市社区。"其在历史发展过程中也孕育了丰富的社会资本,如村庄熟人社会、人际信任、村规民约、村落权威、村民自治制度、村庄认同等等。尤其是一些经济实力较强的'撤村建居'社区,经过股份合作社的再组织,已经成为内聚力非常强的社区共同体"[①]。

　　"撤村建居"社区在转化过程中的一般共性是:得到国家宏观政策的支持,以市场经济为基础动力,在政府主导下完成,得到转型社区部分干部、村民的支持,具有统一的运动化形式,采用了"先形式、后内容"的推进策略等等[②]。

2.1 "撤村建居"社区治理的内涵

　　"撤村建居"社区在政策的引导下建成,其过程总体比较平顺,但也会出现深层次的发展困境,居民个人层面的就业动力不足和竞争力的衰退,将影

----

　　①陈建胜:《社会资本视野下的"撤村建居"社区治理》,《调研世界》2010年第11期,第29—31页。
　　②王春生:《珠江三角洲"村改居"进程的宏观分析》,《电子科技大学学报》2008年第10期,第86—90页。

响个人的社会融入能力。 社区居民面对着现代职业社会，个人职业所支撑的社会地位关系着个人能否融入城市主流社会。 尽管"撤村建居"社区居民的经济收入可能很高，但职业的弱质性会导致其社会地位的不稳定。

2.1.1 "撤村建居"社区管理体制的特殊性

"撤村建居"社区能否联结社会的可能性，即抽象意义上村落共同体关系能否被发展成马克斯·韦伯所说的"合理性的'结合体关系'"，具体说来取决于两点："其一，向内能否适当地强化村落共同体的经济规制团体的性质和功能，有效地把家庭共同体置于经济上互助互补，而不仅是文化上的手足之情。 其二，向外能否在现代职业团体发挥越来越大的社会整合作用的情况下，找到打破村落边界，既链合外部社会又保持村落共同体团结纽带的原则与途径，把村落共同体发展成为社会结合体的一部分"①。 因此，未来政策顶层设计方向的调整是很有必要的。

在急剧的社会变迁中，如果社区居民缺乏主体意识的觉醒，就会出现社区功能的失效②。 因为社区面临着许多社会问题，仅依靠自身的能力是无法解决的，必须依靠宏观层面的社会政策变化来解决。 城市化进程中的"撤村建居"必然带来城乡空间结构和利益格局的根本性调整，这种根本性调整的复杂性要求我们必须进行制度创新，突破已有的行政管理体制和经济发展模式，消减制度性的社会排斥，避免社会不公。 目前，各地都在一定程度上进行了以"撤村建居"社区管理体制和社区股份经济合作制改造为内容的改革和调整，初步建立起适应城市化要求的基层管理体制，以期跟进"城乡一体化"的政策体系。

"撤村建居"在行政体制层面上撤销村民委员会，建立社区居民委员会，由农村的管理模式转变为城市的管理模式，由村民自治向居民自治转变，村民的身份在体制上向城市居民转化。 社区居委会的设立，标志着由政府职能部门、街道、社区居委会、社区居民组成的新型管治架构的建立。 政府也进

---

①马克斯·韦伯：《经济行动与社会团体》，广西师范大学出版社2004年版，第45页。
②WARREN R L A：*Community Model*. New York：Prentice-Hall，1983，p. 11.

行了新的制度安排,出台政策落实"撤村建居"社区管理体制的转变。 以广州为例,根据《中共广州市委办公厅、广州市人民政府办公厅关于进一步完善我市"撤村建居"和"撤村建居"改造工作的若干意见 》（穗办〔2008〕10号）,要求"市、区（县级市）政府要将'撤村建居'社区建设纳入市、区（县级市）城市管理范畴,并根据'撤村建居'社区基础设施薄弱的实际,加大财政资金投入,逐步改善基础设施条件,使其逐步达到与城市社区同等建设水平"①。

"撤村建居"社区管理体制的确定,是最基本的城市"因子"的导入,是为后续"撤村建居"社区的居民观念的转化做必要准备,这直接关系到农村城市化的速度与程度。 探索城市化社区管理路径所涵盖的范围,涉及政府的经济管理职能和社会管理职能等多方面的职能。 从政府的经济管理职能角度而言,城市化进程中长期存在的城乡体制对立和城乡市场分割,已经成为城市经济发展的制约因素;从政府的社会管理职能角度而言,推动建立"两级政府、三级管理"的新型城市管理体制,是为了彻底消除城乡二元管理体制的壁垒,弥补政府职能的缺位,完善城市管理。

"撤村建居"社区是为了建立一个适应市场化和城市化的基层管理体制,因此必须注重新的社区居委会的思想观念和工作方式的转变,在社区管理体制上构建原村居民"草根民主"与城市社区自治的共生格局,为其注入现代文明意识、民主意识、管理知识,强化社区功能,促使"撤村建居"社区日常管理逐步表现出城市社区的特征,居民也不会因此对社会居委会产生敬畏和距离感,还能延续一种"有事找社区"的传统信任关系,并且培育居民"参与社区服务"的现代公民意识。

"撤村建居"在经济体制层面上对村集体经济进行股份合作制改革。 按股份制的原则,将集体资产按人口或劳动贡献等要素折股量化给社区居民,居民享受一年一度的股份分红。 此举不仅保障和维护了村民的合法权益,实现了村民对集体资产人格化的占有,使居民成为名义上集体资产的所有者,

---

①广州市委办公厅、广州市人民政府办公厅:《关于进一步完善我市"农转居"和"城中村"改造工作的若干意见》(穗办发〔2008〕10 号)。

而且从制度上解决了集体资产所有权虚化、集体资产收益分配不公正等问题，明确了集体经济的后续发展，也保证了村民转为市民以后的未来发展空间。同时，还促使村民股东与集体经济组织形成利益共享、风险共担的关系，增强了社区共同体在经济层面的内聚力，这对于村民参与社区管理的积极性和创造性具有调动作用。

对各地"撤村建居"集体经济的改制工作，学者任强、毛丹将其归类为3种模式：第一种是撤销村委会建制，保留村集体经济组织（经联社）。这一模式操作程序较为简单，集体资产运作方式不变，村集体资产和村民利益能得到有效保护。第二种是撤销村委会、村集体经济组织，组建股份有限公司。这一模式改革比较彻底，也比较符合市场经济要求。第三种是撤销村委会、村集体经济组织，组建地域性的"集体资产管理中心"，其性质是民办非企业单位①。

"撤村建居"社区在发展过程中强调要保障集体经济的延续性。以杭州市为例，杭州市在《关于在市区开展"撤村建居"改革试点工作的意见》（杭市委办〔1998〕126号）中规定，"行政村建制撤销后，原村集体资产、集体积累仍属原村集体经济组织的全体成员所有和享用，不得平调和剥夺，严禁非法侵占、哄抢、私分和破坏……原村集体经济组织要继续深化产权制度和经济管理体制改革，实行股份合作制或股份制改造"②。

尽管"撤村建居"后，政府加大了对社区管理和社区公共服务的供给，但缺口依然较大，"撤村建居"社区必须依赖集体经济在社区转型期对公共产品的共同参与和分担，并继续发挥其社会保障功能，以增强个人对社会风险的抵抗能力，从而实现从"撤村建居"社区向城市社区的过渡。

2.1.2　社会管理、社会服务和社会自治

（1）社会管理

从广义上而言，社会管理泛指涵盖了政治、经济、文化和社会各系统的整

---

①任强、毛丹：《构建从农民到市民的连续谱——关于农民市民化政策的观察与评论》，《浙江社会科学》2008年第2期，第75—80页。

②杭州市委办公室：《关于在市区开展"撤村建居"改革试点工作的意见》（杭市委办发〔1998〕126号）。

个社会大系统的管理。 从狭义上而言，可从政府、市场、社会三大部门的划分上来界定社会管理概念，在主体上可区分为政府的社会管理和公民的自治社会管理。

在中国的学术话语背景下，社会管理的概念往往有很强的"国家（或政府）中心论"的色彩。 社会管理的概念直接或间接地被等同于"政府的社会管理"。 近年来，随着"多元治理"理论导入，人们对"社会管理"的理解也发生了变化。 2006年党的十六届六中全会《中共中央关于构建社会主义和谐社会若干重大问题的决定》提出，要"健全党委领导、政府负责、社会协同、公众参与的社会管理格局"，并且强调社会管理也是服务，要"在服务中实施管理，在管理中体现服务"。 党的"十八大"明确提出要"加快形成：党委领导、政府负责、社会协同、公众参与、法治保障的社会管理体制"，党的"十九大"报告则进一步明确"打造新时代共建共治共享的社会治理新格局"，这明确了不同主体在社会治理中的地位和作用，有利于激发社会组织和公民个人自主性和参与潜能，也有利于发挥政府主导作用，同时强调了社会管理要"以人为本"，在服务社会过程中要促进和谐社会发展，要服务于促进全体社会成员的自由且全面发展。

因此，社会管理的概念基本上可界定为：以维护社会秩序为目的，规范或协调社会关系、社会组织和社会行动的制度和机制的总称。 它包含两大部分：第一，强调社会公平和公正，实现和维护公民的社会权利①。 这主要涉及教育、文化、卫生、民政、劳动和社会保障等，能以市场化和社会化方式推进，以提供直接的公共服务为主。 第二，强调社会安全和社会稳定，把多元化的社会有效地组织起来。 这主要关乎公安、司法、社团管理、安全生产等，采用行

---

①现代意义的社会权利由英国人马歇尔第一次系统阐述。在其《公民权和社会阶级》的演讲中,他认为公民权主要包含三个维度:民事权、政治权和社会权。公民的社会权利可归纳为四个方面:一是最基本的经济福利和安全;二是完全享有社会遗产;三是普遍标准的市民生活和文明条件;四是年金保险,保障健康生活。西方福利国家的观点恰恰反映了国家社会管理的新特点,是国家为了更加有效地管理社会而进行的制度性创造,国家为了寻找新的合法性,给消费者提供不断增多的商品和公共设施,来缓和市场对社会的冲击,保证生产过程的顺利进行,通过各种社会福利帮助困难群众,缓解社会内部矛盾,保证社会秩序的相对稳定。

政、司法等包括动员各类社会组织参与必要的社会管理，实现政府和社会的结构化互动。很明显，现代社会管理是控制和服务有机结合的过程，它不仅是对社会成员的控制，还是通过组织化的方式对个体社会权利的保障和实现。在现代社会中，主权国家、市场经济和公民社会形成了社会管理的基本结构，也就是说，无论是公共部门、私人部门还是第三部门，都可以进行有效的社会管理。

因此，对社会管理的基本特征可以概括为：第一，社会管理是由政府主导的管理，政府是"多元主体"中功能最完备、覆盖范围最广的组织，是社会管理的核心主体。政府不仅设定了公权和私权的边界，而且界定了社会活动的合法性边界，并不存在能够脱离政府管理而独立存在的社会自我管理。第二，社会管理是有社会参与的管理。政府社会管理不是纯粹行政强制的，而是"治理性"的。公民社会与政府的分离，两者之间必然存在一定程度的"张力"，非政府非营利性社会组织通过组织化的力量来影响政府社会管理。第三，社会管理是对市场扩张行为的对抗。与市场化同步发展的是社会保护运动，社会管理也是社会保护的重要组成部分。显然，社会管理的主体不仅仅是政府部门和行政机关，不能把社会管理简单地等同于行政管理；社会管理并非是传统的对流动人口、未成年人、刑满释放人员等群体的管理、帮教或对网络的监管等行政管理，不能单纯地通过加强各种行政管理措施、强化控制、强化约束等手段来实现社会管理，社会管理应该是对公民社会权的确认和保护，是通过"服务"来获得合法性基础，具有"治理性"。

对社会管理与其他3种类型的管理可以做一个比较，如表2-1所示。

表 2-1　4 种管理类型比较表

管理类型	管理主体	管理目标或价值	主要管理手段
政府行政管理	各级政府公共权力机关或部门	社会稳定和社会秩序	以国家机器为基础的强制性或非强制性手段并存
企业管理	各种市场主体（工商企业组织）	股东利益最大化	经济激励为主，有强制性手段
公民社会自治管理	非政府和非营利的社会组织	公益和互助，志愿服务	参与和合作
社会管理	多元主体，政府主导	社会公正和社会公平	福利提供、公民参与

应该说,社会管理的职能是政府最基本的职能之一,社会管理概念本身就要求实现"管理—服务—自治"三位一体。对社会管理的具体内容,我国主要有4种代表性观点。第一,在党的"十七大"报告中论及了10个方面的社会管理体系:公共服务体系、社会保障体系、社会组织建设和管理、基层社会管理体制、群众权益维护机制、和谐劳动关系、流动人口服务和管理、安全生产管理和监督、突发事件应急管理机制、社会治安防控体系。第二,北京市政府认为社会管理由5大体系组成:公共服务、社区管理、社会组织管理、社会工作运行、社会领域党建工作。第三,著名政治学学者俞可平认为社会管理包含7大体制:社会保障、社会治安、社会应急、社会服务、社团管理、社区管理、社会工作。第四,著名社会组织管理学者何增科认为社会管理应包含10大体系:社会政策、社会保障、利益协调、权益保护、社团管理、社会服务、社区管理、社会工作、社会安全、社会应急。目前而言,无论是政府还是学界都比较认同何增科的观点,这个观点特别突出了"社会政策"在社会管理中的地位和作用。

（2）社会服务

社会服务是包含在社会管理之中的,社会服务体制的创新是整个社会管理体制的一项重要内容,作为社会管理的"多元主体"都能提供社会服务。社会服务的运动始于1884年英国伦敦成立的"汤因比"社会服务所,1922年,首次国际社会服务工作会议在伦敦召开。随着时代的发展,社会服务越来越受到发达国家的重视,美国联邦政府的社会性开支占其政府财政支出的50%以上。在100多年社会服务发展历史中,人们对社会服务概念仍没有统一的界定,社会服务、社会性公共服务、福利性社会服务、社会性服务等概念频繁出现,对社会服务的界定因角度不同而产生差异。在西方学术话语中,社会服务是由政府或非营利性组织提供的有组织的服务项目,用来提高人们的福利,包括"人身社会服务"和"社会关照服务"等。

在国内学术话语中,第一类观点认为,从广义角度而言,社会服务是以提供劳务形式来满足社会需求的社会性活动。按照服务内容可分成:生活福利性服务、生产性服务和社会性服务。按照服务性质可分成:物质性服务和精神性服务。按照服务程度可分成:基本性服务、发展性服务和享受性服务。

第二类观点认为，从狭义角度而言，①公共服务包含维护性公共服务、经济性公共服务和社会性公共服务。社会服务是由具有公共权威的政府和非政府部门提供的社会性公共服务，主要包括在教育、社会保障、公共医疗卫生、环境保护等方面提供的服务。②社会服务可以等同于社区服务。社区服务包括面向各类弱势群体（儿童、老年人、残疾人、贫困者、失业者、精神障碍者等）和优抚对象的福利服务，面向下岗失业人员和离退休人员的就业和社会保障服务，面向广大社区居民的便民利民服务等。③社会服务就是福利性服务，专指对社会上的弱势群体提供的福利服务。这在社会保障领域表现得特别明显。

结合上述两类观点和我国社会服务领域的实践，社会服务基本上可界定为：由政府和非政府部门提供的满足人们某种需要的福利性、公益性的便民利民服务，这包括以全体社会成员为对象、以社会性公共服务为重点的基本公共服务和各种便民利民服务；以社会上各类弱势群体为对象的福利性社会服务以及以特定人群为对象的超出基本公共服务之外的个性化服务。社会服务可以分成无偿服务和有偿服务，是社会工作的重要组成部分。这样，社会服务包含了以政府为主导的公共服务和福利性服务，也包含了公民之间的互助性服务和商业性服务，这些不同的服务在服务理念、服务原则和输送主体等方面都各不相同，但是这些服务之间存在能相互整合和相互转换的空间和桥梁。在我国的社会服务体制中，既要充分发挥政府在投入和监管等方面的主导性作用，也要积极发挥市场主体和社会组织等"多元"主体在服务输送和评估等方面的参与作用，以满足人们不断增长的社会服务需求。

因此，构建"管理—服务—自治"社会管理服务体系能够提升社会服务资源的使用效率，并能有效满足不同服务对象的差异性需求。社会服务的市场化（导入市场机制）、社会服务的社会化（非营利社会组织发育和志愿者服务体制）、社会服务分权化（充分发挥地方政府的作用）是未来的 3 大发展趋势。

（3）社会自治

在社会管理领域内，社会自治管理是与政府社会管理相对应的，两者共同构成了社会管理的整体内涵。社会是需要秩序的，关键是这种秩序应如何达成？ 从国家起源契约理论来看，公民把一部分权利通过外在的"共同契约"对公共权威机构做出了"让渡"，这就产生了政府及其社会管理权力；公民的另外一部分权利则通过内在的"共同契约"形成共同体，这就产生了自由结社及公民社会自治的管理权力。 因此，社会自治管理基本上可以界定为：非政府非营利的社会组织作为公民社会自我管理的主体，通过自主、自治、平等、协商等途径来实现自治管理，以维护整个社会的秩序。 这具有充分的宪法学基础。

当前，我国的公民社会①正随着市场经济和民主政治的发展而发展。 公民社会的管理应该凸显社会自身的自主性、自治性。 深入推进社会管理创新，应该强调社会管理是社会化的管理，社会管理应该有多元的、社会化的主体。 基于这样的认识，我们强调社会管理要"以人为本"，实际上就是要突出"公民的主体性地位"。 在传统的行政管理中，人们习惯于把人当成被管理的客体、对象，无论是公民、法人还是社会组织、社会团体，都被统称为行政管理的相对人，与行政管理者地位相对应。 现代社会管理，是政府社会管理和公民社会自治管理的有机结合和双向互动，不能把社会管理简单地理解为"管"与"被管"的二元对立的关系，突出社会的自我协调、自我管理功能。 公民社会的发展和政府职能的转变，为社会的自我管理提供了良好的发展契机和环境条件。 在政府职能转变后，社会组织要不断增强自治能力，填补社会领域出现的"权力真空"，与政府在职能上实现有效衔接。

在我国当前的社会自治管理中，在组织建设层面，一要坚持积极推进基层社区（农村和城市）的居民自治管理，因为基层社区是我国民主政治实践的试验地。 二要大力培育和发展社会自治性组织，建立各种社团组织、行业组

---

①公民社会最基本的含义是在社会中一些独立于国家权力体系之外的社团性组织的总和。从其本身的性质上看,公民社会是由一定的社会成员自愿结合而成的,他们在行动上具有一定的自主性;从政治体系的角度看,这些组织独立于国家政治和行政体系之外;从功能的角度看,这些组织介于民众和国家权力机器之间。公民社会的发育主要体现了国家和公民之间关系的变迁。

当然,这些社团性组织主要是非政府非营利性机构,也被称为"第三部门"或"志愿服务部门",其最大特征就是非营利性,但绝对不是非经营性。这些组织在社会福利领域中发挥着越来越重要的作用,是公民社会自治管理的集中表现。

织、公益类社会服务组织,让广大公民处于自觉的"组织状态",增强社会自治管理的博弈能力。 在机制建设层面,一要健全民意沟通表达机制,这是进行社会管理的基础,也是完善社会管理的重要方面。 听证制度是重要的民意表达制度之一,要完善听证制度,使听证会的成果真正代表民意,使民意真正能够被反映、被关注、被重视。 例如,国外就有非常值得借鉴的基层社区听证会制度。 二是要健全相关的衔接配套机制。 要注重政府社会管理与基层群众自治管理之间的相互衔接和良性互动,加强政府机关与各种基层群众自治性组织、社团组织之间的协调沟通,确保各项制度机制衔接配套。 在现代社会管理理念的指导下,构建起社会管理各方面、多角度相互衔接、补充、协同、配套的管理体系。

2.2　相关文献回顾

现实中,"撤村建居"社区都面临着社区建设和发展的问题,这些问题的妥善解决不仅关系到居民生活,更关系到社区的未来和整个社会的发展。 此类社区是属于最早进入城市化轨道的过渡性社区,却是城市化成本最高、改造最艰难的社区。 我们期望"撤村建居"社区在未来基层社会管理创新发展中,以其能够整合社区力量,构建社区公共服务平台,最大程度地、最有效地满足社区居民需要,保障社区居民的社会福利,维护公平,走出"撤村建居"城市化的困境,促进自身发展,充分展现有效融入城市的现实路径。

2.2.1　国外文献回顾

户籍和土地管理二元结构问题使"撤村建居"成为我国在城市化进程中特有的社区建设和发展途径。 国外直接针对类似我国现阶段"撤村建居"进程的研究较少,从相关文献看,有3个方向的研究可为我国"撤村建居"社区的发展所借鉴。

(1)城市蔓延和社区重建

城市蔓延现象最早出现在以美国为主的发达国家,学者古特曼·J认为城市蔓延是"城市化区域向未城市化区域的扩张,其特征是城市边缘大面积高容积率、高建筑密度住宅的开发使城乡之间的界线日趋模糊"①。近年来,由于西方国家"大都市带"的发育趋于成熟,城市蔓延作为城市的一种新空间现象,其可能产生的经济、社会、环境后果越来越为学者所关注,他们特别关注政府与城市蔓延的关系。学者们发现,政府对于城市蔓延有着重要的影响。假若政府对城市总体规划的范畴界定不当,无序的城市扩张将导致城郊乡村面临毁坏,而代之以更高利益、更高强度的土地利用方式。

为了减少或消除城市蔓延的负面影响,增长管理策略应运而生。学者本杰明·C提出,增长管理不是抑制增长,而是旨在寻求开发与保护之间的平衡,寻求各种各样开发形式中和基础设施同步提供之间的平衡,寻求公共服务需求和财政能力供给之间的平衡,寻求进步和平等之间的平衡。②学者波特认为,在此过程中,政府不断地协调地方和区域的利益,平衡相互冲突的土地利用目标,预见社区开发的需要并保证其得到充分的实现。③学者芭芭拉·威尔斯研究了全美28个州城市蔓延的案例后指出,每个州推行理性增长的方式和内容都应该根据各自不同的特点进行,包括政治文化、对土地使用的历史态度、经济和环境状况以及政府管理能力增长层面④。

城市边缘带,又被称为城乡边缘带、城乡接合部。19世纪末20世纪初,特大城市的快速扩张给西方国家带来了城市边缘带一系列土地利用问题和社会问题,并引发了各领域学者对"城市边缘带"的研究。最早涉及"城市边缘带"概念的学者是德国地理学家赫伯特·路易斯,她在1936年研究柏林城市地域结构时发现,某些原属城市边界的地区,后被建成区所侵吞,成为

①GUTTERMANN J: *Megalopolis: the urbanized northeastern seaboard of the United States*. New York: Twentieth Century Fund,1961.

②BENJAMIN C: *Growth management: good for the town,bad for the nation*. *Journal of the American Planning Association*,1990(56):pp. 3—8.

③PORTER D R: *Managing growth in America's communities*. Washington DC: Island Press,2007: pp. 12—14.

④A Strategy for Saving Rhode Island from Sprawl and Urban Decay. http://www.growsmartri. org/index. cfm? fuseaction=page. viewpage&pageid=577.

市区的一部分，她将其称为"城市边缘带"①。

20世纪80年代，学者坎特和惠特利针对传统城乡边缘带提出了治理观点和方法：首先，城市边缘带不能只理解为城市地域内的一种独特景观类型，它是介于城市和乡村之间的独特区域，其特征既不像城市，也不同于乡村，土地利用具有综合性；其次，应从多方面研究城乡边缘带的演变，特别注重城乡边缘带人口和社会特征的城乡过渡性②。学者乔治提倡通过这样一种制度设计来治理城乡边缘带：城市规划及管理的权限从中央政府下放到地方政府，让公众参与成为城市规划过程中的法定环节，使城市规划程序更为地方化和民主化。地方政府必须向公众展示规划，并充分尊重公众的反馈和反对意见③。

"二战"后，西方国家一些城市相继出现人口郊区化和工业郊区化的现象，郊区开始成为新的增长点，而原来的中心区开始衰落。为了解决这一问题，这些城市开展了旧城更新运动。可持续发展思想和人居环境观念的兴起促使了旧城更新理论与实践的发展，如邻里发展计划。学者詹姆斯·F.C认为，邻里发展计划将社区看作一个有机的系统，其宗旨在于充分利用社区的人力、物力资源，重建人们之间的信任和网络，培育社区成员的自治与互动精神，实现社区的组织化，推动社区发展④。学者米勒、基尔帕特里克则认为，家庭和社区能力建设项目的实施有利于强化社会资本，有助于加强社区领导和社区能力及网络建设，实现社区的持续发展⑤。学者吉尔认为，通过社区发展的价值理念和服务实践的持续发展，关注人与环境的平衡关系，更

---

①JOHN W, et al: *Urban-Rural Links*. Oxford：Heinemann Educational, 1990.

②WHITEHAND J W R: *Urban Fringe Belts: Development Of An Idea. Planning Perspetive*, 1998, 3(1): pp. 47—58.

③GEORGE S W: *The Rural-Urban Fringe. Economic Geography*, 1942(18): pp. 217—228.

④JAMES F C: *Community Organizing ＋ Community Development ＝ Community Transformation. Journal of Urban Affair*, 2004(2): pp. 151—161.

⑤MILLAR P, KILPATRICK S: *How community development programs can foster re-engagement with learning in disadvantaged community: Leadership as process. Studies in the Education of Adult*, 2005(1): pp. 18—30.

加关注规划本身的灵活性和对环境的可适应性，强调规划上的公众参与，关注政府、社区、个人和开发商形成高效率的多边合作，以有效改善环境、创造就业机会、促进邻里和睦为主要目标，可以使积极的公民权利和社会融合成为公共政策的主旋律，以此促进邻里复兴、融合不同层次的公民参与，通过社区发展带来城市文明的多样性。①

（2）城市边缘区及其管理

由于"撤村建居"具有中国特色，是在中国特殊的政治体制和土地政策下的产物，因此国外相关的研究较少。但是世界各国都有和中国类似的城市化进程，因此也有相对应的"城市边缘区"。国外关于"城市边缘区"的研究始于欧美发达国家在大都市郊区卫星城的建设，然后逐步扩展到发展中国家，用于研究如何缩小城乡差别。主要的研究成果如下：

第一、关于"城市边缘区"的定义。德国地理学家赫伯特·路易斯从城市形态学的角度第一次提出"城市边缘区"概念。威尔文首次将城市边缘区定义为城市土地与农业地区之间的用地转变地域。普内给出了较为完整的定义，他认为城市边缘区是"一种在土地利用、社会和人口特征等方面发生变化的地带，它位于连片建成区与郊区外围农村之间，以及几乎完全没有非农业住宅、非农业占地和非农业的土地利用的纯农业腹地之间的土地利用转变地带"②。

第二，关于"城市边缘区"的特征。果勒杰认为城市边缘区具有7个特征：土地占有存在一种持续变化模式；农场规模较小；集约型农业生产；人口变动较大，密度中等或偏低；居住区扩散迅速；提供的服务和公共设施不完善；投机性的建筑司空见惯。③

第三，关于"城市边缘区"的演化进程。埃里克森将城市边缘区空间结

---

①GILCHRIST A：*Community development in the UK：possibilities and paradoxes*. *Community Development Journal*，2002(1)：pp. 6—25.

②蒋福明：《"村改居"社区文化及其困境探讨》，《北京行政学院学报》2013 年第 3 期，第 87—90 页。

③GOLLEGE R G：*Sydney's metropolitan fringe：a study in urban-rural relations*. *Australian geography*，1960(7).

构演化划分为 3 个阶段：外溢专业化阶段、分散多样化阶段、填充多核化阶段。① 日本学者山鹿诚次从商品化的角度将城乡边缘区的形成和发展演变过程归纳为 3 个阶段：产品的商品化阶段、劳动商品化阶段、土地商品化阶段。20 世纪 60 年代，英国地理学家科曾从城市开发的有序性与复杂性角度出发，认为城市边缘区并非总是稳步向外围腹地农村推进的，在推进过程中存在加速期、减速期和稳定期 3 种状态的变化。②

2.2.2　国内文献回顾

"撤村建居"是在城市化进程中，我国为推进农村改革、加速城乡一体化进程，将村民委员会转成居民委员会，撤销村委会建制，实行居委会建制，因此又叫"村改居"。 这是一个涉及基层政权建设、集体土地处理、集体资产处理、房产处理和村民自建住宅、村民农转非的复杂过程。③ "撤村建居"社区的来源主要是"撤村建居"以及城郊农村的翻牌改制，"撤村建居"社区又被称为村改居社区、新型社区。 "撤村建居"是一种政府主导的"主流"城市化路径，整村推进城市化，大大加快了城市化步伐。 然而，与传统的农村和城市社区不同的是，"撤村建居"社区内部情况更为复杂，存在各类多元组织，往往会出现"政社不分""社企不分"的情况，导致社区矛盾更加突出。 因此，对于"撤村建居"社区来说，推进多元共治的社区治理势在必行。

（1）"撤村建居"社区的定位

国内目前关于"撤村建居"社区治理的研究成果不多，主要集中在以下方面。

---

①ERICKSON R A：*The evolution of the suburban space economy. Urban Geography*，1983(02).

②涂人猛：《城市边缘区：它的概念、空间演变机制和发展模式》，《城市问题》1991 年第 4 期，第 9—12 页。

③杭州市委办公厅：《市委办公厅、市政府办公厅关于在市区开展"撤村建居"改革试点工作意见的通知》(市委办〔1998〕126 号)，http://www.hzbzfjs.com/Data/HTMLFile/2010-12/efc2450e-dbba-487d-8024-65816678be46/ece3b702-560d-46e2-a680-90fc1cab76e1.html。

首先,关于研究视角。 王碧红等人用比较分析框架对"村改居"社区居委会与农村村委会和城市居委会进行比较分析。① 马良在城市化的大背景下,从社会融入的视角,通过对杭州三叉社区的经验进行实证分析,展现了"撤村建居"社区融入城市化进程的优势和局限,从而提出融入城市的有效途径。② 陈建胜从社会资本的视角出发,分析"撤村建居"社区的治理,他认为"撤村建居"社区"由农村转化而来,尽管经济结构早已非农化,但内涵上还带有乡土气息。 在历史发展过程中孕育了丰富的社会资本,部分社区经过股份制改革,更是成为内聚力非常强的社区共同体"。 因此,可以通过社会资本的理论视角为这类社区治理提供新的解释范式。 "通过培育社区社会资本,即推动社区制度规范化、积极培育社区社会组织和推进社区居民的公共意识来促进社区的治理"③。 吴晓燕从文化建设的角度结合"新市民教育工程",谈论了村改居社区的治理。④ 梁绮惠在可行能力视角下进行村改居的研究。⑤

其次,关于治理困境。 ①文化困境。 蒋福明等人认为,"村改居"社区文化是一种不成熟、不完善的城市社区文化,具有文化过渡性、文化多样性、文化冲突性等特点,迫切需要进行文化的解构和重构。⑥ ②农民市民化困境。 王萍指出,在"撤村建居"的过程中,农民在转化为市民的过程中出现了群体分化现象,给城市化进程带来了复杂的社会后果。⑦ ③社区居委会管

---

① 王碧红、苏保忠:《比较分析框架下的"村改居"社区居委会的治理研究》,《湖北社会科学》2007年第3期,第30—32页。

② 马良:《"撤村建居"社区融入城市进程中的优势和局限》,《党政干部学刊》2008年第3期,第54—56页。

③ 陈建胜:《社会资本视野下的"撤村建居"社区治理》,《调研世界》2010年第11期,第29—31页。

④ 吴晓燕:《从文化建设到社区认同:村改居社区的治理》,《华中师范大学学报(人文社会科学版)》2011年第9期,第9—15页。

⑤ 梁绮惠:《可行能力视角下的村改居研究》,《云南行政学院学报》2011年第6期,第126—128页。

⑥ 蒋福明、周晓阳:《论"村改居"社区文化特点及其转型的价值目标》,《云南民族大学学报(哲学社会科学版)》2014年第1期,第95—99页。

⑦ 王萍:《"撤村建居"过程中的群体分化问题》,《浙江社会科学》2008年第2期,第64—67页。

theory困境。梁慧等人提出，在村改居过程中社区居委会出现的主要问题有：管理职能定位不明确；工作人员素质有待提高；社区居民适应能力不强，社区参与有限；经费来源比较模糊；缺乏健全的法律规范。①

再次，关于治理模式。王桢桢将"撤村建居"社区的治理模式概括为：强集体强政府模式："双重领导"导致资源冲突；强集体弱政府模式："身份优先"导致差别服务；弱集体强政府模式："行政优先"导致自治疲弱。②

（2）农民市民化的分析

农民市民化具有社会变迁的复杂性，对其的讨论和研究很多。学者郑杭生认为，农民市民化是"农民从里到外都变成市民，不光转变户籍、工作、住地，而且转变心理、行为、文化，它关乎农民'走向其历史的终结点'。这个过程既包含农民居住地点、居住方式、初级关系与次级关系重要性强弱的变迁，还标示着社会资源在各阶层的重新配置、社会认同的变化，以及整个社会结构的变动与整合"③。

学者文军强调农民市民化是"一项复杂的社会系统工程。不仅是农民社会身份和职业身份的一种转变，也不仅是农民居住空间的地域转移，而是一系列角色意识、思想观念、社会权利、行为模式和生产生活方式的变迁，是农民角色群体向市民角色群体的整体转型过程"④。还有较多学者的研究也从主观、观念方面理解市民化，提出了市民化主要是指社会成员角色的转型，但是对农民角色和角色转变并无严格界定。

学者毛丹以角色理论作为工具分析农民市民化，指出社会身份完整、角色期待明确、互动环境良好，以及新旧角色间转换通道顺畅、新角色固化健全，都是顺利实现农民市民化的前提或条件。目前农民市民化的主要障碍并

①梁慧、王琳：《"村改居"社区居委会管理中的问题及对策分析》，《理论月刊》2008年第10期，第171—173页。
②王桢桢：《转制社区治理模式的比较与选择》，《探索》2014年第2期，第144—148页。
③郑杭生：《农民市民化：当代中国社会学的重要研究主题》，《甘肃社会科学》2005年第4期，第4—8页。
④文军：农民市民化：《从农民到市民的角色转型》，《华东师范大学学报（哲学社会科学版）》2004年第3期，第55—61页。

030

非因为农民对新角色认同困难、担当能力低下，而是因为赋权不足与身份缺损、新老市民互动不良、农民认同条件这 3 个方面的限制，这些问题对直接影响农民市民化的政府政策提出了考验[①]。

学者王道勇强调此类型社区的居民在实现市民化的同时，"自身的社会资本也在实现从传统向现代的转向：人际关系网络结构出现转变，自发性组织增多，而且信任观也从传统的特殊主义信任开始走向现代市民性的普遍主义制度信任。 在建构和完善农民对城市社会的融入能力的制度体系时，这些都值得重视"[②]。

学者马良认为增强社区认同感来激发社会资本是"撤村建居"居民融入城市的有效途径。 "'撤村建居'的社区在原有农村初级化的社会组织中，就有邻里亲善、守望相助、疾病相扶的精神传统。 这是非常可贵的社会资本。 '撤村建居'的社区，需努力实现由初级社区的强制性和限制性向城市社区的民主性和开放性的转变，充分激发'社会资本'的潜能"[③]。

依据学者任强、毛丹的看法，农民市民化的政策体系主要包括 4 方面内容：社会管理政策（即基层组织管理体制）、集体资产与土地处置政策、个人安置政策（包括房产处理及村民自建住宅、村民农转非、补偿政策、就业等）和个人市民待遇政策（包括教育、城市低保、养老、医疗、失业、生育保险等）。 基层组织管理体制基本上实行"两级政府、三级管理"的办法，即原村委会转为居委会、原村党支部改为社区党支部。 在集体资产及个人安置政策上，一是提倡对于个人的货币化安置，二是强调在市民化过程中要保障集体经济的延续性。 因为政府在市民待遇问题上只是强调要落实"同等市民待遇"，没有提供具有操作性的具体意见、办法，这意味着地方政府可以根据自

---

①毛丹：《赋权、互动与认同：角色视角中的城郊农民市民化问题》，《社会学研究》2009 年第 4 期，第 28—60 页。

②王道勇：《农民市民化：传统超越与社会资本转型》，《甘肃社会科学》2005 年第 4 期，第 9—13 页。

③马良：《"撤村建居"社区融入城市进程中的优势和局限——对杭州三叉社区的实证调查》，《党政干部学刊》2008 年第 3 期，第 54—56 页。

己的经济发展水平、财政承受能力，因地制宜地落实和实现"撤村建居"①。

学者杜洪梅指出，政府在为农民提供融入城市社会的良好制度环境时所履行的职能不到位，表现为"虽然目前各级政府已经陆续制定了相关政策来缓解失地农民问题，但政府在进行制度设计和制定政策时，大都以'低起点、低标准'作为保障水平定位的原则，其所参照的标准明显低于城市居民"②。

学者李培林最早经典性地归纳了"撤村建居"3 个主要方面的制度因素：一是农村土地制度；二是农村管理制度；三是与农村土地制度和管理制度相联系的"村籍"制度③。学者傅晨将学者李培林分析的"村籍制度"明确为有别于城市的农村福利制度④。学者傅晨、刘梦琴进一步指出，"撤村建居"社区是制度意义的农村⑤。

学者们从多方面对处在农村城市化过程链条上的"撤村建居"社区问题做了一些不同类型的、极富价值的研究，也多角度地对"撤村建居"社区建设存在的问题提出了各种对策建议。

---

①任强、毛丹：《构建从农民到市民的连续谱——关于农民市民化政策的观察与评论》，《浙江社会科学》2008 年第 2 期，第 76 页。

②杜洪梅：《被动城市化群体城市融入问题探析》，《宁夏党校学报》2007 年第 9 期，第 71—73 页。

③李培林：《巨变：村落的终结——都市里的村庄研究》，《中国社会科学》2002 年第 1 期，第 168—179 页。

④傅晨：《广东城市化发展战略》，广东人民出版社 2006 年版，第 43—50 页。

⑤傅晨、刘梦琴：《"城中村"及其改造：一个"三农"的研究视角》，《农业经济问题》2008 年第 8 期，第 75—79 页。

3

"撤村建居"社区治理的分析框架

"撤村建居"是由政府主导的、自上而下的城市化途径。 "撤村建居"政策对我国"真正"城市化的制度性启示在于，由政府、集体企业、社会组织和社区居民多元主体形成的风险分担机制所构成的城市化途径，虽然不是最佳，但确实是实现我国城乡二元经济社会状态下推进城市化的最现实的途径。 "撤村建居"社区必须要经过城市融入过程，如何充分发挥"撤村建居"社区优势，整合社会力量，实现更优质的公共服务供给，加快城市融入进程，是当前"撤村建居"社区亟待解决的问题。

3.1 发展型社会政策理论

在当前社会建设中，基层治理重心向社区转移是一种发展的趋势。 发展型社会政策理论为研究"撤村建居"的城市融入提供了新的视角和研究思路。 发展型社会政策基本理念是在以政府主导为核心的政策设计中纳入并强化"发展"的维度，推动公共服务的导入，寻求全民福利的提高。 这种政策理念对解决"撤村建居"社区问题并推动其发展有很强的理论价值和实践意义，"真正"的城市化必然要坚持可持续发展观和"以人为本"的理念。

3.1.1 发展型社会政策的历史发展

20世纪90年代以来,发展型社会政策理论迅速形成和发展,逐渐为人们所认同,并且被纳入社会政策的设计中,联合国自20世纪50年代开始在全世界积极推广这一理念。发展型福利的概念植根于人们对社会进步的信仰——对变革的渴求,对社会改善的希冀。

发展型社会政策理论产生的背景是西方经历的福利国家时期的危机和改革,这也是该理论的首要推动力。福利国家建立和发展的前提是全面就业、经济增长、家庭功能和社区功能发挥完整等等。福利国家期望通过政府干预来提供社会福利,以解决市场失灵带来的社会问题,福利国家的政府承担了社会福利从筹资到递送的全过程。然而,经济全球化给福利国家带来了严峻的形势和挑战,主要表现为:资本与劳动力市场不稳定、人口老龄化的挑战以及家庭结构和性别角色的变迁造成的传统家庭功能减弱等,这使社会保护制度面临严重财政困难和制度缺陷。而由政府提供的传统福利远远不能应对所有风险,迫切需要发展新的保护领域以覆盖新的社会风险,并解决国家在公共服务方面面临的资源短缺的困难。

传统的、补缺型的社会政策在社会福利意义上提供了一种先见性的风险预防安全网,对贫困、疾病等问题提供的短期性、应急性的社会援助服务,对福利接受者予以事后补偿。这种福利取向,没有把社会福利和经济发展相结合,不能满足人们对基本社会服务的需求不断上升的现实。为解决贫困、农村问题、城市问题、教育、卫生以及其他社会服务和社会保障等问题,社会政策经历着不断演化和扩充的过程。这些问题之间又相互交织在一起,形成相互交叉、相互包含的整体性社会问题。因此,社会政策向"强调跨部门的、整合的、全面的生计支持的方向发生转变"[①]是必然趋势,需要以中长期的战略眼光来思考政策的时效性和全面性。

社会政策的规范性视角通常被分为两类,即剩余型模式和制度型模式。

---

① 安东尼·哈尔、詹姆斯·梅志里:《发展型社会政策》,社会科学文献出版社2006年版,第51页。

剩余型模式偏好通过有限的政府干预、高度的个人责任、社会组织介入社会福利和最大化运行市场机制来满足社会需求；认为政府的角色仅限于为无法自助者提供安全网，以及为无法有效参与市场的少部分人提供帮助。 与此相对照，制度型模式则认为政府的社会政策应该涵盖全体民众，提供全民的福利和社会服务；偏向在经济和社会两大领域内实行大规模的政府干预，主张社会福利的普遍覆盖和长期提供。

社会政策的理论和实践模式在20世纪90年代中期发生的深刻变化，集中表现在发展型社会政策理论的形成和实践上。 这种理论同剩余型模式与制度型模式的区别在于它强调促进"生产性"的、有助于经济发展的社会福利干预。 发展型社会政策在福利领域中反对自由主义，也反对左派的社会主义理论原则。 这种政策模式以"发展"为目标，其"发展"的含义包括增进人力资本，提高社会发展指标的水平，改善人们的生活环境和增进人们的社会参与、自我依赖的能力；这种政策模式以再分配和维持消费为取向，向着积极的、"生产性"的、注重社会投资的保护方法的方向发展，逐步摒弃传统的、"事后补救型"的保护方法。 很显然，这种政策体系为社会政策的理念注入了深刻的变化：社会政策的框架应该对社会经济发展有积极的服务和促进功能，发展型福利能解决发展中的问题，它不是简单的社会福利。

在这种情况下，社会政策学者如吉登斯、梅志里等都对福利国家的发展战略进行了反思，并从观念到实践对国家的社会政策重新进行思考和定位：社会政策逐渐从强调提供福利转向强调促进发展，社会政策的价值基础是社会公正，需要新增一个工具性的价值基石——发展，以促进社会政策与经济发展之间的协调性，从而形成了一种新的政策主张——"发展型社会政策"。

梅志里作为发展型社会政策的主要倡导者，明确提出并努力倡导发展型社会福利模式。 他指出，发展型社会政策的基本思路是强调经济发展与社会发展的依存性，强调社会福利开支的生产主义或投资取向。 生产主义便是社会福利支出对经济发展的促进和对物质财富增长的贡献，实现社会开支的经济回报和成本效益，也是发展型社会政策关于社会发展与经济发展关系的核心思想①。 相关国际组织还进行了实际操作层面的尝试,1998 年,欧盟在对社会政策与经济效益之间的关系进行反思后,提出了一系列针对社会政策的改革措施,其中涉及很多发展型社会政策的内容。 例如,强调社会政策是生产要素,帮助社会成员参与劳动力市场,公共支出要向投资人力资本倾斜,等等②。 此后,发展型社会政策理念在欧盟政策性文件中的呈现频率渐增,其典型是 2000 年 3 月欧盟为了应对经济全球化、产业信息化和人口老龄化等社会变迁问题而提出的《社会政策议程》,这份文件旨在促进欧洲在经济社会发展中形成经济政策和社会政策之间积极的互动关系。

同时,梅志里也指出发展型社会政策仍然处于社会政策学者的争论之中。 因为同其他规范性视角相比,尽管发展型社会政策有诸多优势,但其理论视角不够严整、明确,导致意识形态承诺被削弱。 然而,自 20 世纪 90 年代以来,发展型社会政策的思路正在逐渐形成一个较为完整、精确的概念体系,人们对于这个理论的实际干预方式和规范理念的认识正越来越清晰③。

3.1.2 发展型社会政策的基本理论观点

发展型社会政策的基本理念是在以政府的主导为核心的社会政策设计中纳入并强化"发展"的维度,推动公共服务的导入,增加对更多群体的关注;强调政府和社区在持续的经济发展中须同时采取改善人民福祉的社会政策和项目,推动社会的可持续发展;特别注重人力资本投入,强调通过个人能力的建设使个人拥有更多的自主性,提高全体社会成员的社会参与;力图通过社会政策和经济政策两者的整合来改善所有人的福利。

---

①JAMES M, KWONG-LEUNG T: *Social Policy*, *Economic Growth and Developmental Welfare*, *International Journal of Social Welfare*, 2001, 10(4): pp. 244—252.

②张伟兵:《发展型社会政策理论与实践——西方社会福利思想的重大转型及其对中国社会政策的启示》,《世界经济与政治论坛》2007 年第 1 期,第 88—95 页。

③詹姆斯·梅志里:《发展型社会政策:理论和实践》,载于《中国社会政策》,北京师范大学出版社 2006 年版,第 157—181 页。

（1）宏观层面的政策理念

发展型社会政策在宏观领域关注社会公平，关注群体间的公平，关注社会在横向层面的整合以及纵向层面的畅通。社会发展涵盖了社会公平和公正的维持系统、社会成员有效参与和利益表达的机制以及公民基本权利的维护体系，特别是基本服务权利的保障以及对文化惯例、法律和政策的制度化。

发展型社会政策认为城乡二元化导致的贫困问题主要存在于农村，特别是发展中国家，政府的社会政策常常在农村出现政策力度薄弱的现象，这就引发了学者对农村发展问题的重新思考。要解决农村发展问题，最主要的路径是对可持续性的农村"生计"进行社会投资，同时不能忽视农村社会长期存在的情感性社会网络，要将之与制度化的社会政策结合起来共同发挥作用；将非正式的社会网络提供的社会服务与正式制度提供的社会政策性服务结合起来，将这种共同体的社会资本看作是可利用的资源，使民众相信自己有能力采取行动，对攸关自身生活的重大决策过程施加影响。

现有的社会政策发展受城乡二元结构的影响较大，政策制定思路带有身份二元化、碎片化的特征，由于背离了制度统一的原则，在一定程度上扩大了社会不平等、固化了城乡二元结构，不利于未来城乡一体化的进一步发展。"撤村建居"社区的社会治理，在政策性层面更要看到"城乡二元结构"的影响。

发展型社会政策正视了城市化带来的收益无法自动惠及社会弱势群体甚至会忽视社会弱势群体的利益的现实，避免了将弱势群体的利益视为主流发展进程之外的边缘性利益诉求而不予重视的弊端。对农村和社会弱势群体导入充足的社会福利，使民众的长远利益得到保障，不会因为经济和社会的发展受损；为公众提供普适性福利，即"所有民众，不分城乡、地区、身份和职业，人人享有平等的就业机会和劳动权益、平等的教育机会和教育服务、平等的健康权利和基本医疗卫生服务、平等的社会保障权利和待遇"[①]，不仅要解决老年人、残疾人、病人以及穷人的生存问题，还力求为所有人提供社会福

---

①郁建兴、何子兰：《走向社会政策时代：从发展主义到发展型社会政策体系建设》，《社会科学》2010年第7期，第19—26页。

利，尤其是面向社会弱者群体提供服务，提高他们自身能力以自主解决问题。

（2）中观层面的多元合作

发展型社会政策在中观领域强调在政府主导下形成一个使不同系统共同发挥作用的制度框架，形成政府、社区、社会组织和居民等共同参与的多元协作模式，强调资产积累和增值将有利于促进社区发展。

发展型社会政策的突出特征是，政府在社会福利中始终扮演着主导角色，政府要承担起提供社会福利的最基本责任，加大在人力资本和社会保护方面的投资，同时使社区、社会组织和社会成员以制度化的方式参与社会政策行动，各方共同改善社区环境，分担社会福利责任，也包括他们的家庭责任。

更进一步来说，发展型社会政策强调社区应关注居民的合作和共享，社区有自身特色，有内在的、潜在的能力，能够解决社会问题、创造发展机会，从物质和精神等层面满足社区居民的福利需求。以社区为基础展开的公共服务，使得有需要的人群更容易得到有效帮助，民众也能参与服务的传递。社区中家庭内部网络和社会网络范围更广，它们之间的互动在可持续的发展体系中发挥了重要作用。以社区为依托的教育、医疗、住房以及社会公益服务，引导居民的经济发展活动，提高居民社会福利，增强家庭功能，保证儿童发展的需要得到有效满足，使社区建设的新目标"为家庭及居民提供一个良好的、支持性的社会环境，找到适合社区发展的路径"得以实现。

社区资产的积累可以产生积极的作用，包括帮助个人增强自主和自立精神，融入主流社会，维系家庭的稳定以及更多的社区参与，等等。此外，发展型社会政策还鼓励个人资产积累；当家庭遭遇风险时，个人资产或者家庭资产能发挥极大的缓冲作用，可以增加个体或家庭对于未来生活的信心，从而改变现状，改善处境；也有助于家庭获得更为可靠的产品和服务，更重要的是获得制度化的支持渠道。资产积累可以为社会福利带来正面影响。

因此，通过社会资本的形成和社区资产建设促进经济发展，才能最终建立起一种更有效的利益共享机制，使民众的生活随着经济发展获得更多保障。

（3）微观领域的能力建设

微观领域的发展型社会政策旨在通过对个人的福利服务，实现提升个人能力、减少不公平和歧视并推进机会的公平的目标。这主要表现为对个人竞争力的关注、对特殊群体的照顾以及对家庭的支持。

在对待福利对象的态度方面，发展型社会政策试图促使福利接受者"自立和自强"，这改变了传统社会福利单纯强调"给予"的救助形式，更多地考虑福利接受者如何提高满足自身需要的能力问题，即考虑如何从"授之以鱼"向"授之以渔"转变。"社会福利项目应该改变过于着重对福利对象的补贴而忽视对经济发展贡献的倾向。从这种价值取向出发，发展型社会政策主张强化福利对象参与经济社会活动的能力，并借此实现脱贫自立。"[1]

因此，发展型社会政策主张通过社会政策来影响个人的竞争力，通过提升个人的竞争能力，最终提高社会和国家的整体竞争力。人是经济和社会发展的最终动力，这就要求社会政策将支持和满足社会成员的发展需要作为出发点，将满足社会成员的发展作为优先目标，重视建立良好的社会机制，尤其是支持就业的社会支持系统。发展型社会政策强调儿童、工作和家庭是人们生活中的三大基石[2]，要保证儿童获得恰当的教育、打造健康的身体，营造良好的家庭环境，将对儿童成长的保护作为对未来发展的投资；要加大对人力资本的投资，鼓励人们进入劳动力市场；要加大对家庭功能正常发挥的支持，致力于使民众实现工作与家庭责任的平衡。

3.2 "人的城市化"理论

"城市化"这一概念最早于 1867 年由西班牙工程师塞达提出，但是关于

---

[1] JAMES M，KWONG-LEUNG T：*Social Policy*，*Economic Growth and Developmental Welfare*. *International Journal of Social Welfare*，2001，10（4）：pp. 244—252.

[2] 张秀兰、徐月宾：《中国发展型社会政策论纲》，中国劳动社会保障出版社 2007 年版，第 35—37 页。

城市化的理解和定义目前尚未统一。 主要分为以下几类：一是人口学视野下"人口的城市化"，表现为农村人口向城市集中和转移，城市人口在总人口中所占比重上升；二是地理学视野下"地域的城市化"，主要表现为地域空间的转换过程；三是经济学视野下"经济的城市化"，聚焦人类经济活动从乡村转向城市，生产要素向城市集中，产业结构由第一产业向第二、三产业转变；四是社会学视野下"人的城市化"，强调人们居住、生产和生活方式的变迁，以及与这一过程相关的政治、文化、价值观念和社会组织结构的变迁。

关于"城市化"的界定，美国学者弗里德曼将城市化过程划分为城市化过程Ⅰ和城市化过程Ⅱ，前者包括人口和非农业活动在规模不同的城市环境中的地域集聚过程，非城市景观向城市景观的地域推进过程，后者包括城市文化、城市生活方式和价值观在农村地域的扩散过程[①]。 我国学者郑杭生认为："所谓城市化过程，就是指在一个国家或社会中，城市人口增加、城市规模扩大、农村人口向城市流动以及农村中城市特质增加的过程。"[②]

3.2.1 "人的城市化"理论的研究现状

国外关于以农民变市民为主体"人的城市化"研究较少，通过查阅文献发现，类似的研究主要集中在对移民群体社会融入的研究上。

第一，关于移民社会融入的内涵。 国外关于移民社会融入的相关概念有社会融合、社会同化、社会吸纳、社会适应、文化适应及社会并入等[③]。 这些概念虽然表述不同，但都试图从不同的层面、不同的角度来描述、概括移民进入新的国家地区或新的社会之后的融入状态和融入过程等。

第二，关于移民社会融入的模型。 米尔顿·戈登的"二维度"划分法，认为移民的融入包括结构性和文化性两个维度。 结构性维度融入是指移民个体和群体在流入地的社会中，在制度与组织层面的社会参与度增加；文化性

---

①沈建法：《城市化与人口管理》，科学出版社 1999 年版，第 43—44 页。
②郑杭生：《社会学概论新修（第三版）》，中国人民大学出版社 2003 年版，第 338 页。
③梁波、王海英：《国外移民社会融入研究综述》，《甘肃行政学院学报》2010 年第 2 期，第 18—27 页。

融入是指移民群体在价值导向和社会认同方面的转变①。 杨格·塔斯在总结前人的基础上提出了"三维度"模型，认为移民的社会融入可划分为结构性融入、社会文化性融入和政治合法性融入 3 个维度。 结构性融入主要涉及教育、收入、劳动力市场、住房等；社会文化性融入主要涉及人们对社会组织的参与、与外在群体进行人际沟通的能力以及按照流入地的行为模式行动的过程；政治合法性融入主要体现在移民的公民权。② 汉·恩泽格尔的四模型提出移民在流入地的社会融入包括 4 个维度：社会经济融入、政治融入、文化融入、主体社会对移民的接纳或者拒斥等。③

第三，关于移民社会融入的原因解释。 主要归因包括：一是人力资本。 杨格·塔斯指出，由于西方国家劳动力市场和产业结构等的变迁，提高了劳动力的人力资本要求。 而移民群体相对比较缺乏与之匹配的素质和能力，容易被排斥在现代化劳动力市场、产业体系之外④。 罗伯特·伍斯罗与康拉德·哈科特以美国的宗教移民群体为对象，研究他们在美国的社会融入情况。 发现教育水平高的个体在收入、专业技术与管理职位、文化认知及子女教育等方面具有更高的社会融入度⑤。 二是社会资本。 德克·雅各布斯与简·蒂尔认为，社会资本是指个体通过组织生活嵌入到社会关系网络中的程度，是影响个体正式或者非正式地参与政治生活的频率以及政治信任水平的重要因素⑥。 彼林·钟等人认为，社会资本对于移民的社会融入既有积极作

---

①MILTON M G：*Assimilation in American life.* New York：Oxford University press，1964.

②JOSINE JUNGER T：*Ethnic minorities, social integration and crime. European journal on criminal policy and research*，2001,9(1)：pp. 5—29。

③HAN E, RENSKE B：*Benchmarking in immigrant integration.* Erasmus University Rotterdam,2003.

④JOSINE JUNGER T：*Ethnic minorities, social integration and crime. European journal on criminal policy and research*：2001, 9(1)：pp. 5—29.

⑤ROBERT W, CONRAD H：*The Social Integration of Practitioners of Non-Western Religions in the United States. Journal for the scientific study of religion*，2003,42(4)：pp. 651—667.

⑥DIRK J, JEAN T：*Introduction：social capital and political integration of migrants. Journal of ethnic and migration studies*,2004,30(3)：pp.419—427.

用，也存在消极作用。移民嵌入自己族群的社会网络越深，就越限制了他们与外在社会群体的互动与融合①。三是制度因素。迈克尔·菲克斯等人以公共政策的视角来研究美国的移民融入政策对于移民社会融入的影响。他们认为，尽管美国政府致力于促进移民家庭尽快融入美国社会，但是其制定的高度管控的移民政策，却阻碍着移民的社会融合②。

"人的城市化"应该是城市化的一个发展阶段，是新型城市化的核心。现有文献关于"人的城市化"定义以及相关研究较少，不过我国学术界也有类似的关于"市民化"的研究。

第一，关于市民化的内涵。学者文军认为狭义角度的"农民市民化"是指农民、城市农民工等在身份上获得作为城市居民相同的合法身份和社会权利的过程；广义的"农民市民化"是指在我国现代化建设过程中，借助于工业化和城市化的推动，使现有的传统农民在身份、地位、价值观、社会权利以及生产生活方式等各方面全面向城市居民转化，以实现城市文明的社会变迁过程。文军同时以社会角色理论为指导，构建了一套市民化的指标体系，包括人口素质、思想观念、行为方式、社会权利、生活质量、社会参与等③。郑杭生将市民化定义为作为一种职业的"农民"和作为一种社会身份的"农民"在向市民转变的过程中，发展出相应的能力，学习并获得市民的基本资格、适应城市并具备一个城市市民基本素质的过程。在这一过程中，个体的农民将实现在生活方式、思维方式、生存方式和身份认同等方面的现代性转变④。

第二，关于农民市民化的困境。姜作培认为，在城市化进程中影响农民

①PAULINE H C: *Immigration, social cohesion and social capital: A critical review. Critical Social Policy*, 2007(27): 1, pp. 24—29.

②MICHAEL F, WENDY Z, JEFFREY S P: *The integration of immigrant families in the united states*, 2001, http://www. urban. org/publication/410227. html.

③文军:《农民市民化——从农民到市民的角色转型》,《华东师范大学学报(哲学社会科学版)》2004 年第 3 期,第 55—61 页。

④郑杭生:《农民市民化——当代中国社会学的重要研究主体》,《甘肃社会科学》2005 年第 4 期,第 4—8 页。

市民化的主要障碍有：认识障碍、政策障碍、制度障碍、信息障碍以及素质障碍①。杨盛海等认为失地农民市民化的瓶颈在于进城成本过高，包括：生活负担重、就业困难多、优惠待遇少、心理压力大等②。文军指出了上海城市郊区被征地的"新市民"群体存在的困难：新市民群体的素质普遍偏低；对新市民的角色认同比较模糊；新市民群体内部分化大，发展不平衡；角色在转变初期生活质量较低；住房安置后，共同居住的情况比较突出；业余文化生活比较单调③。

第三，关于推进市民化的对策。姜作培认为，要克服农民市民化的约束因素，必须在思想观念、城市建设、维护合法权益、制度层面、城乡劳动力市场一体化、政府的管理与服务等 6 个方面寻求突破④。徐元明提出失地农民市民化的推进策略，要推进户籍的转变，加快社区管理体制的转变，建立失地农民的劳动就业保障制度，建立失地农民社会保障制度⑤。杨巍、杨绍安提出了实现农民市民化对策：调整政策，优化制度环境；发挥市场经济作用；发挥非政府组织的作用⑥。

3.2.2 "人的城市化"理论的基本内涵

对于"人的城市化"，目前学界尚没有统一的定义，根据弗里德曼城市化的两个过程理论，"撤村建居"属于城市化的第一个过程，即空间的城市化，而"人的城市化"应该是城市化的第二个过程，即城市文化、城市生活方式和

---

① 姜作培：《城市化进程中农民市民化问题》，《国家行政学院学报》2003 年第 4 期，第 36—39 页。

② 杨盛海、曹金波：《失地农民市民化的瓶颈及对策思路》，《广西社会主义学院学报》2005 年第 2 期，第 31—34 页。

③ 文军：《农民的"终结"与新市民群体的角色"再造"——以上海郊区农民市民化为例》，《社会科学研究》2009 第 2 期，第 118—125 页。

④ 姜作培：《农民市民化：制约因素及突破思路分析》，《浙江社会科学》2003 年第 6 期，第 95—99 页。

⑤ 徐元明：《失地农民市民化的障碍与对策》，《现代经济探讨》2004 第 11 期，第 20—27 页。

⑥ 杨巍、杨绍安：《农民市民化的内部视角：制约因素及对策分析》，《现代经济探讨》2005 年第 9 期，第 45—48 页。

价值观的扩散过程。 "人的城市化"可定义为：在城市化发展背景下，城市文明逐步代替农业文明、城市生活逐步替代农村生活方式的过程中，实现农民在居住空间、生产方式、思想观念、生活方式、社会交往、文化认同等方面由"村落共同体"向"社区共同体"的转型。

（1）人的现代化和人的城市化

现代化一般是指人类社会从传统社会向现代社会转变的一个历史过程，包括政治、经济、文化、社会等要素。 英格尔斯在其著作《人的现代化》一书中提出："一个国家，只有当它的人民是现代人，它的国民从心理和行为上都转变为现代的人格，它的现代政治、经济和文化管理机构中的工作人员都获得了某种与现代化发展相适应的现代性，这样的国家才能称之为真正的国家。"由此可见，英格尔斯认为人的现代化，才是现代化的核心，只有实现了国民的现代化，才能实现国家的现代化。 他同时指出了现代人应该具备的 12 个特征：乐于接受他未经历过的新的生活经验，新的思想观念，新的行为方式；准备接受社会的改革和变化；思路广阔，头脑开放，尊重并愿意考虑各方面的不同意见、看法；注重现在与未来，惜时守时；强烈的个人效能感，对人和社会的能力充满信心，办事讲究效率；计划；知识；可依赖性和信任感；重视专门技术，有意愿根据技术水平高低来领取不同的报酬的心理基础；乐于让自己和他的后代选择离开传统所尊敬的职业，对教育的内容和传统的智慧敢于挑战；相互了解，尊重和自尊；了解生产过程[①]。 除此之外，他还指出了教育、工厂和大众传媒在促进人的现代化中的作用。

人的城市化与城市化的关系正如人的现代化与现代化的关系，人的城市化应该作为城市化的核心和基础，没有人的城市化，就不能实现真正的城市化。 同时，人的城市化作为人的现代化的一个重要组成部分，应该以人的现代化为标准，以人的现代化理论和实践经验作为指导。

（2）"撤村建居"与人的城市化

"撤村建居"作为城市化进程中出现的一种现象和手段，其推动的因素主要有两类：一是市场力量的推动。 随着经济发展，城市产业结构转移，近郊

---

①［英］阿历克斯·英格尔斯：《人的现代化》，四川人民出版社 1985 年版。

农村经济呈现非农化特征,农民家庭主要经济来源以第二、三产业为主,而非传统的第一产业,其职业也不再以农民为主,取而代之的是企业工人、个体工商户、私营企业主等。 二是政府政策的推动。 政府的政策导向和资金投入在很大程度上影响着城市化的进程,为了加快城市化进程,建设特大城市或者一些中小城镇,政府部门往往通过行政手段强制性地将一些农村社区转化为城市社区,从而提高城市化率。 而对于"撤村建居"来说,政府政策的推动作用的影响力要大于市场力量,在这两大类因素的综合作用下,"撤村建居"成为我国特有的一种现象,是中国特色城市化道路一个重要组成部分。 "撤村建居"仅仅实现了空间的城市化,对居民个体来说,社会身份(户籍身份)、职业身份实现了城市化,而他们在生活方式、思想观念、社会交往、文化认同等方面却没有实现城市化的转变。 这种行政力量推进的被动型城市化存在较多的问题,最主要的问题在于居民在城市生活存在"水土不服"的现象,传统农业文明下的价值观及生活方式与现代化的城市文明格格不入。

由此可见,"撤村建居"社区的城市化是一种不完全的"半城市化",即只实现了第一个过程的城市化,而其核心部分"人的城市化"却没有实现。 因此,要解决目前"撤村建居"社区存在的 "水土不服"现象,加快居民融入城市文明,最主要的是推进第二个过程的城市化,促进人的全面发展。 "撤村建居"和"人的城市化"是实现农民变市民的"两翼",缺一不可,失去了"人的城市化"这个核心就是"伪城市化"。 "人的城市化"体现"以人为本"的理念,要通过顶层政策支持、社区服务以及公民教育等,引导居民逐步适应城市生活,在生活方式、思想观念、社会交往、文化认同等方面实现"村落人"向"社区人"的转变。 应通过推进"人的城市化"不断完善"撤村建居"社区的治理和发展,实现真正的城市化。

(3)"撤村建居"社区"人的城市化"内容

"人的城市化"中的"人"不仅仅指作为个体存在的人,也是作为群体存在的人,是生活在社区共同体中的人。 "人的城市化"最根本的就是实现社区居民对现代文化的认同,在城市文明下形成新的价值观和生活方式。 作为"撤村建居"社区的居民,他们已经完成了身份的城市化,即已经取得了城市户籍;他们也完成了职业城市化,即生产活动已经非农化,脱离了农民的职业身份。 因此，我们将"撤村建居"社区"人的城市化"的具体内容划分为居住空间城市化、生活方式城市化、社会交往城市化以及社区参与城市化4个方面。

第一，居住空间城市化。 随着"撤村建居"、整村改造的推进，新的生活有机体形成，原有的村落共同体转变为社区共同体，居民的居住空间也发生了转变。 传统的村落的居住形态以分散居住为主，大多是"一户一栋"的家庭住宅，缺乏整体规划，且公共活动空间严重缺乏，基础设施不够完善。而"撤村建居"社区在居住形态上与传统的村落社区不同，以集中居住的小区为主，大多是高层和多层商品房住宅，社区内建筑物布局紧凑，规划合理，外观统一，且社区的基础设施健全，健身娱乐设施完善。 因此，从居住空间看，"撤村建居"社区已经是城市社区的居住形态了。 但是，居民并不能合理地利用城市基础设施，社区内的体育文化设施常常未发挥最大作用；部分社区的开发商并没有预留足够的社区公共活动空间，导致老年人和儿童缺乏活动场所；还有的社区配套服务不完善，给居民生活造成极大不便；此外，一些社区道路不够整洁、宽敞，停车位不能满足社区居民的需求，卫生、绿化工作不到位，治安状况欠佳等现象层出不穷。

要实现"撤村建居"社区居住空间的城市化，必须实现以下几个方面的目标：首先，完善基础设施，如确保完备的健身娱乐场所、充足的公共活动空间等，且都能够实现较高的居民利用率。 其次，健全配套服务，如配套设立社区超市、便民服务中心、理发店、社区卫生中心、公共事业服务中心、社区学校等，能够实现最大程度地方便居民生活。 再次，保证社区整洁、安全。 如社区的道路宽敞、停车位充足、卫生及绿化到位、社区的安全有保障等，从而为推进人的城市化构建和谐的外在环境。

第二，生活方式城市化。 生活方式是指如何生活，是人们生活的具体形态。 关于生活方式的内涵，学者们历来都持不同观点，目前我国学术界关于生活方式的定义大致有两种：一种是广义概念，认为人们的生活方式应当包括劳动生活、政治生活、物质消费生活、闲暇及精神文化生活、交往生活、宗教生活等；另一种是狭义概念，认为生活是指日常生活，包括物质消费、家庭内的生活活动、闲暇和精神文化生活等，或简单概括为衣、食、住、行、乐。① 生活方式是由长期的生活经验积累而形成的习惯，会因人们身处不同的文化和居住环境而存在较大差异，村落共同体和社区共同体的居民生活习惯截然不同，是"撤村建居"社区居民在城市社区出现"水土不服"的最主要原因。

根据"撤村建居"社区居民的现状，本书将生活方式限定在狭义的概念下，主要涉及居民日常生活的方面：①宗教信仰，居民是否保持传统的宗教理念；②移风易俗，关于婚丧嫁娶的操办、文明治丧的推进情况；③休闲与精神文化，了解居民的休闲方式和休闲层次；④公共空间生活，探讨居民在公共空间中的行为以及公民责任意识等。

第三，社会交往城市化。 马克思、恩格斯认为，社会交往是指人们在生产及其他社会活动中发生的相互联系、交流及交换。 社会性是人的本质属性，社会交往是人的本质特征之一，社会交往形式往往随着社会结构变迁而发生改变。 农村的社会结构主要是亲族、宗族组织和邻里关系，农民社会交往单一，社会关系简单，以血缘、地缘关系为主，同质化程度较高。 而城市社会结构中包含着复杂的社会关系和社会组织，因而城市的社会交往呈现出完全不同的特点，城市的社会关系具有正式化、契约化、专门化以及非人格化的特点②。 由于社会结构差异带来的社会交往差异，在很大程度上影响着居民的日常交流和人际交往，"撤村建居"居民原有的社会结构发生改变，导致其社会交往网络随之发生变化，因此，必须在新的社会结构中重构社会交往网络，构建突破空间隔离、自由度更高、不同于"熟人社会"的新的交往模式。

社会交往又分为个体交往和群体交往，本书对"撤村建居"社区居民社会交往的考察，集中在其个人的社会支持体系、邻里关系以及与社区内的各种组织之间的关系。

---

① 符明秋：《国内外生活方式研究的新进展》，《成都理工大学学报(社会科学版)》2012 年第 5 期，第 1—6 页。

② 江立华：《城市性与农民工的城市适应》，《社会科学研究》2003 年第 5 期，第 92—96 页。

第四，社区参与城市化。社区参与是居民自治的重要途径，也是现代社区建设的重要内容。社区参与主要是指社区内的成员参与社区公共事务和公共活动，影响社区权力运作，从而分享社区建设成果的行为和过程[①]。由此可见，社区参与的主体有社区居民、社区社会组织以及辖区内的各种机关、团体、企事业单位等，社区参与的主要内容是社区的公共事务和公共活动。

在村落共同体中，居民社区参与有限，最常见的就是政治性参与，如选举村主任和村民代表等，其他各类形式的社区参与几乎不存在，很多村内公共事务都是由乡村精英或者家族长老等商讨决定，普通居民参与积极性不高。而在社区共同体中，由于居民之间异质化程度较高，相互之间交往不够密切，加之社区内部结构和组织更加复杂化，导致传统的村落共同体解决商讨公共事务的办法不太适用，因此，提升居民社区参与积极性就显得尤其重要。

"撤村建居"社区居民的社区参与既包括作为居民个人的社区参与，也包括组织化的居民参与（即居民通过参与社会组织来参与社区事务），参与的内容包括政治性参与、社会性参与等，同时也应考察居民社区参与的主动性。

3.3 社会资本理论

近年来，社会资本概念被广泛应用于经济学、社会学、管理学和政治学等各领域，国外众多学者都从不同角度对社会资本进行研究探讨，在理论和实践中不断完善社会资本理论。

3.3.1 社会资本理论的发展轨迹

布迪厄虽对社会资本概念没有做出非常清晰的界定，但他最先提出了"社会资本"概念，为社会资本理论研究做出了重要的开端。科尔曼发展了社会资本理论，并提出了具体的社会资本概念。之后的学者主要将"社会资本"概念运用在微观和宏观两个层面，伯特、波茨、林南在微观个体层面上对

---

①杨荣：《论我国城市社区参与》，《探索》2003 年第 1 期，第 55—58 页。

社会资本理论进行阐述;帕特南、纽顿、福山将社会资本理论运用到宏观的政治生活中,并由此分析集体行动;布朗则对"社会资本"的概念进行一种反思性的研究。

(1)布迪厄——从社会网络的角度研究社会资本

20世纪六七十年代,布迪厄从对社会空间的研究中逐渐发展出社会资本概念,并将其作为一种比喻方式以指代一种资本,他认为社会资本同其他各种形式的资本并无差别。随后,布迪厄在其《再生产》一书中延续了这一思路,并进一步发展了社会资本概念,赋予经济资本、文化资本、语言资本、学术资本、社会资本极大的重要性,《再生产》为布迪厄发展社会资本概念建立了一个重要的结构框架。之后在《差异》一书中,布迪厄进一步发展了社会资本理论,他认为资本是一种真正的实体,是实际过程中的一系列资源和权力,其中包括经济资本、文化资本和社会资本,并认为社会资本隶属于经济资本和文化资本,次重要于经济资本和文化资本。在《差异》一书中,布迪厄首次对社会资本进行定义:"实际或潜在资源的集合体,它们与或多或少制度化了的相互认识与认知的持续关系网络联系在一起……通过集体拥有的资本支持,提供给它的每一个成员。"布迪厄想将社会资本定位于经济资本、文化资本、社会资本形式的中心位置进行分析,却并没有成功地完善、发展这个概念。布迪厄的这些著作开创了社会网络分析的社会资本研究,并使社会资本成为一个新的理论研究领域,被后来的社会资本研究者继承和发展[1]。

(2)科尔曼——功能主义社会资本理论

科尔曼被认为是第一位从理论角度对社会资本进行全面而具体的界定和分析的社会学家。1988年,科尔曼在《社会资本在人力资本创造中的作用》一文中首次对社会资本概念做了初步论述,之后再通过《社会理论的基础》一书对社会资本理论进行较为系统的阐述。与布迪厄不同的是,科尔曼把社会资本、物质资本、人力资本视作资本的3种形式。他从社会资本的功能中归纳得出社会资本是指个人拥有的以社会结构资源为特征的资本财产,并指出

---

① 周云红:《社会资本:布迪厄、科尔曼和帕特南的比较》,《经济社会体制比较》2003年第4期,第46—53页。

社会资本具有生产性、不完全替代性、公共物品特征、不可转让性。科尔曼对社会资本的概念做了明确的界定，给出了社会资本的 5 种形式，即义务与期望、存在于社会关系内部的信息网络、规范和有效惩罚、权威关系、多功能组织和有意创建的社会组织。科尔曼还对社会资本的创造、保持和消亡的影响因素做了分析，侧重分析了社会结构、社会网络及意识形态等对社会资本的影响作用。①

（3）林南——嵌入社会网络结构的社会资本理论

林南在《社会资本》一书中对社会资本理论做了更加准确的阐述，林南将社会资本定义为行动者在行动中获取和使用的嵌入在社会网络中的资源。他将资源分为个人资源和社会资源，并强调只有嵌入到社会关系中的资源才可被称为社会资本。林南在书中对社会资本提出了一系列理论假设及命题，并强调了现代社会中一种新型社会资本即电子网络的产生和兴起，电子网络在现代社会高速发展的今天，正通过各种方式形成的社会资本，以各种方式和途径发挥着重要作用。②

（4）帕特南——宏观网络中的社会资本

帕特南在其著作《使民主运转起来：现代意大利的公民传统》中，将社会资本概念扩展到更大规模的民主治理研究中，并将社会资本理论作为一个新的理论分析框架来分析民主政治的产生。帕特南在书中指出，社会资本是指社会组织的某种特征，例如信任、规范和网络，这些特征通过促进合作行动以提高社会效率。帕特南以社会资本理论作为分析框架，论述了社会资本对制度成功的影响，并分析了信任、互惠规范以及网络等相互之间的作用和关系，尤其分析了如何通过发挥各类社会资本来产生政治民主。社会信任是社会资本最关键的因素，也是民主运转起来的关键因素，而互惠规范和公民参与网络将产生社会信任，只有公民之间达到一种相互信任的状态，才可能实现真

---

①田凯：《科尔曼的社会资本理论及其局限》，《社会科学研究》2001 年第 1 期，第 90—96 页。

②宋菁、顾伟：《嵌入社会网络结构的社会资本理论——对林南〈社会资本〉的理论梳理》，《法制与社会》2011 年第 1 期，第 171—172 页。

正的民主,但在政治生活中建立一定量的社会资本并非易事。①

3.3.2 社会资本理论本土化研究

国内学者对社会资本的研究从 20 世纪 90 年代中期开始,学者们将社会资本理论作为一个新的分析框架,在社会学学科中进行广泛的运用。例如一些学者用社会资本来探讨求职过程中社会网络的作用,还有一些学者尝试分析城市家庭或居民的社会网络资源影响乡镇企业、私营企业发展的原因以及农民工流动的方式。中国社会科学院社会学所的张其仔博士主要对社会资本中的社会网络范畴进行研究,并试图建立一个分析社会网络的规范体系。

(1)社区社会资本的测度研究

学者隋广军、盖翊认为,城市社区社会资本是指在较长时期内的城市社区共同体的居民和组织在互动过程中形成的互惠规则规范下的互利关系,并同时指出社区社会资本不仅存在于人与人之间、组织与组织之间,还存在于组织和个人之间,它是一种无形的纯公共产品,具有复杂化、层次化和地域意识弱化 3 个特点。②

学者陈华认为,社会资本理论在中国城市社区治理研究中是一个富有价值的解释性理论框架,陈华对城市社区治理过程中的社会资本存量进行分析,并认真总结了社区社会资本的概念,认为社区层面的社会资本包括规范、信任、居民参与、关系网络等要素。③

学者张艺、陈洪生通过实地调研江西省幸福社区村民理事会的运作机制,分析阐述了社会资本在村民理事会运作过程中发挥的积极作用,并指出社会资本通过在居民之间形成的相互普遍信任与合作关系,为村民理事会的良性运作提供了坚实的基础,社会资本存量的丰富,在社会层面表现为居民

---

① 周云红:《社会资本:布迪厄、科尔曼和帕特南的比较》,《经济社会体制比较》2003 年第 4 期,第 46—53 页。。

② 隋广军、盖翊:《城市社区社会资本及其测量》,《学术研究》2002 年第 7 期,第 21—23 页。

③ 陈华:《社会资本视域下的我国城市社区治理》,《中共南京市委党校南京市行政学院报》2005 年第 6 期,第 70—73 页。

之间更为广泛的普遍信任与合作，这也正是现代民主社会的特征。①

　　学者郎友兴、周文对比分析了农村社区与城市社区的特殊性，认为社区社会资本应该包括社区参与、邻居联系、家庭和朋友联系、社区工作联系、社区居民的能动性、自觉协助他人的情况、信任和安全感、生活价值、差异化承受力等几个方面，其中社会网络、信任、规则和合作能力是衡量或测量社区社会资本的主要指标。②

　　国内学者对社区社会资本测度的分析，更多地把社区社会资本的焦点放在城市社区中，对乡村或者"撤村建居"社区的社会资本研究相对比较欠缺。胡荣、胡康在《城乡社区社会资本构成的差异》中对两种社区类型的社会资本进行对比分析，得出如下结论：首先，因为城乡之间巨大的社会和经济差距，农村居民的团体活动参与程度及社团参与数量均低于城市和城镇居民；其次，从城乡居民之间的信任度来看，农村居民对亲属密友、一般熟人朋友的信任度相对高于城市和城镇居民，这在很大程度上是农村社区特征所致；另外，城乡居民在互惠规范方面的差异也可归结为农村社区与城市社区之间的不同。③

　　（2）社会资本在社区建设领域中的运用

　　卢宝蕊、徐初佐在社会资本视域下对城市社区服务体系进行了分析，将社会资本分为微观、中观和宏观3个层面，并指出城市社区服务受社会资本存量的制约。他们从微观、中观、宏观层面解释说明在个人、社区组织及城市社区3个方面的社会资本存量不足，由此导致城市社区服务受到限制。他们主张在各个层面上对社会资本进行投资，促进社区服务能力的建设，最后提出增加社会资本的存量有助于构建可持续发展的城市社区服务体系的结论。④

---

　　①张艺、陈洪生：《村民理事会：以社会资本理论为分析视角——以江西省幸福社区为例》，《甘肃行政学院学报》2008年第3期，第67—71页。

　　②郎友兴、周文：《社会资本与农村社区建设的可持续性》，《浙江社会科学》2008年第11期，第68—73页。

　　③胡荣、胡康：《城乡居民社会资本构成的差异》，《厦门大学学报（哲学社会科学版）》2008年第6期，第64—70页。

　　④卢宝蕊、徐初佐：《社会资本视域下城市社区服务体系的构建》，《龙岩学院学报》2010年第4期，第45—49页。

深圳大学的潘柄涛通过对 3 个"撤村建居"社区的实证分析来理解社会资本与居民社区参与能力的互动关系,他将社会资本分为个体分析层面(构成变量为网络)和群体分析层面(构成变量为社会信任、社会规范、社会互动),再将社区参与分解为利益表达和选举 2 个因子。之后,他通过回归分析方法得出结论:社会资本中的 4 个分析因子对社区居民社区参与有显著影响,规范因子对利益表达因子有负向影响,而对选举因子有正向影响;信任因子对利益表达因子没有显著影响,但对选举因子有较为显著的影响;网络因子对利益表达因子没有显著影响,但会对选举产生显著影响;互动因子只对利益表达因子有较为显著的影响,即居民通过互动联系以及居民与社区组织的交往来表达自身利益①。

学者们在社会资本理论视角导入下对城市社区的研究已具备相当规模,而对"撤村建居"社区的研究则更多从经济学的角度出发,侧重于对"撤村建居"社区集体经济股份制的改革或者农民市民化问题的研究,对"撤村建居"社区治理及社区建设相关问题研究涉及并不多。

学者马良在对"撤村建居"社区问题的研究中指出,居民社会角色的转变是其融入城市的必然选择,即"撤村建居"社区居民的市民化是使"撤村建居"社区与城市社区接轨的必经之路,而在融入过程中最大的障碍是"撤村建居"社区居民的社会保障水平低。另外,社区的城市化管理没有及时跟进,相关居民的利益补偿机制和社会保障制度还不完善等问题也阻碍了"撤村建居"社区与城市社区的接轨。他指出,"撤村建居"社区融入城市社区的关键环节是提高社区居民的社区参与能力,并提出了促进"撤村建居"社区建设的对策建议,强调要在微观层面进行干预,提升"撤村建居"社区的社会资本,加强社区基层组织的建设,构建专业化的社会工作人才队伍,激活社区社会资本。②

在国内外学者的共同努力下,社会资本的概念和内涵不断被丰富和充

---

①潘柄涛:《社会资本与居民社区参与——基于深圳 3 个村改居社区的实证分析》,《学习与实践》2009 年第 6 期,第 126—131 页。

②马良:《"撤村建居"社区融入城市进程中的优势和局势——对杭州三叉社区的实证调查》,《党政干部学刊》2008 年第 3 期,第 54—56 页。

实，社会资本理论成为新的理论分析框架。首先，国内学者将社会资本理论运用到社区中，较多涉及的是社区治理的其中一个问题，比如居家养老问题、社区居民参与问题，但对整个社区治理的宏观性研究相对较少。其次，国内学者对社区治理的研究更多地集中在城市社区，而对于在城市化进程中出现的"撤村建居"社区，关注度则相对少一些，再加上"撤村建居"社区社会资本的复杂性，导入社会资本理论对"撤村建居"社区进行的研究就更少了，但在现代化进程中，如果不能更好地解决"撤村建居"社区的问题，将不利于城市化的真正实现。最后，国内学者对"撤村建居"社区调查研究时，更多的情况是将"撤村建居"社区视为与城市社区相比弱势的一方，研究"撤村建居"社区在哪些方面不如城市社区，存在哪些严重的问题，抱有一种定性化的研究思维，并给"撤村建居"社区贴上"不如城市社区"的标签。

虽然学界对社会资本的内涵及外延并没有达成一致，但综合各方学者对社会资本的定义，我们不难归纳出其中的共性：社会资本分为宏观层面、中观层面和微观层面，这3个层面可与政治经济学家奥斯特罗姆总结的3个阶段对应起来，即社会资本可分为3类，最狭义的社会资本观、过渡的社会资本观以及扩展的社会资本观。而按照中国学者陈建胜的观点，社区社会资本同样可分为宏观、中观、微观3个维度，即社会制度维度、社会组织维度、社会价值维度，如表3-1所示。

表 3-1　社会资本的 3 个维度

3 个维度	社区社会资本分析	社会资本各维度包含内容
宏观维度	社会制度层面	政府支持力度、政策制度环境
中观维度	社区社会组织层面	社区组织资源、关系网络多元化
微观维度	社会价值层面	社区居民互惠、合作、信任、社区认同感、归属感

第一，"撤村建居"社区的集体经济组织为社区发展带来重要的社会资本。

第二，在社区价值层面，"撤村建居"社区居民的信任与合作比城市社区更高。

第三，在社区组织层面，城市社区中辖区单位及各类社会组织为城市社区建设积蓄了重要的社会资本。

第四，在社区制度层面，城市社区比"撤村建居"社区得到更多的政府层面的社会资本。

具体而言，社区价值主要涉及社区生活幸福感、社区居民之间的关系、对社区事务的关心程度。社区组织主要涉及社区自组织，包括社区居委会、社区党组织、社区服务中心；社区企事业单位主要涉及辖区单位，如医院、学校、正规超市、各类银行、国有企业、民营企业；社区社会组织主要涉及民办社会服务机构、社区文化体育团体、社区志愿服务组织。社区制度主要涉及政府的财政支持程度、专业人员配备程度。

3.4 多元中心理论

当代公共治理理论认为，政府和社会组织是一种"伙伴"合作关系，特别是在公共产品供给体系中，政府和社会组织的合作越来越紧密。这种相互合作，既使政府本身提升了行政效率和资源配置效率，也使社会组织得到壮大，并使公民通过社会组织参与社会公共事务管理的活动，由此提升公民精神。这是一种"多赢"的公共治理新的发展趋势。

现代意义的公共行政的理念和实践已有100多年历史。20世纪80年代，政府公共行政的社会"公信力"基础遭到了普遍质疑，在市场失灵之后，政府失灵现象频发。20世纪80年代以来，以英国的撒切尔内阁和美国的里根政府为典型代表，各国政府从传统公共行政模式向新公共管理模式转变。从公共行政到公共管理，其理念的主要变化是从控制到服务，更加突出社会公平和正义。同时，新模式也强调要避免政府失灵，就必须打破政府在公共部门的垄断，在对内和对外关系的构建中都要引进市场的"契约"精神，例如政府购买服务、服务外包、质量管理、人力资源开发等，实行公共服务社会化。

20世纪90年代后，随着"公民社会"的发育和壮大，慈善组织、志愿者团体、社区组织和各类民间互助性组织在公共领域的影响日益重要，社会自治氛围高涨。 1992 年，世界银行的年度报告《治理和发展》对"治理"给出了新的界定：一是实现法治、改进政府管理和提高政府效率；二是支持和培养公民社会的发展，积极培育各类社会组织。 后来，以美国学者奥斯特罗姆为代表的制度分析学派明确提出了"多中心治理"理论，社会管理是由政府、社会组织、私人机构及公民个人等"多元主体"在一定的规约下共同行使"主体性"权力，并结成多元主体之间的合作协商和互动式的伙伴关系。 这种新理论强调社会治理主体的多元化和多元主体之间的网络化关系，在多元主体的平衡中达成和谐治理，实现和谐发展。 在新公共管理运动中，"多中心治理"理论实际上就是要实现"管理—服务—自治"三位一体。 在现代社会的发展中，个人、群体和组织越来越多地连接成一个个相互影响的行动网络，任何一个行动者（个人、群体或组织）的行动都会对其他方产生直接或间接的影响。 因此，纯粹的私人行动领域正相对缩小，而公共行动领域正逐步增大。政府的行动对整个社会的运行和经济社会等的发展都会产生巨大影响，这就要求政府以更加高效、更加公平和更加合理的方式去管理社会、引导社会良性运行和协调发展。

3.4.1 公共服务的多元化供给

公共服务的伦理精神是现代政府行政体系的合法性基础，公共服务的直接表现是政府要为最广大的社会公众提供公共性产品，这是政府的一项主要职能。 在公共产品的理论视野下，政府和社会公众的关系在理论上也可以转化为服务供应者和服务消费者的关系，政府行使行政权力的目的不再是为了管制，而是为了提供更好的服务。 如何以服务对象的"公共服务需求"为本，是构建服务型政府的首要目标。

（1）公共服务的基本概念

公共服务是相对于私人服务而言的，是指由政府公共部门提供的满足全社会共同需要的公共产品，通过公共产品的提供，形成公共服务。 当然，在公共产品的提供上，既可以直接提供"物品或者货币形式"，也可以提供"服务"（例如，提供传染性疾病的公共卫生预防服务，为适龄儿童提供义务教育等）。 在公共服务模式的多样化变迁中，就公共事务管理的具体内容而言，公共服务社会化和公共服务主体的多元化是公共管理改革的核心内容之一，也是当前社会整体发展的一个"共性"趋势。

应该说，对公共物品的关注起源于人们对公共性问题的探讨。亚当·斯密曾经在研究"国家的义务"时分析了公共产品的类型、供给方式及供给的公平性等问题。第一个在现代经济学意义上论述公共产品的学者是美国经济学家A.萨缪尔森，他指出了公共产品的属性："一种私有物品意味着，我对它的消费阻止了你对它的消费，我可以排除你吃我的面包；一种公共物品意味着，其消费是非对抗的而且是非排他的。"[1]在纯公共产品的理念上，每个人对一种公共产品的消费并不减少任何其他人对该产品的消费，也就是说，公共产品的特征可概括为"非竞争性、非排他性"。

根据不同的分类原则，公共产品可以用不同的分类方式进行分类。从资源本身配置来看，公共产品可分成两类：纯公共服务和准公共产品。纯公共产品具有完全的非竞争性和非排他性，只能由政府来提供，而无法用金钱来衡量，因为"其增加的消费者引起的社会边际成本的增加为零"[2]。这类公共产品包括特殊公共产品和现实公共产品。前者是指收入分配的税收政策和政府的经济政策，后者是指国防、外交、法律、灯塔、太空探索、公家公墓和警察等服务。准公共服务（也被称为"俱乐部产品"）具有不完全的非竞争性和非排他性，可以由政府和其他组织以多种方式来供给，非竞争性和非排他性不完全，这类公共产品包括自然垄断性产品和基本福利产品。前者是指排供水系统、铁路交通和公路交通系统、煤气系统、电信电力传输系统、基础科学研究、电视广播系统、消防系统和垃圾处理系统等；后者是指邮政服务系统、中小学教育系统、文化娱乐设施、防疫保健系统、避孕计划生育系统、传染病防治措施和相关统计信息等。例如，在供水系统中，由于水资源的有限性，每增加一个人消费就会影响到其他消费者的使用效用，如果免费提供或过低收费，就可能出现"拥挤"和浪费[3]。

---

①萨缪尔森、诺德豪斯：《经济学（下）》，中国发展出版社1992年版，第1198页。
②高鸿业、吴易风：《现代西方经济学》，经济科学出版社1990年版，第251页。
③刘辉：《公共产品供给的理论考察》，北京大学经济学院博士学位论文，1999年。

根据内容和形式来分类，公共产品可分为 4 类：一是基础性公共产品，指为公民及其组织从事经济、社会等活动所提供的基础性服务，如供水、电、气，交通与通信基础设施，邮电、气象等；二是经济性公共产品，指为公民及其组织从事经济或生产活动所提供的服务，如科技推广、咨询服务以及政策性信贷等；三是社会性公共产品，指为公民的生活、发展与娱乐等需求提供的服务，如义务教育、公共卫生、社会福利以及环境保护等；四是公共安全产品，指为公民提供的安全服务，如军队、警察和消防服务等。

从公共产品供给机制上看，公共产品可以分成两类：一是由中央政府或地方政府直接供给公共服务。这主要是具有普适性、全民性的公共服务，通过政府利用公共资金创办公共性企业来履行公共服务的职能；也可以是区域性的公共服务，主要是准公共产品领域中带有自然垄断性的公共产品。二是由社会组织的力量来供给区域性的公共服务，通过商业性资源供给、志愿资源供给和社区互助性资源供给，更加有针对性和差异性地为服务对象提供有效的公共产品。这是政府通过间接方式来供给公共产品，例如，通过政府与企业、社会组织之间的服务外包、特许经营、专项补贴等方式来服务于区域性的公共产品需求。

不管公共服务如何分类，公共服务本身都赋予了公共产品的社会化特征。根据不同公共产品项目的性质和特点，以社会需求为导向，鼓励各种社会组织和社会公众参与兴办公益事业和社会服务，形成以政府为主导、多元社会主体共同参与的公共产品供给新格局。这实现了两类关系的变革：一是在政府与社会关系上，政府不再作为唯一的公共产品提供者，在更多情况下转为间接供给者，多"掌舵"，少"划桨"，政府的角色更多地转向为多元"主体"活力的持续释放提供制度保障；二是在政府与公民的关系上，公民作为政府行政行为的相对方，享有参与权和发言权，政府行政的效果有赖于行政相对人的合作、支持和评估，政府和公民之间不再是管理和被管理的关系，主要是服务供给与服务消费的关系。

在公共服务的多元化供给上，根据奥斯特罗姆的研究，"多中心"最初起源于对组织社会的两种秩序的分析，"多中心治理"直接对应"单中心"权威秩序的组织形式①。 在公共事务领域中，多中心治理结构要求国家和社会、政府和市场、政府和公民共同参与，结成伙伴合作关系，上下互动，达成多维度的管理过程。 其独特之处是思考了如何通过改善管理方式来实现公共利益最大化的问题。②

（2）市场失灵：政府与市场的关系

政府职能的转变，直接带来了政府与市场及政府和社会组织之间的关系的变迁，整个变迁过程恰恰凸显了社会组织在公共性服务领域的独特作用。20 世纪八九十年代以来，在新自由主义的公共政策理念的影响下，各国都积极推进各类社会性组织和个人在公共政策行动中承担更多的责任。 多中心治理模式的公共政策，就是要突破"左派"福利国家在"制度性"框架下服务对象对政府责任的过多依赖的状况，同时也要突破"右派"国家在"剩余性"框架下过多地损害社会公平原则和弱势群体利益的状况。

在政府和市场的关系上，人们的认识断深入。 亚当·斯密在其著作《国富论》中明确指出，自由企业制度和自由的市场机制完全能够实现资源的最佳配置和经济发展，政府仅仅是个"守夜人"。 亚当·斯密的理论基础是，市场机制完全能够把个人利益与社会利益有机地结合起来；在同等条件下，政府与企业和个人相比并没有任何优势③。 确实，市场经济的实践证明，市场机制是人类拥有的最有效的资源配置工具，但是市场不是万能的，而是有边界的。 很明显，这种消极"守夜人"的政府角色的作用是有局限的，在市场经济竞争中，企业家追求利润的欲望和劳动者的生存压力，使得自由竞争变得无度，周期性的经济危机给人们敲响了警钟。

那么，市场为什么会失灵呢？ 这是由于自由竞争的市场经济对完全竞争市场的偏离，导致无法实现帕累托最优状态。 第一，市场不能自行提供公共

---

①皮埃尔·德·塞纳克伦斯：《治理与国际调节机制的危机》，载俞可平主编《治理与善治》社会科学文献出版社 2000 年版，第 241 页；麦金尼斯：《多中心治道和发展》，载麦金尼斯《多中心体制和地方公共经济》，上海三联书店 2000 年版。

②罗西瑙：《没有政府的治理》，江西人民出版社 2001 年版。

③亚当·斯密：《国民财富的性质和原因的研究（下卷）》，商务印书馆 1996 年版，第252—253 页。

产品。 对公共产品收费是不经济或不可能的，所以，私人企业没有供给公共产品的积极性。 第二，市场不能完全解决经济外部性问题，即外部效应。 例如，基础教育和环境污染都具有明显外部效应，当出现正效应时，市场经济表现为生产不足，反之，则生产过度。 第三，自然垄断的存在。 这就难以形成资源的优化配置，从而损害整体社会的福利。 第四，信息不完全，私人企业的决策会出现失误，甚至产生道德风险或逆向选择。 第五，个人自由和社会原则的冲突，例如赌博，市场无法自行解决。

市场失灵既提出了政府干预的要求，也规定了政府干预的界限，政府不能代替市场，政府要校正市场的缺陷。 1936 年，凯恩斯在《就业、利息和货币通论》中提到，政府的角色转变为"拐杖"，政府宏观层面的干预是医治市场失灵的灵丹妙药。 凯恩斯的理论在美国"罗斯福新政"中得到了成功的实践，并且进一步演变为西方福利国家的实践，迎来了 20 世纪五六十年代的经济发展奇迹。 政府从原先的"小政府"变身为"大政府"，西方福利国家基本上实现了从"摇篮到坟墓"的社会保障制度转变。

但是，20 世纪 70 年代，西方社会的发展进入滞胀阶段，政府财政危机和低效率问题出现。 在新公共管理运动中，奥斯本和盖布勒提出了政府与市场的关系中，政府是"掌舵者"，政府的职能是制定政策而不是执行政策。"掌舵的人应该看到一切问题和可能性的全貌，并且能对资源的竞争性需求加以平衡。 划桨的人聚精会神于一项使命并把这件事情做好。 掌舵型组织机构需要发现达到目标的最佳途径。 划桨型组织机构倾向于不顾任何代价来保住'他们的'行事之道"①。 这个理论是对亚当·斯密理论某种程度的"回归"，但"掌舵者"已经完全不同于"守夜人"。

（3）政府失灵：政府和公民社会的关系

在众多人的眼中，政府是强大的、万能的。 市场失灵时，加强政府的干预具有天然的合理性，但是政府会不会失灵呢？ 公共选择理论的代表人物布

---

① 奥斯本、盖布勒：《改革政府：企业精神如何改造着公营部门》，上海译文出版社 1996 年版，第 12 页。

坎南指出："市场的缺陷并不是把问题转交给政府去处理的充分条件。"[1]政府的干预不能超越市场的界限，政府对市场的干预并不等同于两者之间角色的简单"替换"，而且面对有些市场的缺陷，政府同样是无能为力，也会失灵。

政府作为具有最普遍公共权威的机构，为什么也会与市场一样产生"失灵"现象呢？

究其原因：首先，信息的不对称造成失灵。政府在信息收集上拥有行政权力的优势，对宏观领域的信息收集具有天然优势，但对微观领域的信息收集和处理能力则无论在敏感度还是及时性上都没有任何优势，反而是"鞭长莫及"。其次，个体经济主体的理性预期造成失灵。政府政策执行的"折扣"现象频出，即企业或公民本身的理性预期与政府政策产生冲突，导致"上有政策，下有对策"。最后，政府组织本身的弱点造成失灵。一方面，政府组织具有垄断性地位，缺乏有力的竞争对象，因组织效率低下而带来失灵；另一方面，政府组织的官员为了获取选票最大化，会屈服于特殊的压力集团，产生政治交易、寻租等问题，直接背离了"公共利益"的价值取向。

（4）社会组织参与公共事务治理的合理性

既然市场和政府存在"双重失灵"的可能性，这就为公共事务领域内社会组织发展提供了契机，这也符合"主权在民"的政治理念。法国政治学家比埃尔·卡蓝默指出："一个强加于人、凌驾于社会之上、能够实现发展的国家形象正在消失，取而代之的是采取一种更加客观的观念来审视公共行动、统合各种社会力量的条件。因此，国家和其他行动者的合作伙伴关系具有压倒一切的重要性。"[2]

应该说，政府和社会组织的关系是政府在公共事务治理层面的缩影。美国政治学家罗伯特·达尔认为，政治资源的配置方式直接影响着政府公共权力的治理边界。在传统农业社会中，政治资源呈现"累积—集中"模式，政府能轻易地垄断社会中重要的政治资源，社会权利不能有效地制约公共权

---

① 布坎南：《自由、市场、国家》，北京经济学院出版社 1989 年版，第 19 页。
② 比埃尔·卡蓝默：《破碎的民主——试论治理的革命》，三联书店 2005 年版，第 56 页。

力，政府成为公共事务治理中的核心力量，政府属于"封闭—单中心"政府。在现代工业社会，政治资源呈现"弥散—辐射"模式，社会组织也能占有一席之地，并成为公共事务领域的"关键加入者"，政府属于"开放—参与式"政府。大量的社会组织开放自己的组织边界，表达组织利益，汲取资金支援，传播组织理念，一场"社团革命"在全世界迅速蔓延。"如果说代议制政府是18世纪伟大的社会发明，而官僚政治是19世纪的伟大发明，那么，可以说，那个有组织的私人自愿性活动也即大量的公民社会组织代表了20世纪最伟大的社会创新"①。

社会组织参与社会公共事务治理有其自身独特的优势，在政府、市场和公民社会三者之间要划定组织治理边界，能够自治的领域都应该真正让渡给公民社会。首先，社会组织能够更好地推进社会公正的实现程度。这是政府所追求的主要价值目标，但是政府的失灵留下了"公正的遗憾"，社会组织则可以弥补这种失灵。一方面，社会组织本身培育着公民的民主参与意识和公民精神。人们的民主理念不是靠被动灌输获得的，而是通过自由结社和自我管理的社会生活获得的。另一方面，社会组织直接面对社会弱势群体，成为公民表达利益的有效途径和制约政府的有效力量。社会组织通过社会福利资源的重新配置在社会保障和社会救助等领域提供现实的公共服务并实现政策倡导，在微观层面弥补了政府和市场的不足，增进了社会稳定和秩序。

其次，社会组织能够更好地降低公共事务的治理成本。在政府和公民社会不分离的体制下，政府公共服务的供给体制性缺陷是效率低下，财政压力大；服务单一，服务对象缺乏自主选择性。而在市场机制下，理性经济人因为要面对"囚徒困境"，很可能无法达成最佳博弈选择。社会组织由于其公共利益的价值取向，拥有自主组织的优势，能够整合社会公众力量，不仅可以满足社会多元化的服务需要，而且治理成本更低、效率更高。

最后，社会组织能够更好地推动组织创新，提升社会性资本。社会组织在组织体制、组织结构和活动方式等方面都有很大的弹性空间，可以根据具

---

① J. L. 费尔南多、A. W. 赤斯顿：《国家、市场和公民社会之间的非政府组织》，载何增科主编《公民社会和第三部门》，社会科学文献出版社2000年版。

体情况及时调整，以满足社会公众的需要，有利于加强社会沟通；同时，社会组织的成立和发展还有很多"先导性"因素，它们拥有合作、互信和志愿的独特运作方式，也有利于消除社会排斥，增进社会融合，积累"社会性资本"。

因此，政府公共治理结构的变迁，直接带来了政府的职能转变，由社会组织来直接承担更多的公共管理和服务职能。社会组织完全有能力承接从政府转移出来的职能，特别是提供准公共性服务产品，例如义务教育、医疗卫生机构、社区服务中心等。社会组织成为纠正政府失灵的重要途径，并且能提升公共服务的效能，有利于社会融合。

3.4.2 社区服务的多元化需求

"社会进步经由社区发展"，这是联合国早在 1955 年就积极倡导的社会发展理念，解决这个问题的路径依赖发端于 20 世纪初的社区建设和社区服务，社区建设中的两大"法宝"就是推进公共产品的均衡化和推进基层民主的自治发展，而社区居委会是居民的自治性组织，也是社区社会组织中最重要的组织之一。在公共服务型现代政府的构建中，政府的角色从对社会的管理者逐步向"多元治理主体"中的主导者转变，政府为社会提供各类公共产品，社会组织则在提供服务、协调利益、化解矛盾、反应诉求等方面发挥积极作用。各种社会组织的发育，有利于社会公众通过"组织"的力量来平衡社会权力关系，这样既可以加强公民的自我管理和自律行为，也可以推进公益性事业发展，在政府、市场和社会之间构建新型的合作关系。在基层社会组织的发育中，社区是重中之重。

（1）社会组织和社区

从社会管理体制变革来看，美国社会组织研究的代表性人物莱斯特·萨拉蒙认为：当前"各国正置身于一场全球性的'社团革命'之中，历史将证明这场革命对 20 世纪后期世界的重要性丝毫不亚于民族国家兴起对于 19 世纪后期的世界的重要性。其结果是出现了一种全球性的第三部门，即数量众多的自我管理的私人组织，它们不是致力于分配利润给股东或董事，而是在正式的国家机关之外追求公共目标"①。 非营利的社会组织的目标是要追求社会的公共性目标,追求公正公平,特别是帮助弱势群体更好地消除社会性排斥,推进社会和谐共处。 社会组织是社会公众自发参与社会的平台,也是现代公民意识觉醒的具体表现。

确实,改革开放的直接成果之一就是在社会管理层面实现了人的社会性身份确认方式的转变,由"单位人"转变为"社会人",这就要求处在政府和市场之间的"社会"本身的发育。

那么,这个"社会人"是指什么样的人呢? 社会这个概念有广义和狭义之分,在国内大多数状况下都泛指整个社会生活中的所有领域,包括经济、政治、文化等所有领域。 狭义的"社会"是政治学中的概念,是指与政府、市场相对应的"公民社会"。 从性质上来看,公民社会是由一定的社会成员自愿结合而成的,他们在行动上具有一定的自主性,是民间性的;从政治体系的角度看,这些组织独立于国家政治及行政体系之外,是非政府的;从功能来看,它们介于民众与国家权力机器之间,是连接民众和政府之间的"纽结",但是它们又不同于企业的私人部门,而是以追求更高更有效的社会服务为目标,是非营利性的。

研究者们通常用"第三部门"来界定这些社团性的社会组织,即在公共部门(政府,第一部门)、私人部门(企业,第二部门)之外独立存在着社会服务领域中的"第三"部门,由于其非营利性的特征,也被称为"志愿"部门等。 亨廷顿认为,公民社会是与政府或国家相对的一个概念,公民社会的目的在于公民的政治参与以及对政府的制约,这种制约为实现社会对国家的控制以及为作为这种控制最有效方式的民主制度提供了基础②。

对于社会组织的概念界定,世界银行的定义为:"社会组织是指在特定法律系统下,不被视为政府部门一部分的协会、社团、基金会、慈善信托、非营利性公司或其他法人,且其不以营利为目的。 即使赚取任何利润,也不可以将此利润分

①莱斯特·萨拉蒙:《非营利部门的兴起》,载何增科主编《公民社会和第三部门》,社会科学文献出版社 2000 年版。
②塞缪尔·亨廷顿:《第三波——20 世纪后期民主化浪潮》,上海三联书店 1998 年版,第 52—60 页。

配。 工会、商会、政党、利润共享的合作社、教会均不属于社会组织。"①社会组织具有5大基本特征。 ①正式性：组织要有合法性，并且具有一定程度的制度化。 ②民间性：机构和政府相分离，不受政府和企业的控制，有独立的内部管理程序。 ③非营利性：这是最重要的特征，社会组织不是私人企业，它有特定的"公共目标"。 ④自治性：有能力自我控制，不受外界干扰。 ⑤志愿性：坚持利他主义，有志愿者活动和志愿性的捐赠。 "对许多公共组织来说，效率不是唯一追求的目的，此外还存在其他目的"②。

那么，公民社会和社会组织的概念的关系如何呢？ 公民社会就是由各种社会组织所组成的。 各种社会组织的发育，有利于弱势群体通过"组织"的力量来平衡社会权力关系，这有利于构建良性的利益协调机制，既可以加强公民的自我管理和自律行为，也可以推进公益性事业发展，从而在政府、市场和社会之间建构新型的合作关系，推进和谐社会的建设。 在社会组织的发育中，社区社会组织发育是重中之重，社会组织是最基层的民间自治性组织。

因此，公民社会、社会组织和非政府组织等几个概念基本上是通用的。当然，严格地讲，它们之间在外延和内涵上还是有一定区别的。

作为人们生活共同体的社区，当然怀着同样的理想追求。 这种有序状态的实现，可以通过系统外部的特定干预（被组织）和系统内部的自觉自发的联合行动（自组织）来达成。 社会系统的自组织不仅有利于发展并使社会更加有序，也能够有效地解决人们面临的具体困难。

社区概念在我国还是一个相对性概念，主要集中于对其行政管理功能的定义，在政府的行文和人们的日常意识中，社区就是城市基层行政区划——以街道和居委会两级区划所属的地域，在其中由于没有国家行政权力的正式机关，就有了"社区自治"的空间，街道办事处不是独立的政府权力机关，而是基层政府的派出机构。 例如，上海的"社区"概念基本上等同于街道的所属地域，而杭州的"社区"概念则正好相反，基本上等同于居委会所属区域。

---

① 张勤：《非政府组织在构建和谐社会中的责任和作用》，《福建经济管理干部学院学报》2006年第4期，第27—32页。

② 英格拉姆：《公共管理体制改革的模式》，载《西方国家行政改革述评》，国家行政学院出版社1998年版，第62—63页。

在我国，民间组织的概念最早出现在 1994 年中共中央办公厅和国务院办公厅发布的《关于进一步加强民间组织管理工作的通知》中，民间组织是由民间力量主办的，为社会提供服务、不以营利为目的的社会组织。 与此同时，民政部原来的"社会团体管理司"改为"民间组织管理局"。 2000 年 4 月，民政部发布《取缔非法民间组织暂行办法》，明确民间组织是指各级民政部门作为登记管理机关并纳入登记管理规范的社会团体、民办非企单位和基金会三类社会组织。 不过有三类组织是例外，不需要登记。

对于社区社会组织的概念界定，基本上与上述规定相吻合，只是在成立条件和登记管理层面发生了一些变化。 例如，2008 年杭州市委办公厅、市政府办公厅联合下发了《关于加快社区社会组织培育发展的若干意见》，从培育发展社区社会组织的原则和目标、任务、机制等多个方面提出了明确要求。首先，明确了社区社会组织的性质。 社区社会组织是以社区成员为主体，以社区地域为活动范围，以满足社区居民的不同需求为目的，由社区成员自主成立、自愿参与的非营利性的民间组织。 再次，实行依法登记，优先发展和重点培育符合经济社会发展需要的公益类、服务类社区社会组织，并提出要坚持登记、备案相结合的原则，建立社区社会组织激励制度、资助机制和诚信制度，积极探索社区社会组织培育发展的机制与模式。 同时，杭州市民政局下发了《杭州市社区社会组织备案管理暂行办法》的通知，进一步规范、完善了社区社会组织的备案管理制度，为社区社会组织的健康发展奠定了基础。

因此，社区社会组织就是社区中的居民基于自身利益，通过自我发动，参与和管理社区事务的自治性组织。 在社区社会组织的发育中，要重点发育社区服务类、社会事务类、文化体育类、慈善救助类和社区维权类的社区社会组织。 社区服务类主要是指那些满足社区居民生活需要的便民社区社会组织，特别是面向社区老年人、儿童青少年、残疾人、社区困难户、优抚对象的社会福利服务，面向社区失业人员的再就业服务，面向社区居民的便民利民服务以及环保、治安、科普、法制宣传等公益性服务。 社会事务类主要指建立社区统计、调查或评估协会等能承接政府社会事务的社区社会组织，使居委会从行政化环境中解脱出来。 文化体育类是指倡导科学文明健康生活方式的社区社会组织。 慈善救助类是指社区互助社、慈善超市等增强社区自我救助功能并拓宽基层社会救助渠道的社区社会组织。

这里牵涉到一个关键性问题：在社区现有的组织体系中，社区居委会是否属于社区社会组织的有机组成部分？很显然，在现有的法律框架内，居民委员会是由《中华人民共和国居民委员会组织法》来界定的，与民间组织的管理"法律地位"完全不同。但是，从法律规定的组织属性和组织功能来看，《中华人民共和国宪法》规定，"按照居民居住地区设立居民委员会——是基层群众自治性组织"。《中华人民共和国组织法》也明确规定，"居民委员会是居民自我管理、自我教育、自我服务的基层群众性自治组织"。因此，居民委员会的最重要职能就是实行社区居民自治。同时，从我国新型社会管理体制的构建现实来看，在公共产品的输送上，社区居民委员会发挥着重要的功能，是体现政府和公民社会关系的重要组成部分。当然，在现有的组织框架内，如何加强社区居委会的独立性则是另外一个问题。

基于这样的立法依据和现实实践，同时结合国际上通用的对民间组织的定义，本书对"社区社会组织"的概念做了适当的调整，有广义和狭义之分。广义的社区社会组织是包含社区居委会在内的社区中所有的带有自治性、非营利性的社区社会组织。狭义的社区社会组织是在"民间组织管理办法"意义上的这些社区社会组织，也可以称为"除社区居委会外，其他的社区社会组织"。而且，我们也有理由认为，这种划分方法代表着未来的一种发展趋势，在社区组织体系中，社区居委会是社区社会组织的核心。对当下社区社会组织的发育，不同的研究者主要从中国社会的不同发展阶段、社区社会组织的特征分析入手，但是整体的研究逻辑却呈现出这些研究的相关性，展现了社区社会组织未来的发展趋势。

在中华人民共和国成立初期，政府面临物质匮乏、矛盾突出和社会无序等诸多社会危机，为实现有效的社会控制和资源动员，政府在城市通过单位制和街居制等特定的干预方式来组织城市社区居民的经济生活和社会生活。这种高度的被组织方式快速有效地促进了城市社会经济发展和社会整合，但同时也增加了政府的控制成本，抑制了社区居民的自主性、积极性和创造性，进而抑制了经济的持续发展和社会的有机整合。①

我国的改革开放是一场伟大的革命，是对经济领域和社会领域高度被组织弊端的积极回应，国家开始逐渐向社会放权，政企分开、政社分离，政府通过经济市场化和福利社会化等途径，从原来全面控制的经济领域和社会领域中逐渐退出，将更多的自主权下放给市场本身和社会本身。② 国家对社会组织空间的让渡确实极大地刺激了社会成员的自主性、积极性和创造性，推动了经济的快速发展，但同时也给社会生活尤其是城市社区的建设带来了巨大冲击。 由于市场化、城市化和全球化加速了社会分化和社会流动，也因此加剧了城市社区居民的异质性和流动性，社区社会组织发育的难度也在不断增加。③

20 世纪 90 年代初，政府所倡导和推动的社区建设旨在培育社区意识、重建社区规范和实现社区公共产品的有效供给，主要途径在于推动城市社区自组织建设，使社区有能力实现自我管理、自我教育和自我服务功能。 社区社会组织是由社会系统在没有外界的特定干预下自觉自发采取联合行动的组织，政府的推动和引导为社区社会组织提供了一个宽松的外部环境和社区社会组织所需的能量和信息④。 在当前社区建设中，由于政府职能转变的程度不同，社区社会组织在社区服务中担当的角色不同，有学者认为社区建设出现了政府主导型、混合型和自治型等 3 种不同类型。⑤

自治模式是社区建设的主流模式和未来趋向。 这种模式的要义在于通过社区社会组织实现社区自助、自治，政府主要通过宏观的制度安排，即通过放

---

①李路路：《单位组织中的资源获得》，《中国社会科学》1999 年第 6 期，第 90—105 页。

②孙立平：《实践社会学与市场转型分析》，《中国社会科学》2002 年第 5 期，第 83—96 页。

③陈伟东：《"社区自治"概念的缺陷与修正》，《广东社会科学》2004 年第 2 期，第 127—130 页。

④徐永祥：《政社分开：我国社区建设制度创新的必要条件》，《华东理工大学学报》2004 年第 4 期，第 1—5 页。

⑤杨团：《中国新农村发展和社会保障》，《学习和实践》2006 年第 5 期，第 99—108 页。

任主义的社团管理体制为社区社会组织创造宽松的制度环境,①同时在制度层面推进专业的社会工作者介入社区以推动社区社会组织建设。

当前,社区社会组织的发育存在两点不足。 其一,在社区社会组织建设中,由于过度强调政府目标,社区社会组织的行政合法性有余而社会合法性不足②;其二,在引导和协助社区社会组织发育的过程中,政府目标有时超越了社会性目标,使得"名义"上的社区社会组织实质被政府行政组织化。 这大大限制了社区社会组织的领域,降低了社区居民在社区建设中的自主性和参与性,也大大削弱了社区社会组织的独立性和持续性。

(2)社区服务多元化

社区管理和服务在西方国家已经成为"连接社会情感"的主战场,也是社会资本培育的主要方式。 美国管理学大师彼得·德鲁克指出:21 世纪世界各国都要面对城市化和现代化带来的种种困境,而解决这些社会问题的最关键要素就是构建新型的社区管理和服务体系。 "城市文明化将日益成为所有国家优先考虑的问题。 现在世界各大城市均已陷入一团混乱之中,当务之急就是建设新的社区,而这是政府和商业组织都力所不能及的。 这是非政府、非商业性和非营利性组织的责任。"他进一步指出:"在已经结束的 20 世纪,政府和企业都蓬勃发展,发达国家尤其如此。 在已经到来的 21 世纪,最需要的是非营利性社会部门组织的蓬勃发展。 在城市这一新兴的社会主导环境中进行社区建设③"。 这种城市社区的建设不仅摆脱了传统的强制性和限制性,而且使人获得了现代社区的归属感和认同感。 在德鲁克看来,城市社区建设的关键是要为城市中的每个居民提供最具"个体适当性"的发展机会和发展空间,让每个公民在社区中都能够充分发挥公民意识、提升公民能力并产生公民行动,社区成为公民利用公共空间参与社会发展进程并分享社会发

---

①王名:《改革民间组织双重管理体制的分析和建议》,《中国行政给管理》2007 年第 4 期。

②高丙中:《社团合作和中国公民社会的有机团结》,《中国社会科学》2006 年第 3 期,第110—123 页。

③彼得·德鲁克:《城市文明化》,载德鲁克基金会主编:《未来的社区》,中国人民大学出版社 2006 年版,序言。

展成果的最有效的途径和渠道。

对于社区公共产品而言,杨团在《社区公共服务论析》一书中明确提出:社区公共服务是指现代社会为了社区的需要而提供的社会公共服务,以及社区本身为满足自己的需求自行安排的共有服务。 这些服务包括环境卫生、绿化、社区防治、社区治安、社区广场、社区中心设施服务、社区物业、就业服务、社区教育、社区热线、福利服务、社区卫生、社区文体、社区公共事务、社区老人院服务、居家老人服务、志愿服务和便民利民服务。 根据各类服务公共性与市场性的程度不同,社区公共服务可分为保护型、自治型、运营型和专业型 4 种类型。①

在社区公共服务的多元化问题上,李雪萍认为, 政府、企业、非营利性组织、居民等多主体的合作是社区公共产品供给的必经途径,多主体角色不清、功能错位已成为社区公共产品供给的瓶颈。 消费者、供应者、生产者之间分开、联结、合作的生产理论,为理顺主体之间的关系提供了分析工具,基于政府在各主体中的主导地位,政府的机制创新为建立主体间的合作关系奠定基础。 社区多元服务不同主体的互动和多元中心治理机制的形成障碍绝对不是单纯的"资金不足",更重要的是相关的体制创新、政策创新和机制创新等。②

分析社区服务的多元化途径选择,在对社区概念的理解上,不应过分强调其行政功能的边界,而应从服务对象本身的利益出发,更多地强调社区概念的社会学意义,强调社区居民的共同利益、共同文化、共同的集体选择和对共同行动的责任承担。 社区作为一个"社"和"区"的概念,最关键的就是社区应该具有的亲和力和归属感;仅仅强调一个"区",那就只剩下空间居住的概念。 只有在这样的概念下,才可能在社区服务上厘清政府的直接供给公共服务机制、市场的商业化服务供给机制、社区组织的公益性服务供给机制和社区居民的互助服务供给机制等多元化状态,发现其有效衔接的空间。

①杨团:《社区公共服务论析》,华夏出版社 2002 年版,第 32—74 页。
②李雪萍:《多主体供给社区公共产品》,《华中师范大学学报》2006 年第 6 期,第 24—28 页。

在社区服务的多层次、多元化的服务系统中，社区服务是指广义社区服务，社区服务多元化不仅是指服务形式的多元化，而且也指服务主体的多元化、服务标准的多元化。社区服务就是要发挥政府、社区居委会、民间组织、驻社区单位、企业及个人在社区服务中的作用，明确不同主体在社区服务中的地位与角色，使各类组织既分工明确，又功能互补，共同完成社区服务总目标。

每种不同性质的服务都需要用不同的方式来供给，才能保障其效率和公正。首先，商业性的社区服务就适合以市场供给方式提供相应的物品和服务，自由竞争形成的价格机制既可以保障效率，也可以保障机会均等意义上的公正，这种服务的特征具有明显的趋利性，其服务对象具有最大的异质性和个体性。其次，社区公共服务需要政府的公共政策加以规范以保障其效率和公正，其特征是公共性和均衡性，服务本身具有不可排他性和不可分割性，其服务对象应该以社区居民为整体，以满足社区居民的整体性需求为目标。再次，社区的社会性服务需要通过社会政策来规范和保障其效率和公正，其特征是以社会福利性为主，以满足社会成员的基本需求来推进社会公正，这种服务的对象是社区中的全体居民，但以社区中的弱势群体为主。最后，社区内社区居民之间的互助性服务，主要通过各种各样的社区民间组织来开展，以社区组织本身的自律性公约来规范其效率和公正，这种服务本身以互助性和公益性为主，社区组织也不同于商业性组织，而是以非营利性为特征。

社区民间组织和政府组织间形成了现代合作伙伴关系，社区社会组织成为社会管理和公共服务重心下移的载体，推进了社会民主化和自治的进程。同时，社区社会组织作为一种组织化的力量，能够通过社会参与来表达利益诉求，这有利于激发社区居民的潜能，为社区居民"增能"，并形成新的社会资本。

4

"撤村建居"社区城市融合：本地居民和外地居民
——以杭州市四季青街道三叉社区为例[①]

由于城乡二元体制惯性的延续，社会保障和社会福利在城乡有着完全不同的意义。 中国城市化的基本特点是农民离乡不离土，因为土地是他们今后基本生活的保障，农民如果失去土地，社会就会不稳定。 浙江的城市化也是如此，浙江原来以农村工业化为轴心、小城镇为重点的发展模式，导致大中城市发展不足，制约了城市的集聚效应。 "走过一村又一村，村村像城镇；走过一镇又一镇，镇镇像农村"的顺口溜广为流传。 当前的"城市化热潮"更多呈现出的却是"城市建设热潮"，以城市建设代替城市化，以土地城市化的超前来掩饰人口城市化的滞后，这只能称为"伪城市化"。 以"撤村建居"推进农村人口的城市化，是城市化的必然要求。

4.1 "撤村建居"社区本地居民的城市融入

浙江省作为我国东部沿海的发达省份，城市化进程迅猛，根据 2000 年"全国第五次人口普查数据"显示，2000 年 11 月 1 日"五普"全省城镇人口2277 万人，城市化水平为 48.7%；2001 年全省城市化率已经达到 50.9%，超

---

①该调研报告的实证调研时间为 2005 年,相关数据截至 2005 年。

过了 50％的重要界线，城市人口首次超过农村人口，提高了 2.2％；2003 年底，全省城市化水平达到 53％，高出全国 12.5％。 根据浙江省的城市化水平计算，每提高 1％，就有 45 万农村人口转化为城市居民，2000—2003 年，浙江的城市化水平提高了 4.3％，也就是说，有 193.5 万农民告别"农民"的社会身份，成为城市居民。

杭州市为了推进城市化的发展，构建"国际性"大都市，充分发挥了省会城市的聚集作用。 中心城市积极实施"城市东扩，旅游西进""沿江开发，跨江发展"的发展战略，进一步拓展城市发展空间，优化城市空间布局，逐步形成以钱塘江为轴线，沿江、跨江多核组团式的城市格局。 1998 年，杭州市开展了"撤村建居"综合配套改革试点工作。 杭州市委、市政府相继出台了《关于高起点推进城市化的若干意见》《关于开展"撤村建居"改造试点工作的实施意见》《继续深入开展"撤村建居"与"撤村建居"改造的实施意见》等文件及相关政策。

这项改革从两个方面进行了体制创新：一是行政体制层面的制度创新。从村民委员会向社区居委会转变，即"撤村建居"，并按规定办理村民的农转非手续，成建制设立社区居委会，或将人员分别划归各社区居委会。 2003 年，杭州推出"撤村建居"改造试点。 到 2005 年 7 月底，共有 3 批 155 个行政村"撤村建居"，近 7 万名农民转为居民；完成 127 个社区"翻牌"和 76 个"撤村建居"社区的集体经济组织转制；多层公寓项目已经累计立项 1075 万 m^2、累计开工 247 万 m^2、竣工 109 万 m^2；确定 30 个"撤村建居"改造点、涉及 40 个"撤村建居"社区；绝大部分失地农民被纳入城市"双低"养老保险，实现了"农民向居民，农村向城市"的初步转变。 二是经济体制层面的制度创新。 村民委员会改为居民委员会后仍保留村集体经济组织，但必须开展股份制改革，成立股份经济合作社。 其基本要求是在清产核资的基础上，折股量化到人，按股份分配收益。 目前普遍设两类股，即以在册户口为依据的"人口股"和以历年劳动贡献为主的"农龄股"，要求以"人口股"为主，具体比例由社员民主讨论，股东大会"一人一票"表决通过。

4.1.1 "撤村建居"：探索郊区城市化管理的新思路

杭州"城市东扩"战略的实施和"钱塘江时代"的到来，给江干区带来了不可多得的发展机遇，杭州市政府大楼、杭州大剧院等都被规划建设在这里，江干区将成为杭州大都市的中心区，成为杭州市政治、经济、文化的中心。面对机遇和挑战，江干区的城市化进程不断加快。自1999年起，江干区开始分批"撤村建居"。第一批为景芳、常青、定海、三里亭和闸弄口5个村，从1999年3月起实行"撤村建居"；第二批为范家、董家、水湘、三堡、三叉、唐祝、五福、章家坝、彭埠、皋塘、新塘、蚕桑和杨公13个村，在2002年5月起实行"撤村建居"。"撤村建居"工作还在不断推进中。

随着杭州城市化进程的加快，江干区大量城乡接合部地区的村庄逐步被纳入城市发展规划中，村民经济社会生活发生了深刻变化，引发了许多新问题、新矛盾。一是大量村民虽然在身份上变为城市居民，但其思想观念、生产方式和生活方式的转变相对滞后；二是城乡接合部地区的土地已"城市化"了，但其经济形态、社会管理形态尚未"城市化"，城市管理无法渗透到郊区农村；三是村民渴望分割集体资产与发展壮大集体经济的矛盾仍有待解决等。最典型的例子是"撤村建居"成为最快启动城市化的农村，但是"撤村建居"在迅速城市化到一定程度后，就会演变成城市内最难被彻底城市化的社区。

"撤村建居"不是简单的"拆了旧房盖新房"的浅层次问题，而是一个深层次的、庞大的、复杂的经济社会系统工程。"撤村建居"不是简单的形式"翻牌"问题，重要的是保障"失地农民"的未来生活，使他们能够真正"融入城市"，对城市产生新的认同感，从而推进和谐社区及和谐社会的构建。

计划经济时代为推动重工业发展而采取城乡二元体制。在整个改革开放过程中，二元体制的变革是渐进式的，主要是在体制外进行增量改革，旧体制中的深层矛盾在短期内无法得到彻底解决。这直接影响到郊区城市化过程中"农转非"人员对城市生活的适应度和自我进入城市的肯定度。"撤村建居"必须要加大城市化配套改革，推进户籍、就业、社会保障、市政建设、城镇管理等方面的改革，不断完善有利于城市化的政策体系和运行机制。

在管理体制上,"撤村建居"社区基本上还是保留着原乡村的管理模式,管理体制为"市—区—乡(街道)—大队(社区)"并存,郊区农转非人员实际参与城市活动的能力和机会非常有限,绝大多数人的共同感受是"我们是城市里的农民,表面上是城市居民,实际上根本无法和他们相提并论"。由于"撤村建居"后没能及时跟进城乡一体化的管理体系,各种社会排斥现象确实存在。更有趣的是,在郊区"撤村建居"的"社区委员会"和改制后的原村集体经济的"股份公司"管理人员是两套班子,一套人马。这也直接导致原有村民对政府和干部的不信任,导致村民普遍产生强烈的被剥夺感和不公平感,政民关系紧张,党群关系和干群关系紧张。

郊区城市化的推进必然涉及城乡空间结构和利益格局的根本性调整,其中的大量社会问题需要依靠政府制定相关公共政策予以调整和配套。如果政府有关部门的工作没有协调统一,相关政策不到位、不配套,或缺乏可操作性,就会直接导致村民的不满和抵触情绪。因此,我们需要探索郊区城市化管理的新思路。

毫无疑问,首先要坚持群众利益至上的原则。城市化进程中的任何一项改革措施的出台,都必须坚持解决群众实际问题与照顾国家整体利益相结合、群众长远利益和眼前利益相结合、群众既得利益与将来利益相结合的原则,把维护好群众利益放在首位,真正让广大农民群众成为城市化的受益者、拥护者、建设者。只有这样,才能维护社会稳定和政治稳定。

"撤村建居"是城市化发展过程中不可阻挡的趋势;"撤村建居"要实现从形式到内容的变革,使广大农民真正"融入城市",就需要探索郊区城市化管理的新思路。

在 2005 年 8 月的调查中,我们采用了座谈会和调查问卷相结合的研究方法。第一步,通过座谈会对相关情况进行探讨,对社区的基本情况进行摸底了解。第二步,就调查问卷进行较为广泛的意见征求,修订调查量表。第三步,召开调查动员会议,对调查人员进行有针对性的培训。第四步,进入居民家中搞"入户调查"。第五步,对调查问卷进行 SPSS 软件的统计分析。第六步,写出相关调查报告。

4.1.2 调查对象的基本特征

三叉社区是江干区第二批"撤村建居"社区,在 2002 年 5 月完成此项工作,那么,"撤村建居"后,原来的农村户籍人口家庭对政府"撤村建居"这项世纪工程的认同度如何? 他们的社会保障程度如何? 他们是否对未来的生活充满信心? 他们对社区工作的认知度和满意度如何? 他们对自己的居民身份是否认同? 他们对社区活动的参与度如何? 这些问题是本次调查关注的焦点。

至 2005 年 8 月,三叉社区所辖区域的总人口是 10551 人,其中本社区户籍人口 3654 人,外来流动人口 6897 人,很明显,外来人口已经远远超过本地人口的数量。 全社区户籍人口家庭共有 881 户,都是"撤村建居"时从农村户籍转化为城市户籍的。 2005 年 8 月针对本地居民的调查就是以这 881 户家庭为调研对象进行的普查,共发放调查问卷 881 份,回收 881 份,有效回收率 100%。 根据调查要求,此次调查家庭户以家庭中的核心成员为调查问卷的设定对象。

从调查回收的统计数据来看,调查对象的基本特征如下:

从性别结构来看,在家庭中占据核心地位成员的男性有 465 户,占 52.8%;女性有 416 户,占 47.2%,男女性别比基本相同。 这说明与农村社区中男性在家庭成员中占绝对的主导地位相比,三叉社区已经发生了可喜的变化。 这种家庭成员的平等化价值取向和民主化协商生活方式正是现代性的城市化所要求的家庭"生活图"。 通过"撤村建居"式的城市化运动,三叉社区的居民的思想观念都发生了很大的变化。

从年龄结构来看,年龄层中占比例最高的是"31—55 岁",有 525 户,占 60.0%;其次是"55 岁以上",有 231 户,占 26.2%;再次是"18—30 岁",有 122 户,占 13.8%。 即核心成员年龄层在 18—55 岁的占 73.4%。 这种家庭核心成员年轻化的趋势,也是符合现代城市化的发展需要的。 现代社会的变迁速率日益加快,老年人的"权威"遭受很大冲击,甚至出现"文化反哺"现象。 社会生活的"青年化"必然带来家庭生活的"年轻化"需求。 三叉社区在"撤村建居"的过程中,这些城市化的"因子"都得到了很大的发展。

从婚姻状况来看,调研对象中已婚人员是 791 人,占 89.8％,未婚和离婚的占 10.2％。 总的来说,这次调查的家庭户均人口是 4.15 人。 这说明不是以单一的核心家庭为主导,3 人户占 28.5％,5 人户最多,占 32.8％,6 人及以上占 12.9％,甚至还有 11 人的大家庭。 农村由"子女"抚养的家庭养老现象仍然比较普遍。 由于以前农村社会保障机制相对滞后,如果"撤村建居"后,社会福利水平没有实质性的提高,这种家庭抗社会风险(诸如失业、生病等)的能力会比较弱。

从文化程度来看,调研对象中"小学及以下文化程度"的人有 301 人,占 34.2％;"初中文化程度"的人有 367 人,占 41.7％;"高中文化程度"的有 107 人,占 12.1％;"大学本科及以上"的人只有 32 人,占 3.6％。 可以看到,由于原有城乡二元结构体制,农村的基础教育很落后,甚至连九年制义务教育也不能完成,这直接导致了"撤村建居"社区居民文化程度普遍不高的现状。 这也直接影响他们在成为城市居民后对城市生活的参与度,由于他们的社会竞争力相对较弱,进入城市后的"就业安置"就成为一个大问题。 在文化程度上,"撤村建居"社区居民的文化程度甚至低于外来人口的文化程度,究其原因,外来人口绝大多数是"农村精英",有比较高的文化程度。 "撤村建居"社区居民尽管在"一夜之间"变成了城市居民,但是原有的体制"烙印"并非是一朝一夕能够消除的。

从政治面貌来看,调研对象中"中共党员"占 10.8％,有 95 人。 这个数字还是令人振奋的,这也说明社区中党员家庭户起码占到十分之一以上,而且党的组织活动相对健全。 这为社区基层组织建设提供了有力的政治保障。 如何充分发挥社区基层党员家庭在"撤村建居"的城市化进程中的先锋模范作用,已成为一个重要议题。

从身份职业来看,调研对象具有以下特点:第一,相对高收入家庭,"干部行政人员"有 135 人,占 15.3％;私营企业主有 56 人,占 6.4％;两者相加为 21.7％。 这部分家庭有比较稳定的收入和相对完善的保障。 第二,中间收入家庭,"工人"有 111 人,占 12.6％;"个体劳动者"有 48 人,占 5.4％;"商业服务业一般员工"等其他有职业的人还有 104 人,占 11.8％。

三者相加为 29.8%。 他们有相应的收入，生活相对比较安定。 第三，低收入家庭，"离退休人员""下岗失业人员"和"家务劳动者"等其他人员占总数的 43.13%。 这部分家庭的成员相对生活比较艰辛，主要依靠出租房子的收入生活。 这种"三角形"的模式，说明在"撤村建居"社区中间阶层的发育还很不成熟，相对低收入家庭还很多。 这一点还可以从"工作单位的性质"和"家庭月收入支出"情况中得到印证。

就单位性质而言，调研对象中在机关团体事业单位上班的人只占 7.4%。 他们主要集中于"城镇和乡镇的集体企业"中，占 37.2%。 其他选项呈现多样性，土地承包者占到 12.4%，但是现在已经"无地可耕"。 "没有回答"和"其他（以打短工为主）"的占 15.2%。

根据社区委员会提供的资料，"失地待业"人员 1678 人，占本社区户籍人口数的 45.92%，如果按照劳动力人口来计算的话，失业待岗率更高，达 67.61%，远远高于城市失业率，与此对应的，城市居民的登记失业率绝对不会超过 10%。 "失地又失业"的现象是存在的。 由于缺乏相关城市工种的技能培训，"撤村建居"居民的工作能力相对较低，这也导致他们通过工作获得的收入也较低。

就"2005 年 7 月家庭的月收入和月支出"而言，"家庭月收入 2000 元以下"家庭有 317 户，占 36%； "4000 元以上"的家庭只有 142 户，占 16.1%； "家庭月支出 1000 元以下"的有 117 户，占 13.3%； "1000—2000 元"的家庭有 515 户，占 58.5%； "3000 元以上"的占 12.7%。

就调查对象的基本特征来说，"撤村建居"社区居民的"社会身份"虽然已经发生变化，在日常生活中已经出现"城市文化"的因子，但是由于社会体制的原因，他们无论是在思想心理上还是生存能力上都还没有做好充分准备。 如何提升"撤村建居"社区居民对城市社会的融入程度，如何破解城市居民对"撤村建居"居民的社会排斥现象，是政府面对的两大挑战。

4.1.3 实证调研的数据分析

推进城乡统筹发展本身就是科学发展观的核心要求，"撤村建居"居民的"城市身份"的确认仅仅是第一步，否则这批人就会成为城市扩张中的"新边缘群体",城市融不进,农村无法回,最终成为社会的不稳定因素。

(1)本地居民的社会保障情况

从长远来看,城市扩张和土地征用对农民的影响是积极的,有利于促进农业向非农业、农村向城镇、农民向市民的转变。 但是,由于迄今为止,政府没有建立起科学、合理、可行的征地补偿机制,失地农民的利益得不到有效的保障,而农民作为经济人的属性使其在自身利益未得到有效保障的情况下必然产生一定的抵制,由此引发的群体上访等事件时有发生。 土地补偿款村集体留存部分资金也成为居民关注的焦点。

在城乡分割的二元政策下,土地是国家赋予农民社会保障的载体。 从表面上看,由于郊区非农化程度的提高,土地社会保障功能已经丧失或极度弱化。 但是,从广义的范畴来看,土地保障作用非但没有减弱或消失,反而比纯农村地区的土地保障更强。 原因就在于随着城市化进程的加快,他们可以凭借区位优势获取较为可观的自有住房的租金收入和集体土地经营收入。 然而从实际情况看,失地农民因为永远失去了最基本的生产资料,丧失了拥有土地所带来的社会保障权利,但又无法享受与城市居民同等的社会保障权利,加上"撤村建居"后自有住房的面积缩水,租金收入会受到影响,他们普遍表现出对今后生活来源的担忧。 因此,"撤村建居"社区居民的社会保障水平成了人们关注的焦点,这也是我们调查的关注点。

第一,就社会保障的总体水平而言,"撤村建居"社区居民的社会保障水平还是很低的。 根据社区居委会提供的数据,可以发现社区 60 周岁以上人口为 576 人,18 周岁以下人口是 596 人,劳动力人口是 2482 人。 但是"参加养老保险"的人数只有 936 人,只占总劳动力人数的 37.71%,与此相关联的参加"失业保险、生育保险和工伤保险"的人口比例也是相同的。 如果从每个家庭户参加养老保险等社会保险的人数来看,则每户只有 1.06 人参加了养老等社会保险,这是一个很低的数据。 从我们的入户调查来看,主要是家庭中的核心成员参加了社会保险,有 761 人参加,占总参保人数的 81.3%。 当然,由于参加社会保险的费用是由村集体经济的收入交纳的,"撤村建居"社区的居民不同于城市社区居民,对社会保险理念的理解薄弱,即使已经加入工伤保险和生育保险(因为这是和养老保险同时交纳的),很多三叉社区家庭的核心成员还不知道。 当然，从社区服务理念来说，社区还需要进一步加强对社区居民的社会保障意识宣传，否则，即使做了"实事"，居民也"不领情"，因为他们不知道是怎么回事。

由于农村实行"新合作医疗保险"，参加医疗保险的人数是 2303 人，占总人口的 63.03%。 从家庭的入户调查来看，家庭核心成员的参保人数同样比较高，有 778 人，占 881 户中的 88.3%，占全部参保人数的 33.78%。 由于"撤村建居"社区居民并非全部被纳入医疗保障体系，医疗费对社区居民来说压力也非常大，2005 年上半年，"家庭支出自费医疗费"1000 元以上的家庭户数是 104 户，占总户数的 11.8%，在 10000 元以上的有 9 户，其中还有自费 50000 元以上的家庭。 这是"撤村建居"社区居民心中的痛。

第二，从享受低保的情况来看，根据社区委员会的资料，三叉社区共有低保户 1 户，困难户 8 户。 根据入户调查资料显示，居民本身认为自己是低保户的家庭有 25 户。 之所以这个数字会有出入，一方面说明"撤村建居"社区居民对"低保户"的概念理解还比较模糊，在以前农民的"日常经验"中，碰到困难要靠自己解决。 其实，对公民的"社会救助"是政府本身的责任，也是公民应该享受的权利。 因此，我们分析这个数据的出入是部分家庭户把村集体经济发放的"福利"误解为政府的"低保"。 另一方面，也说明"撤村建居"社区居民对政府的"社会救助"有强烈的"感恩"心态，在"撤村建居"社区实施"低保"政策，其将产生的效果和居民的满足度会比城市居民高很多，这是非常有利于推进"撤村建居"社区构建和谐社区和建立和谐党群和政群关系的一个"抓手"。

第三，就"现在与 2000 年的生活相比较"的问题，居民的幸福感是比较低的。 感觉比以前"更好"的有 529 人，占 60%，感觉跟以前"差不多"的占 29.5%，认为"更不好"的占 10.5%。 后两者相加达 40%。 2000—2005 年是杭州市江干区社会经济发展最迅速的 5 年，但是"撤村建居"的居民中，还是有 40% 的家庭认为跟过去差不多或更加不好。 毫无疑问，这不是单指物质生活层面的消费水平问题，更主要的是个体感受层面的问题。 为什么会有那么多人的幸福感"被剥夺"呢？ 这是值得我们警醒的现象。 部分"撤村建居"居民内心的需要得不到"言说"的机会，或者"言说"了也等于"没说";在城市化的进程中,他们感受到是"被抛入"城市而不是"主动融入"城市;在"被抛入"的过程中,相关利益又没有得到合理的补偿,更不用谈保障了,城市身份的转变缺乏相关实质性社会政策的配套。

第四,在"展望 2010 年的未来生活"时,"撤村建居"的居民对未来生活并非充满信心。 只有 518 户家庭认为"未来的生活会比现在好",占总数的 58.8%,认为"差不多"的有 19.4%,认为"更加不好"的占 6.1%,表示"不清楚"的占 15.3%。 很大部分"撤村建居"的居民在城市的海洋中感到无所适从,不知道自己应如何来把握未来,不能确定未来可期望的发展和经济来源。 他们对未来生活的信心指数也就相对较低了。

第五,"撤村建居"居民对"自我所处社会阶层的评价"中,只有 42 户家庭认为自己处于"富裕阶层",占 4.8%;绝大部分认为自己处于"中等阶层",中上阶层占 6.1%,中等阶层为 44.9%,中下阶层是 31.3%;而认为自己是"贫困阶层"和"不清楚"的分别是 11.8% 和 1%。 居民的这种自我评价显然和社会上人们对"撤村建居"的自我评价明显不同,本地居民评价标准主要注重当下的经济收入,而社会对他们的评价更加注重职业荣誉和社会权力层面的理解。

从本地居民的社会保障情况来说,他们的整体水平与城市居民相比还是很低的。 如何构建科学合理的利益补偿机制,如何不断完善"撤村建居"居民的社会保障制度,这是摆在政府面前的两个重要任务。 在推进城市化的进程中,要保障城市化的发展成果同样要让"撤村建居"的居民充分地享受,树立对未来生活的信心;在"撤村建居"的同时,要把社会保障制度的建设落到实处,拿出切实可行的方案。

合理的利益补偿和社会保障制度的构建是"撤村建居"工作的"两翼",如果这两项工作不能深入展开,相关的利益冲突就不可能转化为"社会良性"运行的动力。 只有真正解决了农民在城市化进程中的后顾之忧,农民的"感恩"意识的激发才会成会社会稳定的"润滑剂",城市化的进程才会更加顺利。

(2)本地居民对社区的认知度状况

社区不仅仅是指聚集在一定地域范围内的社会群体和社会组织,更主要是指根据一定的规范和制度结合而成的社会实体，是一个地域社会生活公共体。因此，社区成员在心理上和感情上应该具有该社区的地方感情或社区情结。一个运行正常的社区一般具有 8 项功能：经济功能，为居民提供就业和谋生的机会；政治功能，维持社区秩序，保障居民安全；教育功能，主要发挥社会教育功能；卫生功能，向居民提供卫生保健服务；社会功能，促进居民的互动，建立良好的人际关系；娱乐功能，开展各种康乐性的群体活动促进居民的身心健康；宗教功能，居民可以按自己的宗教习惯从事宗教活动；福利功能，通过社区资源的整合，由社区的福利机构或慈善组织来完成。

我国的城市社区建设面临的最大难题就是社区往往弱化为单纯的住宅区。这是由于城市中的人们主要依赖于工作单位，社区对社区居民的社会控制相对较弱。因此，社区居民之间很少互动，人际关系趋于淡化，居民对社区缺乏认同感、依赖感、参与感和归属感。

但是，"撤村建居"社区恰恰有这方面的优势。本来他们就在同一块土地上共同劳动，共同生活，人与人之间的关系是建立在直接的面对面的交往基础之上的。对于"撤村建居"的居民来说，他们还没有经历工业社会发育过程中人际关系冷漠、贫富分化严重的状态；农村社会中的邻里亲善、守望相助、疾病扶持精神还能得到很大的发挥，人与人之间的互动是全面的、持久的、带有感情色彩的。这是非常可贵的社区资源，正因如此，我们有理由相信，在"撤村建居"社区中，只要理顺各种利益的平衡，真正做到对失地农民的利益保证，那么"撤村建居"社区在推动社会的和谐和进步上比城市社区更能发挥出"耀眼"的光芒。从调研数据来看，三叉社区已经具备了这样的能力和实力，这可以从居民对社区的认知度、参与度和满意度 3 个方面来分析。

第一，就居民对社区委员会所在地及干部的认知上看，三叉社区新的委员会所在地刚刚启用，仍然有 745 人"知道"，占 84.6%，还有 205 人表示"去过"，显然，社区居民把社区委员会的所在地看作一个可以经常去进行沟通和交往的场所，自己有什么想法和困难都可以找社区委员会。有 414 户家庭（占 47%）认为居委会主任就是自己的"老邻居和老朋友"，认为社区书记是自己的"老朋友和老邻居"的也有 425 人，占 48.2%。这都说明社区干部具有很高的亲和力和信任度，这也是原有农村社区中"熟人社会"所形成的独特人格魅力。

当然,由于"撤村建居"社区中目前的利益格局多元化,特别是村集体经济"股份化",加之"新农居"的建设,使得居民之间的利益关系也更趋复杂。有些原有的村民开始"游离"于社区,有95户家庭表示"不知道"社区委员会的所在地,占10.8%;邻里之间"从不往来"的有41户,占总数的4.7%;有的则对社区干部有强烈的不满情绪,认为自己"不认识"社区主任的有202人,占22.9%,"不认识"社区书记的也有181人,占20.5%。

对于社区工作来说,最主要的是要以社区所有居民的整体利益为重。对于"撤村建居"的社区干部而言,首先就是要保证广大居民的利益,同时还要进一步拓宽"言路",让具有不同利益的居民都有表达自己需要的渠道。只有这样,才能更加"亲民、爱民、服务于民"。

第二,就居民对社区中的公共服务等的评价来看,社区居民对"社区道路"和"社区照明"的评价最高,认为"很好"和"较好"的两者相加分别达到63.2%和63.1%。确实,三叉社区宽阔的马路和现代化的照明设备都让人耳目一新,给人的感觉就是"城市"。城市所要求的硬件水平,三叉社区可以说是"完全合格"。居民对"社区环境""社区治安""社区卫生"和"社区绿化"等方面认为"很好""较好""一般"的3项相加则分别达到87.2%、79.8%、83%、86.8%。对于地处有大量流动人口居住的"城乡接合部"的"撤村建居"社区来说,能够达到这个指标已经很不容易了。这个社区的居住环境基本上是开放式的,在对"社区内是否可以随意进出"的问题上,回答"可以"的占69.2%,我们且不论新建社区是否果真如此,物业公司的管理应该也不允许人员随便进出社区,但这也反映了居民的一种心态,对人有一种基本的信任;同时,此处是外来人口的聚集地,本地居民在与外来人口的交往中,也慢慢培养出一种开放心态,能以开阔的胸怀接纳人。这是社区建设的宝贵资源之一。

对"社区中是否发生过刑事案件"的问题,居民们认为"没有发生过"的有496人,占56.3%,认为"发生过1起"的占5.2%,"发生多起"的占17.4%,"不清楚"的占21%。社会治安现状总体是良好的,平安社区的形象得以展现。因此,居民"晚上出门的安全感"比较高,认为"安全"和

"比较安全"的人数有 816 人，占 92.6%。 这是一个很让人振奋的数字。 在人们的普遍印象中，城市边缘地带是各类犯罪频发地段，而三叉社区的现状向人们展示了一个"平安社区"的典范。 当然，不足之处是"自行车丢失"的比例也和杭州市其他社区一样很高，有 82% 的家庭在社区中被偷过自行车。

确实，现在三叉社区的居民要求"社区有品位"，首先就是要社区的公共服务和设施搞上去，而且他们也从这样的"品位"中尝到了"甜头"。 居民们认为"撤村建居"后原有用于出租的房子面积虽然减少了，但是单位面积的租金也上涨了，这得益于"社区品位"的提升。

第三，就居民对社区中人与人及人与组织之间关系的评价来看，对"社区人际关系"的评价最高，认为"很好""比较好""一般"的人分别占 32.3%、36.4%、25.4%，三者相加已经达到 94.1%；认为"不好"和"很不好"的比例之和只有 1.9%。 "邻里之间经常往来"的有 463 户，占 52.6%。 良好的社区人际关系实际上是社区工作的最宝贵资源，社区中最宝贵的就是这种"人的资产"，每个人都是一个互动的主体。 这也是"撤村建居"社区和原有的城市社区相比的最大优势。

居民们对"和业主委员会的关系"及"和物业公司的关系"的评价不是很高。 这是由于部分"撤村建居"的居民还居住在自己原来建的旧房中，"撤村建居"的改造工作没有完全到位，因此这部分家庭不会与"业主委员会"和"物业公司"发生关系，所以有 455 户认为还没有"业主委员会"，有 141 户也指出还没有"物业公司"的管理。 这点也提醒广大的社区干部，在注重提高社区经济和社区福利水平的同时，也要注重社区基层组织的发育，让这些组织能够代表居民来表达居民的需要。 所以，这里和前面的优势分析并没有矛盾。

第四，就社区居民对社区中基础服务设施等硬件的配置及评价来看，社区居民在总体上比较一致的是认为社区里有卫生站、劳动保障服务站、小卖部、餐厅、美容美发店、有线电视、宽带、停车场等设施。 这些设施跟日常生活起居密切相关。 但是对健身设施、文化设施、儿童服务设施、老人服务设施以及洗衣店等设施的"有无"问题上则出现意见分歧。 严格来说，这些服务设施的有无是一个客观存在的情况,对所有居民都应该一样的,为什么会出现意见分歧呢? 实际情况是怎样的呢?

我们可以从这些服务设施对居民的生活帮助方面找到答案。 我们在服务设施对居民生活的帮助方面设置了"帮助很大""有点帮助""帮助不大"和"与我家无关"等 4 个选项。 被访居民的意见在这里同样出现了分歧,在很多服务设施的各个选项上没有明显的主流态度。 所以,可以肯定,社区里上述各项服务设施都有配置,之所以有居民认为"没有",一方面是因为部分居民认为对自己"帮助不大"或"与我家无关",以至于从来没有使用过;另一方面也可能是部分居民确实没有留意到这些服务设施的存在。 建议进一步完善社区基础服务设施,尤其是文化设施、儿童服务设施、老人服务设施以及健身设施,提高这些设施对广大居民的吸引力,"有投入,就有产出"。 构建"安居乐业"的社区生活,不仅要有设施配置,更主要还要努力改变"撤村建居"居民的思维方式和生活方式。 这也是今后社区工作的努力方向。

"撤村建居"社区居民对社区的认知度总体情况非常好,对社区的信任度和归属感也很强烈。 这是"撤村建居"社区的优势之所在,但是如何开发这种优势却是社区干部必须面对的挑战。 开发得好,优势更加明显,开发得不好,优势就会转化为弱势。

因为,居民对社区的这种依赖感很大程度上可以归因于目前"撤村建居"社区的管理模式,该管理模式基本上是社区居民委员会干部和原村集体经济改制后的股份经济合作社联合运行的混合管理模式。 对"撤村建居"的居民来说,"村籍比起户籍更为重要",由于社区内非村民不能享受"股份"及由此而来的"红利",加上社区居民自身融入城市的能力不足,村民就更不愿变成"市民"了。 这种混合管理模式加之封闭性的利益分配机制虽然有利于增强社区的凝聚力,但同样也会因为对其他"群体"的排他性而导致封闭,会强化村民的"村籍"概念和"恋农情结"。 如果朝着不利的方向发展,就会形成一道"围墙",不仅里面的人无法"融入城市",外面的人也"进不来",这会妨碍社区组织及其成员进行广泛的富有深度的社会交流和社会整合。 而且这种倾向已经有所显现,社区居民在针对"外来人口对本地居民生活的总体影响"的回答中,尽管有 52.6% 的人认为"利大于弊",但有 155 人认为

"弊大于利"，占 17.6％，还有 29.9％的人持摇摆的中间态度，认为"无所谓"。 同样，从社区管理发展趋势来说，这种政企不分的混合管理模式只是一种暂时的过渡形式，最终肯定要实现分离。

（3）本地居民对社区的满意度状况

社区工作最重要的衡量标准之一就是居民的满意度，以前我们衡量工作的绩效时，往往以布置了多少项工作、投入了多少的人力和物力、产生了多少可以量化的实际结果来衡量。 这是一种"自上而下"的管理思路的衡量标准，忽视了"政策的受众"的内心感受，这么多的人力和物力的投入，是否真实地满足了"民众"的需求，还是为了满足"干部"本身工作绩效的需要？这也导致了老百姓怨声载道的"面子工程"或"政绩工程"等的出现。

在这次调研过程中，社区居民的感受度成为衡量居民满意度的重要指标，我们试图"自下而上"地正视"撤村建居"社区工作中存在的问题和挑战。 居民对社区各项工作的满意度实际上直接关系到居民对社区的归属感和社区本身的可持续发展。

第一，就居民对社区的总体工作的满意度来说，对"社区工作""非常满意""满意"和"一般满意"的人数分别为 5％、50.7％、27.4％，三者总和是 83.1％；"不满意"和"很不满意"的分别占 10.4％和 4.4％，两者之和是 14.8％。 绝大多数居民对社区工作还是肯定的，满意度比较高。 由于社区工作千头万绪，工作任务重，压力大，而且承担着政府下达的大量行政性事务。特别是为了建设"整洁美"文明社区，社区干部不仅要建设"新家园"，还要"拆除违章建筑物"，在居民调查中起码有 11.4％的居民认为社区中存在"违章建筑"，14.3％的居民则表示"不清楚"。 这些都是牵涉到"撤村建居"居民的切身利益，难免有些居民为了自己的"小利"不顾大局，或社区干部为了社区的整体利益而损害了居民的个体利益，从而导致本地居民对社区工作出现不满情绪。

第二，就居民对社区居民委员会和社区党组织的满意度来看，对"社区居民委员会""非常满意""满意"和"一般满意"的人数分别达到 2.5％、41.3％、34.3％，三者合计是 78.1％；"不满意"和"很不满意"的分别占 11.8％和 3.9％，两者合计是 15.7％。 这与居民对社区工作的满意度基本相一致。

对"社区党组织""非常满意""满意"和"一般满意"的人数分别占
3.5%、32.6%、32.8%,三者合计为 68.9%。 这个比例相对较低。 究其原
因,有 151 户家庭回答"不清楚",占 17.1%,而真正认为"不满意"和"很
不满意"的只有 13.9%。 从这个数字来说,社区党组织在居民中的感召力和
影响力还需要进一步加强,要充分发挥社区党组织的先锋模范作用和核心作
用。 社区党建就是要密切党群关系,凝聚群众的智慧和力量,慢慢形成"有
急事找身边的党员帮忙""有难事找社区党组织解决"的城市新型社区的党群
"鱼水情"。

第三,从居民对社区中其他组织的满意度来看,由于三叉社区正好在进
行"撤村建居"的改建工程,大约已经有 59.1%的家庭户搬入"新村",实现
了居住方式的改变,还有 40.9%的社区居民在等待搬新家。 因此,在对物业
公司和业主委员会的满意程度上,都会出现"没有物业公司"和"没有业主委
员会"的回答,表面上看满意度比较低,实际上就是这部分没有进入"新村"
的家庭的因素。 所以,我们可以反向来看这组数据,结果就很清楚了。

对"物业公司"表示"不满意"和"很不满意"的分别占 15.7%和
0.8%,两者合计是 16.5%,总体来说满意度还是比较高的。 居民对物业公
司的不满主要集中在收费和雇用员工问题上。 对"业主委员会"的"不满
意"和"很不满意"则分别占 4.2%和 0.9%,两者合计为 5.1%,这也表示居
民总体的满意度还是很高的。 业主委员会是代表广大居住在新村中居民的组
织,只要代表居民的利益,就能够获得居民的认同。

第四,从居民对现在社区和以前的村落比较来看,大多数居民认为现在
的社区要比过去的"更好",占 54.6%,认为"差不多"的有 40.7%,两者
相加已经达到 95.3%;认为"更不好"的只有 3.1%;表示"不知道"的占
1.6%。

"撤村建居"的居民总体来说对社区本身的满意度还是很高的,也就是
说,居民已经能够认同城市化进程中"撤村建居"的新事物,并且努力去适
应。 当然,居民满意度的提高,也说明政府和社区工作的党员干部能够"一
心一意"为社区居民服务,这也再次证实"农民"的感恩意识是很强的。 这

些都是未来社区建设的宝贵财富。

显然，"撤村建居"社区已经具备了形成独特"社区文化"的基本条件，下一阶段的社区工作可以以社区文化建设为新的突破口，进一步提升"撤村建居"居民融入城市生活的能力，构建本地居民更强大、更有效的社会支持网络。

（4）本地居民对社区的参与度

居民对社区事务的关注和参与，实际上是社区居民"主人翁"责任感的体现。社区居民是社区中的真正"主人"，社区干部要为社区居民服务。在这种服务的提供过程中，从现代社区工作的理念来说，人们普遍强调"能力建设为本，资产整合为前提"，这里的能力建设主要是指通过社区工作使得居民本身适应社会的能力全面提升，倡导人的发展；资产整合则是指社区中所有人、物、财和信息都是资源，其中人的资源是最重要的资源，每个人在社区中都有他独特的位置和独特的价值，是其他人无法替代的，社区建设就是要实现所有"资产"的整合。所以，社区居民的参与度就显得非常重要，我们同样可以发现，"撤村建居"的社区居民对社区的参与度要比城市社区的居民的参与度要高。

第一，就本地居民对社区公共事务的关心度和投入度来看，社区居民普遍表现出相对务实的态度，特别是在与自己生活相关的事务方面均表现出积极的参与倾向。

在"为社会做捐赠"的问题上，尽管接受过他人捐助的人只有 47 人，只占 5.3%，甚至有 10.4% 的人认为"自己符合接受捐助的条件，却没有接受"，然而还是有 69.9% 的居民表示自己自愿在社区里捐过钱或物，贡献一份爱心。

在"社区公共卫生"问题上，97.5% 的居民认为社区公共卫生需要大家来关心，只有 2.5% 的人认为公共卫生是"公家"的事情，不需要每个人来关心。

同样，居民们针对"小区里乱扔垃圾的行为"和"不爱护公共设施的行为"等均表现出明确的正面态度，79.7% 的居民表示对小区内乱扔垃圾的现象会主动上前予以坚决制止，82.2% 的居民表示遇到不爱护公共设施的情况会坚决制止。

在询问社区中是否有"爱幼不尊老"的现象时,有23.3%的人认为存在,这种现象主要是由于现在城里独生子女越来越多,父母把未来的希望都寄托在孩子的身上,甚至出现6个大人管1个小孩的现象。不过,良好的"社区文化"再次彰显,居民没有"事不关己,高高挂起",53.2%的居民表示对待这种现象应坚决制止,另有28.5%的居民认为这种现象是"不应该"出现的,但"这是别人的家务事不能管"。

在对"社区事务公开"的态度上,46.1%的居民明确表示会关心居务公开,另有26.1%的居民表示"与自己相关的就会关心"。

"与自己相关就会关心"不仅仅表现在居务公开方面,还表现在居民对居民论坛、居民听证会等一系列社区公共事务的态度上。与居民对待"社区事务公开"问题相似,大部分居民认为社区没有居民论坛或很少召开居民听证会,但是如果社区组织居民论坛或居民听证会,自己会积极参与,特别是"与自己相关"就更加积极参与。把"与自己相关的就会关心"作为一种生活态度和生活原则,也可以看作是现代"撤村建居"社区中居民生活世俗化和理性化的一种取向。

在参加"志愿者活动"方面,参加过的人占21.7%;大部分人认为自己没有参加志愿者活动是由于"实在没有时间",占36.5%,还有部分人认为现在的志愿者活动"走形式的多,没有多大实际意义",占18.8%。应该说,"撤村建居"社区的居民邻里相助和内部互动是做得很好的,但是对志愿者活动,无论是参与者人数还是对志愿者精神的理解都是不充分的。其实,志愿者是社会的稀缺资源,也是社会的凝合力量。

第二,居民对社区规范和相关制度的遵守方面,对于"新建小区观光阳台外搭晾衣物是否影响小区美观"的问题,虽然居民意见出现了争议,但有36.0%的居民认为"有影响",另有34.3%的居民认为"有影响,但可以搭,不然没地方晒衣服"。显然,只要能顾及社区居民的日常生活,社区居民还是通情达理的。

对于"新建小区南面阳台不准安装铁保笼"的社区规定,虽然有20%的居民表示反对,但有47.2%的居民表示支持。这说明大多数居民对待一些社区为了整体利益而制定的规范都能表现出遵从和理解，但部分人的反对也说明社区在制定社区规范过程中应尽量多地征求广大居民的意见，在执行规范的过程中要注意人性化，把社区规定和社区居民的生活实际结合起来。 这样既可以提升居民对社区事务的参与度，也可以使社区规范得到更好的落实。

第三，对外来人口的接纳程度可以作为衡量一个社区开放程度的重要指标。 从调查结果来看，三叉社区本地居民对外来人口总体上表现出基本接纳的态度，对外来人口的评价总体上比较客观，但有少数居民对外来人口表现出一定的排斥倾向。

当"租房户出现经济或生活困难"时，44.7％的居民表示会通过减免房租、帮找工作、捐钱捐物等方式帮助他们渡过难关，而同时有26.8％的居民表示"这事不归我管，房租不能少"。 对于"外来人口参与社区管理、享受社区福利"的问题，29.1％的居民明确赞成，认为他们应该享受，但有36％的居民表示反对，因为"他们毕竟是外地人"。 对"外来人口的总体印象"则主要集中为3种意见：一是认为他们"勤劳节俭，有干劲"（占总数的61.6％），二是认为他们"为城市的发展做出了很大贡献和牺牲"（占总数的62.8％），三是认为他们同时"也给城市的治安等带来了很大的压力"（占总数的54.9％）。

第四，从居民迫切要求社区为其解决困难的问题来看，在调查中"撤村建居"的居民表明其面临的主要困难主要集中在以下几个方面：一是"收入太低不能养家"（占36.5％），二是"没有工作"（占40.1％），三是"没有地方停放自行车"（占12.9％），四是"没有社会保险"（占11.4％），五是"附近噪声太大"（占11.6％）。 这都是居民日常生活所遭遇到的实际困难。

第五，"撤村建居"的居民对社区参与存在的问题，应引起社区干部的重视。 主要表现为"三少"：一是"居民向社区党组织或社区委员会"提建议少；二是居民"参加社区组织的志愿服务活动"少；三是居民"参加社区组织的文化体育活动"少。

具体表现为71.1％的受访居民表示"没有"向社区党委或居委会提出过改进服务等建议；值得注意的是在提过建议的居民中，有86.3％的居民认为社区"没有反馈也没有行动"，这也直接影响了社区居民参与社区管理的积极性。 78.3％的居民表示"没有参加过"社区组织的志愿者活动,还有 92.3％的居民表示"没接受过社区志愿服务"。 79.1％的居民表示"没有参加过"社区组织的居民文化体育活动。

"撤村建居"居民对社区事务的参与度的热情是高的,但是目前,被动参与的多,积极主动参与的少,农民的心态很明显,他们渴望有"能人"和"青天大老爷"来代表自己,自己是一个独立的主体的意识还比较薄弱。 也正因为如此,他们对社区事务浅层参与的比较多,而深度参与的(参事、议事)比较少。

4.2 "撤村建居"社区和外来居民主体角色的定位

城市化的发展必然会产生对新增劳动力的需要,人口的流动和迁移是一种常态化的社会现象,外来居民集中居住在"撤村建居"社区,如何定位外来居民在构建和谐社区中的角色已成为一个现实问题。

至 2005 年 8 月,江干区三叉社区的外来人口数量已经远远超过本地人口的数量。 我们不应忽视的是,在和谐社区的构建过程中,外来居民的作用和地位,他们同样是和谐社区构建的主体之一。

4.2.1 外来居民城市融入:社会化和社会变迁

从移民文化学的角度而言,新移民的适应往往有几种状态:其一,被同化,指新移入的人群无论在物质层面还是思想层面都接受当下社会的整体规范,实现了一次再社会化的过程;其二,被融化,指像熔炉一样,各种文化被融化在一种新的文化中,人们在价值观、行为取向和生活态度上都融合为一体;其三,多元化,各种文化在均衡中都获得自我发挥,但是都能够同时接纳社会上的主流价值观,在文化的互动中不存在相互排斥和歧视的现象,而是达到了多元文化的共荣①。 对于社区中的外来居民，任何社会排斥的政策和行为都不利于和谐社区的构建。

埃森达特的研究也指出，移民过程意味着当事人在"文化"和"生活环境"两个方面发生巨大变化，这牵涉"非社会化"（放弃原有的社会角色、支援系统和社会网络）和"再社会化"（重新界定自己的角色、建立新的价值体系）的双重过程。 如果缺乏有效的指涉架构作为行为上的指导，新移民就会产生不安全感、无肯定感②。 这种"有效的指涉"就是一种"意义原则"，是社区外来居民对社区的归属感和参与度，并从中感受到需求满足的幸福和事业成就的愉悦。

所以，无论是从文化层面还是从社会化的过程来看，外来居民都应该是"撤村建居"和谐社区构建的主体之一。

同时，城市化的发展过程，一方面是由于先进的生产技术的推进，社会生产效率越来越高；另一方面是人口不断聚集于大城市。 根据华伦的观点，在急剧的社会变迁中，会出现社区功能的失效③。 首先，有许多社会问题显然已经超越了社区自身的解决能力，而是涉及社会政策层面的宏观变化，诸如，社区青少年犯罪率的提升等。 其次，社区缺乏自主的能力，资本和意识形态对社区基层组织的全面渗透，以马克斯·韦伯的科层制为代表的管理主义思想在日常的组织管理中越来越占据主导地位，官僚主义成为必然。 最后，社区缺乏认同感，居民的"过客"心态在很大程度上摧毁了人们对社区的归属感和依赖感；现代职业关系的重要性超越了社区居民之间的邻里关系，削弱了社区居民对社区的情谊；加之大众传媒的发展，使得社区居民忽视了社区的地方性事务，反而关注国际和社会大事。

对于社区中的外来居民，这种社区功能的失效现象是非常明显的。 目

①香港青年协会研究部：《内地新到港青少年的适应——青少年问题研究系列7》，香港青年协会1995年版，第3页。

②EISENTADT S N：*The Absorption of Immigrants*，Glencoe，Ⅱ. London：Free Press，1955。

③WARREN R L：*A Community Model* . New York：Prentice Hall. 1983，pp. 20—27.

前,在国内有一个相对主流的观点①,认为流动人口的犯罪率比较高,把犯罪的成因归之于人口的流动,具有把流动人口"妖魔化"的倾向,新移民也被贴上"邪恶"之徒的标签,成为"代罪的羔羊",从而加重社会排斥现象,使外来居民的"过客"心态进一步强化,不利于和谐社区的构建。

面对社会变迁对社区生活带来的挑战,越来越多的人认为要推进"社区发展",社区不仅仅是一个地理区域,更重要的是,社区也可以是一个拥有共同利益的团体。 居住于社区中的人(无论本地居民还是外来居民)都要共同参与并争取改善自己的利益,从而解决他们必须面对的共同问题,只有这样,才能实现和谐社区的构建。

学者希利认为,社区有 3 个主要组成部分,即地理区域、社会互动和共同联系②。 结合我们现在社区的具体情况,社区通常最直接的含义就是居住环境,该地点为生活在其中的居民提供了一个从事多样的日常生活活动(诸如谋生、购物、服务、教育子女、处理公共事务等)的基础。 其实,社区也是社区中所有个体、社会群体或各种组织相互联系、相互依赖的社会互动过程,从而满足人们生理的、心理的、社会的各方面需要。 社区也是社区居民相互支持、作为人际交往和影响的场所,从而形成社区本身的亲和力。 无论是社会变迁对社区的挑战,还是社区发展本身的需求,在和谐社区的构建中,外来居住居民理所应当是和谐社区构建的生力军。

尽管城乡二元分治,僵化的户籍管理在当下的和谐社区构建中不可能被"即时"打破,但是,我们希望通过对三叉社区外来居民的社会综合指标的实证分析,从"三叉"和谐社区构建的"基层经验"出发,来反思外来居民在和谐社区构建中的主体地位,凸显外来居民主体地位的现实可能性,从而推动相关社会政策的变迁。 我们的研究视角之所以转向基层经验,是因为在以往的观念中,如要探索管理的新思路,首先就要面对管理者的政策制定和执行的问题;实际上,现代型政府应"执政为民",构建"服务型政府",要真正

---

①李培林主编:《农民工——中国进城农民工的经济社会分析》,社会科学文献出版社2003 年版,第 52 页。

②HILLERY G A: *Definitions of Community*: *Areas of Agreement*. *Rural Sociology*,1955,6(20): p.118.

做到"以人为本"，就要深入基层了解"服务对象的需要"。从现代社会政策理论来看，社会政策的主体是多元的，服务对象和政策制定者及服务提供者都是社会政策的主体，只有让服务对象的"声音"在政策制定中得以体现，这种政策才是最有效率的。这也是政府决策民主化的要求和体现。

4.2.2　外来居民的基本特征

2005 年 8 月我们发起了对外来居民的调查，共发放问卷 300 份，回收 300 份，有效回收率 100%。三叉社区外来人口的人数远远超出本地人口数，基本上达到 2：1 的比例。外来人口的管理和外来人口社区资源的挖掘是构建和谐社区所要面临的一个重要任务。调查对象的基本特征如下：

性别和年龄构成：男性占 59.3%，女性占 40.7%；18—30 岁所占比例最大，达 54.7%，其次为 31—55 岁，达 38%，其余为 55 岁以上。外来人口以青壮年的男性劳动力为主。

婚姻和家庭状况：以已婚为主，所占比例为 63.3%，未婚占 33%，其余为离婚状态。69% 的调查对象户籍所在地是"外地城镇和外地农村"，户籍在本市其他社区的占 21.7%，还有 9.3% 来自市郊其他社区。家庭人口以 3 口之家的核心家庭居多，占 35.7%；2 人家庭和 4 人家庭分别占 20.7%、15%。"家庭化移民"非常明显。单人家庭只有 21.3%，其余为 4 人以上家庭。

文化程度：整体程度相对较高，"小学及以下"仅占 6.3%，初高中程度的有 39%，中专和大专学历的占 36.7%，本科及以上学历的占 18%。较高的文化程度，使他们拥有较高的人力资源资本，在城市中的竞争力也较高。

政治面貌：一般群众占绝大多数，达 61%，中共党员和共青团员分别占 11.7% 和 24%。较高的党员、团员比例，使他们在工作单位里更能胜任领导管理的岗位。其余为民主党派成员，占 3.3%。

家庭收入：从 2005 年 7 月来看，2000 元以下的占 16%，2000—3000 元的占 13.7%，3001—4000 元的占 22%，4000 元以上的占 31%，即收入在 2000 元以上的已达 66.7%；还有 17.3% 的被调查者没有回答这个问题。所以，在三叉社区租住的外来人口大多数是素质高、收入也高的"双高"人群。同样,从 7 月份的支出情况看,1000—2000 元占 25.7%,1000 元以下、2001—3000 元以及 3000 元以上分别占 17.7%、18% 和 21%,另有 17.6% 的人没有回答这个问题。我们可以看到,外来人口的平均收入和支出均高于本地居民。

家庭阶层:外来居民中,认为自己属于富裕阶层的有 5.3%;有 50% 的居民认为自己属于"中等收入阶层";认为自己属于"中上收入阶层"的有 14%,认为自己属于"中下收入阶层"的比例是 21%,三者相加达 85%;仅有 3% 的居民认为自己属于"贫困阶层"。还有些表示"不清楚"。应该说,较高的文化层次赋予他们更多的社会阶层向高流动的可能性。

将当下生活与过去生活和未来生活的比较,49.7% 的外来居民认为与 2000 年相比现在的生活更好了,有 39% 的人认为差不多,认为更不好的占 5.3%,有 6.0% 的人表示不清楚。55.3% 的居民认为 2010 年的生活会比现在更好,有 23.3% 的人对未来的生活表示"不清楚",认为"差不多"的占 16.3%,有 5.0% 的人认为"比现在更不好"。他们对未来生活的信心指数不是很高,内心比较彷徨。这与政策上的排斥是密切相关的,加强了"过客"心态。

4.2.3 外来居民对社区的认知度和满意度

大部分外来居民对社区的认知度远远低于本地居民。仅有 33.3% 的外来居民知道社区委员会的具体位置,超过一半以上的人根本不知道社区居民委员会的所在地。绝大部分外来居民也不认识社区主任和社区党组书记,仅有 16% 的人表示认识社区主任,而且是以别人介绍为主;外来居民认识社区党组书记的只有 12.7%。这也表示当外来居民碰到困难的时候,往往不会求助于当地的社区组织,而是首先求助于老乡、朋友等。社区对外来居民而言,其功能主要是居住,"支持性的网络"功能没有得到很好的发挥。

对社区中的相关基础设施和服务的评价,有 60% 以上的外来居民对社区的环境、治安、卫生、绿化、道路、照明等社区基础设施配置的评价很高,认为"很好和较好"。社区对外来居民的吸引力比较强。

对社区的人际关系、居民与社区单位的关系、社区与物业公司的关系等软件方面的评价相对较低,大多数人认为"一般"。 社区和外来居民的"互动"能力没有得到很好的激发。

对社区公共设施的硬件评价方面,他们对与自己生活直接关联的项目评价相对较高,92.6%的外来居民认为晚上出门"安全和比较安全",对有线电视、宽带、停车场等设施的配置都持肯定的态度。 但是,对与自己生活关联程度不是很密切的项目,例如违章建筑情况、丢失自行车现象、社区进出限制、刑事案件情况以及文化设施、儿童服务设施、老人服务设施等的配置情况,大量的外来居民均表示"不清楚"。 这里的"不清楚"表示很多外来居民对社区日常生活及基础设施关注较低。 与此相一致的是,对于"文化设施、儿童服务设施、老人服务设施等对自己有无帮助"的问题,均有50%左右的被访者认为"帮助不大"或"与我家无关"。 这与本地居民的态度相比有明显的差异,外来居民的生活基本上处于"隔绝"状态,与本地社区的关联度很低。 外来居民作为一种"社区资产"没有得到很好的开发。

外来居民对社区各方面的满意度也都低于本地居民。 在对社区、社区居委会、社区党组织、社区物业公司的满意度等问题上,均有30%以上的被访者表示"一般",如果把"不满意""很不满意"和"不清楚"这3项加起来,基本上都超过50%,有的超过70%。 显然,外来人口还没有做好完全融入社区的心理准备,而社区特别是"撤村建居"社区的居民因相关利益的问题,对外来居民的接纳也缺乏心理准备。

认为"邻里间经常来往"的外来居民只有11%,分别有36.7%和28.3%的被访者表示邻里间"一般不来往"和"从不来往"。 这反映出了外来居民在社区里人际交往中的局限性,社区归属感低。 这也导致外来居民经常"搬家",已经搬过家的人数高达74.7%。 这也反映了社区居民和外来居民之间的亲和力明显不足,关系相对紧张。

4.2.4 外来居民对社区的参与度

外来居民对社区公共事务的参与度也明显偏低,远低于本地居民。

在提合理化建议、参与社区捐赠、关心居务公开、参与居民听证会等问题上,外来居民中都只有少数持肯定态度。 对有无居务公开栏、居民听证会等问题,有60%—70%的外来居民表示"不清楚"或"不知道"。外来居民参与社区志愿服务活动、文化体育活动等频率很低,这说明社区在组织这些活动方面次数较少或覆盖面有限,而外来居民对自己"外来身份"的意识内化,使之缺乏参与的主动性。

对社区事务较低的参与率并不等同于"事不关己、漠不关心",外来居民在对待社区公共卫生、爱护公物以及"爱幼不尊老"等问题上,有较强的"公共观念"。如在对待"社区公共卫生"问题时,有96.7%的人认为需要人人关心;在对待乱扔垃圾和不爱护公共设施等问题时,分别有59.7%和64.3%的人表示会"坚决予以制止"。这两个问题也可以反映出外来居民对很多不文明行为明知不对,但又觉得自己是"外人",不便直接出面制止(尤其是制止本地人的不文明行为),但出于社会公德心,他们大多会求助于社区干部。

外来居民碰到的生活困难问题比较多样化。除了收入低、没有工作、附近噪声大等几种困难与本地居民相似外(其中收入低与没有工作的比例均远低于本地居民,而认为附近噪声大的比例则远高于本地居民),"没有熟人生活孤单""上班路途太远"等困难则相对突出。外来居民如何应付生活中遇到的困难?主要集中为两种途径:一是"找老乡、朋友帮忙渡难关",比例为60.7%;二是"找老家亲戚朋友帮助",比例为43.7%。另外,也有部分外来居民选择找房东、找政府及社区干部帮忙,比例分别为22.3%和18.7%。这说明大部分外来居民的社会支持网络主要是本社区之外的老乡和亲戚朋友,很多外来居民还没有实现与本地居民的有效融合,对社区的认同感还比较低。

在与本地居民及社区的关系方面,外来居民中有5.7%的人认为"外来人口进入社区弊大于利",有58.7%的人认为"利大于弊",还有35.6%的人表示"无所谓"。在"参与社区管理和享受社区服务"的态度上,47%的外来居民认为"应该享受",31%的被访者表示"无所谓"。不过,外来居民对参与社区事务和管理抱有积极的心态,认为外来居民也可以参与社区的服务和享受相关福利的人数已经达到50.7%。

外来居民对社区的总体印象主要集中在两个方面:一是认为社区应该是"外来人员和本地居民共同的家园",比例为50%;二是认为社区是"本地居民的家园",比例为 41.7%。 这两种相反的观点,也表明在社会融合的大趋势下,外地居民对自己的"外来身份"也感到不满。

4.2.5 对策和建议

在"撤村建居"的三叉社区中,外来居民在构建和谐社区时,要突破两堵"墙"——政府政策的二元分治和城市居民的社会身份融入,这就必须要发挥他们的主体性作用。 这不仅是必要的,而且是完全可能的。

通过对外来居民的调查,我们可以看到:这是以 18—30 岁为主的年轻群体,文化程度普遍较高,平均收入也高于本地居民,主要在私营企业、个体工商业和国有企业从事行政管理工作、商业服务工作,部分人自己创业或从事自由职业。 他们中的大部分人对生活充满信心,认为明天会更好。

大部分外来居民对社区的认知度和对社区公共活动、公共事务的关注率与参与率较低,他们普遍缺乏"社区主人翁"的意识,往往把社区仅仅看作是"睡觉"的地方。 外来居民对社区和本地居民的感情表现出明显的矛盾心理:一方面他们对社区总体上比较认同,认为多数本地居民热情肯助人,希望自己能享受社区福利,有融入社区的愿望;另一方面,在社区共同生活中,他们又由于自己的外地人身份,对部分本地居民的排外心理比较敏感,加之缺少与本地居民对话的机会,难以真正融入社区生活。

因此,摆在我们面前的重要任务就是如何激发外地居民参与和谐社区构建的主体作用。 首先,在思想观念上,要重新认识外来居民群体。 外来居民的素质相对较高,竞争力比"撤村建居"的本地居民要高,但是因为其"外来"身份,他们也跟"撤村建居"的居民一样受到城市的制度性排斥和政策性排斥,其根源是我国的城乡二元体制。 这种体制使得外来人口永远是"外来"的,即使在流入地工作、结婚、生子甚至"老死"都一样,他们普遍缺乏"家"的认同感。 实际上,他们绝大多数是来自农村的"底层精英",相对于"撤村建居"社区中的本地居民而言,他们各方面的素质比较高,而"撤村建居"社区中的本地居民基本上是原来的农村社区村民在城市化过程中整体实现"身份"转化而形成的。 因此,外来居民完全有能力和实力成为构建和谐社区的主体。

其次，在体制和机制建设上，对外来居民要有倾斜。目前，外来居民对社区的参与度表现不高，这不是他们的错，而是体制的原因造成的。外来居民由于受"外来身份"的限制，无法冲破制度性的"墙"。作为计划经济体制下社会屏蔽手段的城乡二元户籍制度，使得外来居民的"社会身份"无法改变，同时也造成本地居民对外来居民的进入抱有"警惕"心理。因此，外来居民对社区的认知度和满意度都很低。但是，外来居民是有参与社区服务和管理的期望和能力的。

实际上，在和谐社区的构建中，"和谐"本身绝对不是本地居民的"独舞"，而是居住在社区中的全体居民的"群舞"。德国社会学家滕尼斯曾提出了两个著名的概念：社区和社会。他认为这是人类社会两类不同的基本生活形式或社会关联形式。社区是建立在情感、依恋、内心倾向等自然感情一致基础上而形成的有机关联的社会群体；而社会则是建立在外在的、契约关系基础上的机械关联的群体。和谐社区的构建不可能是以本地居民为"中心"的和谐，不可能是排斥外来居民而被"边缘化"的和谐。

因此，在未来的体制设计和机制建设上，应当对外来居民"充权"。我们认为，城乡一体化是中国现代化之路的必然发展趋势，户籍制度的改变仅仅是"时间"问题，现在江苏等地已经取消了农村户口和城市户口的划分标准。在现代社会中，社会屏蔽手段已经多元化。在基层社区的建设中，应充分发挥外来居民的主体作用，推进本地居民和外来居民的和谐共处，推动社区"自治"和社会民间力量的形成。

最后，微观层面的干预为社会工作的专业性介入打开了一个空间。从中国香港和中国台湾等地成功的社区建设经验来看，无论是在社区组织的发育还是社区本身的发展中，社会工作的价值理念与和谐社区构建思想是相通的。在现有体制的"坚冰"还无法被打破的前提下，通过社会工作的三大工作方法来激发外来居民在构建和谐社区过程中的主体性作用是切实可行的。个案工作、小组工作和社区工作都能在和谐社区构建中找到各自的舞台。具体而言：

第一，多组织一些志愿服务小组活动。即动员外来居民和本地居民共同组织志愿服务队伍，为有特殊需要的社区居民服务。这类似于志愿服务的

"时间银行"操作模式，充分激发和有效利用和谐社区构建中的人力资源，这是所有社区"资产"中最宝贵的资源；第二，建立和完善社区网站，开展"居民论坛"，让外地居民和本地居民都能找到发表意见和交流看法的途径。其目标是建构"双向互惠"的、良性的"社会支持网络"，形成巨大的"社会资本"；第三，外来居民作为一个文化素质较高、充满活力的群体，是社区的一笔宝贵财富。社区应多关注外来居民群体，把他们作为社区建设的一支重要力量，利用他们的智慧为社区发展做贡献；第四，在节假日和周末多开展形式多样的文化体育活动，如开展"邻居节"活动，组织各类趣味比赛，扩大活动的覆盖面，发动广大居民参与，使本地居民和外来居民在活动中加强互动、增进理解，将社区真正建设成外来人员和本地居民共同的家园；第五，聘用专业的社会工作者，对社区中外来居民的特殊需求做出个案工作的专业回应，提供个性化的专业服务，提升服务质量。

5

"撤村建居"社区差异化管理和服务新模式
——以杭州市四季青街道为例①

基层社会管理的重心是什么？ 是"社区"。 因此，基层社区建设的实质也应围绕政府组织、党的组织、经济组织、社区中介组织、社区自治组织等之间的权利关系的协调，寻找制度创新的突破口。

围绕杭州市创新型城市、学习型城市和生态型城市的新的发展战略，四季青街道社区建设之路任重道远，创新是其唯一的出路。 为此，四季青街道在 2011 年出台"社区三年行动计划"，积极探索 "社区差异化管理和服务新模式"。

第一，"社区差异化管理和服务新模式"实现了理念上的创新：把社会管理和社会自治有机结合，把政府的管理目标和民众的自治目标有机结合，全面提升社会管理的科学化水平。 社会基层管理重心向社区转移是一种发展趋势，基层政府的治理就是要构建和谐社区，其工作重点是推进公共产品的均衡化，推进基层民主自治。 面对日益差异化和异质性的民众需求，政府的行政管理和处置无法达成有效满足；社区作为最基层的群众性自治性组织，成为政府、基层民众和社会组织之间沟通的"桥梁"，这不仅能构建基础性的社

---

① 该调研报告的调研时间为 2012 年。

会秩序，而且能够增量社区社会资本，能从基层社区开始重建社会信任①。社区自治的目标是要为社区中的每个居民提供最具有"个体适当性"的自治机会和发展空间，核心是构建"精神共同体"。 只有这样才能真正做到"以人为本"，也就是做到"以社区居民的需求为本"。 很显然，具有"个体性和适当性"的管理和服务必然以"社区差异化管理和服务"为前提。

第二，"社区差异化管理和服务新模式"实现了实践上的创新：把社区建设富有一般规律性的常态化建设和四季青街道社区建设的特殊性有机结合起来，把每个社区的"品牌文化"建设和社区服务有机结合起来，全面提升社会管理的科学化水平。 作为社会管理重要组成部分的管理和服务具有一定的普适性规律和发展路径，例如具有共同的利益、相通的文化和共同的行动等等，但是每个社区都有其自身独特的"生命历程"。 四季青街道在社区建设中所面对的每个社区都具有不同的发生背景、发展过程和发展潜能，很显然，在"争创一流，全面发展"的战略中，单一的标准化只能抑制不同社区的创新动力，不可能达成"一社一品"的最高境界。 因此，四季青街道面对社区差异化格局，通过推进"社区差异化管理和服务新模式"，以"区、街道、社区"三级社会管理体制为基本框架，坚持"立足基层、重心下移、完善机制、健全网络"，进一步形成差异化的人才队伍管理机制和差异化的考核奖励机制，通过社区"品牌服务项目"导入来达成"品牌文化"，提升社区居民的社会参与度和社区组织本身的公信力，加强社区居民对社区的认同感和归属感。 四季青街道针对不同社区创新管理和服务模式，在"撤村建居"社区推行"四位一体"的社区管理和服务模式，在拆迁安置社区推行"两式两化"的社区管理和服务模式，在城市新型社区推进"3313"社区管理和服务模式，同时创新楼宇社区的管理新模式。

第三，"社区差异化管理和服务新模式"实现了工作方法上的创新：以服务促进政府管理绩效的优化，以服务来带动民众自治能力的发展，形成了"管理—服务—自治"的三位一体模式。 通过对不同社区的政府目标定位，变革

---

①英格拉姆：《公共管理体制改革的模式》，载国家行政学院国际合作交流部：《西方国家行政改革述评》，国家行政学院出版社1998年版，第62—63页。

政府公共服务输送途径，根据不同社区"品牌"建设的要求，政府与社区自治组织和其他社会性组织形成双向互动局面，以项目化投入和政府购买服务的方式更加优化地配置各类社会性资源。 社区建设不仅仅包括社区服务，还承担着基层民主自治和公民社会责任；社区服务也绝对不是简单的"家政性"服务，而是要转向专业化和职业化的社会工作的服务。 同时，社区不仅是公民居住的场所，也是公民参与政治实践和发育公民意识的场所，社区成为公民利用公共空间参与社会发展进程和分享社会发展成果的最有效途径和渠道，社区居民通过各种社区组织参与社区公益性和志愿性服务。 更进一步，在"社区差异化管理和服务新模式"中，无论是政府的公共服务还是社会本身的互助服务、市场的商业性服务，实际上都存在着相互整合的空间和相互转换的机制。 "社区差异化管理和服务新模式"之"新"就在于以"服务"为主线，创造条件、搭建平台、导入多元主体、整合多元资源，以满足差异化的服务需求。

因此，通过落实和推进"社区差异化管理和服务新模式"，人们会越来越清晰地认识到社区是社会主体而不是行政主体，而且是相对独立的社会主体。 面对着公共服务领域内市场失灵和政府失灵的问题，作为最基层的社会性组织，社区参与公共事务治理具有天然的合理性。 从公共管理角度看，它是城市管理的"神经末梢"；从政府权力的角度看，它是国家行政权力在城市延续的最底层，是城市公共权力的起点与发展基础；从公民社会的发育看，社区是公民精神培育和公民组织的发源地。

5.1 推进社区差异化管理和服务

党的"十七大"提出"发展基层民主，保障人民享有更多更切实的民主权利，把城乡社区建设成为管理有序、服务完善、文明祥和的社会生活共同体"的要求，从强化社区组织建设，提高综合管理水平；强化和谐社区创建，提高整体建设水平；强化社区服务保障，提高服务管理水平；强化社区参与机制，提高民主自治水平等"四强化四提高"入手，深化城市社区建设工作。 政府和社区双向互动是基层社会管理体制创新的关键。 要从深层次来解决社会问题，必然要依靠社会管理体制的改革和创新。 推进中国社会建设，特别是加大整个社会的"福利投资"，这不仅有利于实现由简单体力劳动者向综合能力高的劳动者的转变，给经济发展带来"新动力"，而且有利于实现由传统的"群众性"社会向现代公民社会的转向，给社会发展带来稳定的基础。

5.1.1 "撤村建居"社区建设的差异化

"撤村建居"社区建设的关键性问题就是如何来定位社区服务，如何定位政府的公共服务和社区的互助性服务，如何推进社区的差异化管理和服务。以杭州市四季青街道为例，我们做了一系列实证研究，探索社区的差异化管理和服务，以及社区如何构建新型的社区管理和服务体系。

社区建设的差异化由 3 个方面的原因决定：（1）由社区本身内在的发展逻辑决定，社区多样化必然要走差异化建设道路；（2）由社区服务差异化决定，公共服务、社会服务、互助服务和商业性服务等存在差异化的服务内容和差异化的服务途径，要提供有效的服务，必须要走差异化管理的道路；（3）社区建设目标取向的多样化也决定了差异化的必要性，社区建设总体目标是构建和谐的人际关系，达成良好的社会支持网络，实现社会资本的增量，但要达成总体目标下的分类目标，必须走差异化道路，针对具体情境中的"实事、难事"提供专业化服务。

因悠久的蔬菜产销历史而被命名的四季青街道，地处杭州市区中部、钱塘江北岸沿江地带，是杭州市钱江新城核心区和庆春广场、江干区政府所在区域。 四季青街道下辖 13 个社区（村），总人口约 8 万人，其中常住人口约 3.5 万人，辖区面积 9 km²。 各项经济指标皆列杭州市、江干区前列，是全国社区教育示范街道、浙江省卫生街道，有浙江省"东海文化明珠"之称。

四季青街道从 1999 年成为"撤村建居"改革试点，现已完成 8 个村的"撤村建居"。 第一批"撤村建居"始于 1999 年 6 月，对象是常青、定海、景芳 3 个村；第二批始于 2002 年 5 月，对象是三叉、五福、三堡、水湘、唐祝 5 个村。 "撤村建居"体制转换模式有两种：一是分散就近并入城市社区，如常青村分散并入采荷街道的夕照、常青苑、荷花塘和人民等 4 个社区，景芳村分散并入凯旋街道的凯西、金兰池、金秋花园、景秀、庆春门、南肖埠和采荷街道的新凯苑等 7 个社区。 二是成建制"村改居"，对原村翻牌后独立建制成建制社区，例如三叉、五福等。

　　四季青于 2003 年"撤镇建街"，街道下辖 11 个社区、1 个股份经济合作社，其中 2 个为筹建社区（城星、江锦）。 社区根据不同的居住特点，分为 5 种类型，其中 6 个社区为"撤村建居"社区，2 个社区为回迁安置社区（钱江苑、江锦），2 个社区为商品房社区（钱杭、钱塘），1 个社区为市政府专项用房社区（运新社区），1 个社区为楼宇社区（城星）。 三叉社区于 2009 年创建为"全国和谐社区建设示范社区"，钱杭社区于 2010 年创建为"浙江省和谐社区建设示范社区"，其余社区均为"杭州市和谐社区建设示范社区"。这是巨大的社会变迁，实现了从镇到街道、从村到社区、从村民到市民的变迁。

　　四季青街道的典型性主要表现在 3 点：第一，农村城市化。 从城市的农郊变成城市的中心核心，其区域功能性跨度非常大，制度性的变迁也表现得最激烈。 在整个"撤村建居"过程中，必然牵涉到两种完全不同的管理体制的转换，从农村的村落制转变为城市社区制，社区建设和社区服务是首要的。第二，农民市民化。 农民转变为失地农民，又转变为城市居民，他们渴望成为"城里人"，后来又不愿意变为"城里人"，社会身份的急剧变化和心理上抗拒变化并存；在农民市民化进程中，城市融入问题日显严重，这必然涉及制度层面的城乡一体化社会保障制度建设，涉及城乡公共产品的均衡化发展，涉及和谐社区的构建，其中的关键性问题就是社区服务供给中政府的公共服务和社区互助性服务的有效衔接。 第三，"撤村建居"社区是中国现代化和城市化发展的特色之一，介于农村和城市之间的中间地带，既是中国城市化的先锋，也是当下最难城市化的区域。

　　随着杭州"钱塘江时代"的来临，由于杭州四季青街道处于杭州的地理中心——钱江新城的核心地块，因此它成了杭州推进城市化的主阵地、主战场，也成了杭州新的行政、文化、金融、商务、会展中心，成为华东地区、长江三角洲最大的中央商务区之一。

　　面对着巨大的社会变迁，"四季青"的基层社会管理体制从原来的农村转化为街居制，推进了社区管理制度的演变；"四季青"居民的社会身份实现了由村民到市民的转变；"四季青"由城市的发展边缘地带走向了城市中心。这绝对不仅是一个"称谓"的改变，而是一场社会变革。在社会大转型、经济大调整、利益大碰撞面前，四季青街道的居民必然面临着思想观念、生产生活方式、居住交流空间等层面的大变动。应该说，四季青街道在社区建设上已经取得了很大成就，四季青街道获得"全国社区服务示范街道"光荣称号；街道"社区互动吧"项目获得"全国和谐社区"自主创新奖；三叉社区获得"全国社区服务先进社区"等光荣称号。

四季青街道的"社区差异化管理和服务新模式"将会结出越来越多的新的成果，将会带来越来越多的新的基层经验，从而在杭州市乃至全国的社区建设中发挥一种引领和榜样的作用。

5.1.2 社区服务的社会学意义解释

在社区管理和服务的差异化模式情境下，传统的对社区服务的理解是："以城市街道、居民委员会为依托，依靠社会力量兴办的自负盈亏管理的社区型社会福利设施和社会服务网络。"从这样的社区服务定位中可以看出：第一，社区服务的主体是街道和居委会。从我国目前的居委会的运作来看，居委会虽然是群众性的自治组织，但其几乎所有的资源都来自街道，也就是由政府提供各种资源。社区居民委员会成为类似"半政府"的组织，社区居民的参与度相对较低。第二，社区服务的性质是依靠社会力量兴办的自负盈亏的社区型社会福利服务。"自负盈亏"显然意味着要走市场化的道路。因此，这个定义实际上存在两个矛盾，一个是不同服务主体之间的矛盾，定位很不清晰，"街道和居委会的依托功能"和"社会力量的兴办功能"两者的发挥及其关系没有明确的界定；一个是服务提供主体和服务性质的矛盾，政府是主体但却要提供营利性的服务，社区服务输送方式在某种程度上会导致公共服务设施和服务组织的营利性倾向。

这个概念其实把多种不同的服务性质混合在了一起。既有政府提供的涉及社区全体居民利益的社区公共服务，这种服务应该是无偿的；也有为社区内弱势群体提供的社会福利性服务，这种服务应该是无偿或低偿的；还有满足个体需要的私人服务，这种服务是随行就市的；此外还有社区居民之间的互助性服务，例如志愿者服务等。这些不同服务在服务资源提供、服务方式、服务对象和服务绩效评估等方面都应该完全不同。正因为这种混淆，当前在人们的心理认知上，社区服务的提供方式必然是公共福利的方式，即地方政府"买单"。

就目前而言，我国以往的社区服务供给中之所以大多数情况都采取政府直接"买单"，实际上并不是基于人们对社区公共产品的理解，而是传统的"政府万能"思想造就的。伴随着社区居民对社区服务内涵不断扩大和质量不断提高的需求，这样的社区服务供给模式在未来社区服务发展进程中必然缺乏可持续发展的可能性和现实性，在效率和公正两个方面也会存在严重问题：一是政府本身不可能为长期、源源不断且不断增加的社区服务提供可供使用的资源；二是社区服务的质量必然受政府在社区服务上所投入总量的变化而变化，投入增加则社区服务质量上升，投入减少则社区服务质量下降。

在现实的生活空间中，个体拥有资源越多的人，对"当下"社区的归属感就越低，相反，拥有个人资源越少的人，越容易对社区产生依赖感，这种现象不符合社区建设和社区服务的"大"的发展方向。在社区服务过程中，社区成员之间的互动和"社区资产"①没有被有效地激发出来②。究其原因，是社区服务的"单一化"定位还存在一定的政策性和制度性偏离。在社区管理和服务差异化的情境下，必然会对社区服务的"多元整合"提出更高要求，社区服务的差异化途径选择，政府公共服务和社区组织互助服务的有效衔接问题等，都是社区管理中存在的新问题。

四季青街道在社区建设和社区管理服务中还存在3大困境：一是社区发展差异较大。一方面是不同类型社区发展存在差异性，主要表现在发展理念、组织体系、管理模式等方面；另一方面是同类型社区发展存在差异性，主要表现在服务质量和服务内容上。二是社工素质参差不齐。思想观念、管理

---

①社区资产：这实际上是社区中所拥有的"社会资本"概念的总称。社会资本是相对于人力资本、自然资本和商业资本等的一种新资本。

②WARREN R L：*A Community Model* . New York：Prentice Hall. 1983，pp. 20—27.

方式、服务手段等跟不上社区发展的要求，工作作风、服务态度、业务水平与居民群众的要求有差距。三是建设新型建设的能力还有待加强。随着城市化的快速推进，钱江新城进入了从"硬件建设出形象"到"软件完善强功能"的转型期，"撤村建居"社区的社区管理有了新的任务、内容和要求。但从现状来看，"撤村建居"社区还保持着原农村行政村的管理体制，其工作理念、方法和手段与街道的核心区定位要求存在一定的差距。

2012 年，我们设定了以杭州四季青街道社区差异化管理和服务为例的实证研究项目，其目标就是为更加有效地配置社区公共资源，更加有效地推进社区成员的能力建设，促进社会资本积累，更加有效地提升社区服务的质量，提供基层经验。

5.2 差异化"撤村建居"社区的基本特征

我们在研究、总结和提炼四季青街道在差异化社区管理和服务层面的基层经验时发现，由于公共服务和社会服务在输送过程中，其投入和产出的特殊性决定了它们无法通过单一的"货币量"作比较，即公共服务或社会服务的投入是各种社会福利性资源，但是其产出则是社会性效益，也就是说，我们无法在经济效率上对投入和产出做简单比较，因此，对其"效率"的分析必然要通过服务对象的感受度测量来达成。

5.2.1 研究方法和过程

以问卷的实证调查研究为主，我们针对课题研究的总体思路设计了 2 套问卷。选择了 4 个不同类型的社区，分别是钱杭社区、钱江苑社区、三叉社区和五福社区。

首先，钱杭社区是以高档商品房为主导的新建社区，居住群体个人素质高并且属于相对的"富裕"阶层，他们的社区自治意识强，在社区服务层面的市场购买力高，但对社区公共服务等的维权意识也高，是城市发展中比较典型的新的城市社区。其次，钱江苑社区是以城市化进程中城市居民搬迁和本地"撤村建居"居民拆迁而发展的新社区,并且还有部分商品房,"村民"和"居民"混合型的特征非常明显,各类不同的居住群体由于对公共服务和互助性服务的理解不同,相互之间的矛盾冲突很激烈。 再次,三叉社区是"成建制"的"村改居",是"撤村建居"改建的典型,现已基本完成"撤村建居"公寓建设任务;社区本身的经济实力非常强大,但村民在转变为市民的过程中,城市化的真正融入问题表现也是最突出的。 最后,五福社区虽然"撤村建居"已经有6年,但以前基本只是"翻牌"而已,现在"撤村建居"公寓的建设已经起步,然而原村民对"村"的忠诚度比较高,对集体经济利益和村民利益的分配关注度高,村民在心理上还没有完全做好转变为"市民"的心理准备。 显然,在这4个社区中,有3类"撤村建居"处于不同状态的社区。

我们设计了2套调研问卷。 4套面向四季青街道被选中的4个社区的居民,这套问卷主要是为了了解4个社区的基本概况及其在社区公共服务和社区自治服务层面的现状和问题,同时在某些数据方面可以与居民问卷的数据做"比对性"印证。 另外1套面向全体居住的居民(包括居住在本社区的外来租住的居民),通过居民样本的抽样,并由专职的社区干部负责问卷的发放和回收工作。 在本次的调研中,共发放问卷2086份,其中有效问卷2012份,问卷有效率是96.5%[①],如图5-10所示。

表5-1 4个社区问卷调查的实际情况表

社区	钱杭社区	钱江苑社区	三叉社区	五福社区	其他	合计
有效份数	183	819	666	330	14	2012
百分比(%)	9.1	40.7	33.1	16.4	0.7	100.0

表5-1说明,在调查的4个社区中,钱江苑社区所占的比例最高,达40.7%,这是由于该社区以老城区和"撤村建居"居民的"拆迁户"为主,入住率高,样本率比较高;而三叉社区由于"撤村建居"公寓房建设基本完成,村民居住集中度很高,样本率也比较高。

---

① 对有效问题的计算方法:本次调研涉及11个层面,共81题,235个选项。若被调查者在一份问卷上完成210个选项,则算有效问题。当然,这也导致每个问题实际有效的差异,我们用"缺省"来补足数量。

研究设想是：从政府层面看，如何界定区域性的社区公共服务，特别是在城市化进程中，如何推进城乡一体化的公共产品的输送；从社区层面来看，如何激发社区资产和社区资本，社区建设模式是走精英规划模式还是走居民自治模式；从居民个体来看，在从"农民转变为市民"的过程中，如何满足对社区服务的差异性、多层次的不同需要等。

在共同探讨的基础上，我们基本确定了整个的研究思路。随后，我们对研究思路进行细化，确定了研究方法，整个研究以实证的问卷调查为主，以个案访谈和焦点小组为辅。在问卷设计前我们召开了半结构的 3 个不同层次的居民座谈会和 1 个社区负责人座谈会，同时开展了 2 个个案深度访谈。在多次征求意见的基础上完成了 2 套问卷的设计工作，并对参与课题入户调查的调查员进行了 2 次培训，不仅对调研问卷的内容进行了具体分析，也对调研过程中容易碰到的问题进行了探讨。之后开展问卷发放和回收工作，同时进行问卷数据的处理工作、总报告的撰写和调研对象的回访工作。应该说，整个调研过程和数据处理过程是科学规范的。

5.1.2 调研对象的基本特征

在调研对象上，我们以社区中所居住的居民为研究对象，希望能从社区中不同群体对社区服务的不同需要来展现社区服务的差异化及其满足途径等问题。下面是有关研究对象基本特征的 4 个方面的分析。

调研对象性别如图 5-1 所示。

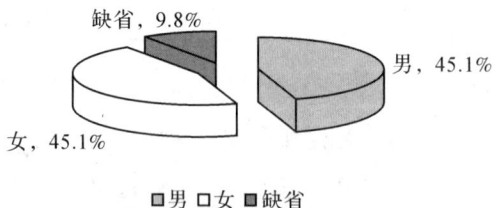

缺省，9.8%

男，45.1%

女，45.1%

■男 □女 ■缺省

图 5-1　调研对象性别比

图 5-1 表明，在男女性别结构上，此次调研设定以家庭户中的核心人员为调研对象（即由该家庭成员为接受调研的人员）。男女性别状况基本相等，

男性占 45.1%，女性占 45.1%。缺省占 9.8%。在城市化和现代化的进程
中，由于社会环境和社会结构等变化，在社会身份的变迁中，女性经济地位的独立
提升了其在家庭中的地位，同时，女性作为家庭的核心人员所占的比例也大幅提
高。这种家庭关系结构的变迁也直接影响了社区服务资源的输送和效率。

调研对象年龄结构和学历结构如表 5-2 所示。

表 5-2 调研对象年龄结构和学历结构表

年龄结构	人数	有效百分比（%）	学历结构	人数	有效百分比（%）
18 岁以下	66	3.5	初中及以下	688	35.4
18—25 岁	225	11.7	高中、中专、技校	679	34.8
26—50 岁	1092	56.9	大专、大学本科	562	28.8
51—60 岁	355	18.5	硕士及以上	20	1.0
60 岁并以上	181	9.4	合计	1949	100.0
合计	1919	100.0			

表 5-2 说明，在调研对象的家庭中，26—50 岁的群体占到 56.9%，家庭
户中核心人员的年龄有年轻化趋势，核心家庭越来越多。这是家庭结构核心
化的必然结果。同时，在文化程度上，由于研究对象主要涉及"撤村建居"
社区，这就决定了所选社区的特殊性。在城市化进程中，这些社区大部分在
短期内实现了"村落"农村户全部转变为城市户，原来村民的整体文化程度偏
低。初中及以下文化程度和高中、中专、技校文化程度两项合计占 70.2%；
硕士及以上学历的只占 1.0%。高层次人才相对缺乏，而低文化层次的群体
相对集中。这说明"撤村建居"社区居民整体文化素质还有待提高，在社区
公共服务的提升上要大力提升社区居民的文化素质，否则不利于其融入现代
城市化生活。

调研对象的户籍所在地和居住身份如表 5-3 所示。

表 5-3 调研对象的户籍所在地和居住身份表

户籍所在地	份数	有效百分比（%）	居住身份	份数	有效百分比（%）
本社区	1478	75.4	"撤村建居"居民	1185	61.6

户籍所在地	份数	有效百分比（%）	居住身份	份数	有效百分比（%）
本市其他社区	256	13.1	城市拆迁居民	393	20.4
市郊其他社区	52	2.7	商品房居民	197	10.2
外地城镇	105	5.3	外来租房客	149	7.8
外地农村	69	3.5	合计	1942	100.0
合计	1960	100.0			

表 5-3 说明，在被调研对象中，本地户籍占 75.4%，户籍地和居住地相分离的有 24.6%。 户籍问题是社区提供区域性公共服务中不可回避的一个难题，特别是在"撤村建居"居民达到 61.6% 的社区中，原村民对"村籍"的重视程度高于"户籍"，甚至出现不愿被城市化的现象，这实际上牵涉到大量的利益配置问题，具有"草根智慧"的农民已经发现城乡接合部的土地收益越来越高，而他们进入城市后，由于相应公共服务政策的滞后，如果失去土地保障，自己将成为弱势群体。 在这些社区中，本地城市居民、"撤村建居"居民、外来居民和租房客等不同群体对社区的认同感和依赖程度也是不同的，对社区服务需要的层次是不同，很显然，如何实现社区服务的城乡一体化是关键。

租房客在调研对象中占 7.8%，尽管四季青街道近年来城市化推进非常快，正日益成为杭州新的中心区块，但是租房客在这个区域仍比较多。 在调研中这个数字之所以比较低，是因为部分社区如五福社区还未完成"撤村建居"工程，家庭成员直接管理租房客，这些租房客也就无法成为调研对象。

调研对象的政治面貌如图 5-2 所示。

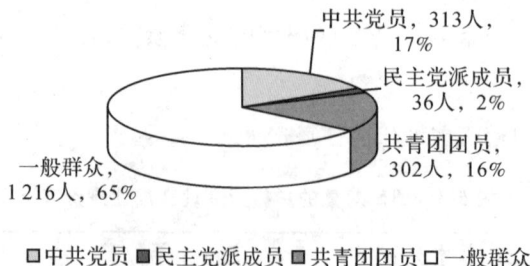

图 5-2　调研对象的政治面貌

注：有效问卷 1867 份。

图 5-2 表明，在对调研对象的政治面貌调查中，"中共党员"和"共青团团员"的比例都比较高，分别占 17％和 16％，两者相加达到 33％，若加上民主党派成员的 2％，则达到 35％。我们认为没有回答这题的应该被认为是"一般群众"，如果以 2012 份为基数，则中共党员、共青团员和民主党派成员所占比例依次为 15.6％、15.0％、1.8％，"一般群众"占 67.6％。在政治面貌方面，从人员组成上分析，这 4 个社区的社区资产还是很丰富的，基层群众中的"先进分子"占比较高。如何通过有效机制来激发"社区资产"的增加，推进差异化社区服务整合，这是一个关键性问题。

调研对象的基本信息可以反映出我们所研究的杭州四季青街道是在城市化进程中由农村变为城市的"拆镇建街道"的典型，不同类型社区有不同的层次推进，研究的目标就是去发现社区建设中政府的公共服务和社区互助服务等服务之间的差异性及其有效衔接机制，以期通过基层经验的显现，来推进社区管理和服务实现"自下而上"的政策性变迁。在下文使用的数据主要来自实证的问卷调查，在此涉及的其他数据都是来自官方的统计数据。

5.3 "撤村建居"社区的实证研究

加强和改进社区服务工作，就是要坚持以人为本，着眼于为居民提供多层次、差异化的物质文化服务；坚持社会化，充分发挥政府、社区居委会、社会组织、驻社区单位、企业及个人在社区服务中的作用；坚持分类指导，根据公共性服务、互助性服务、营利性服务的不同情况，实行分类管理。通过几年的努力，逐步建立与社会主义市场经济体制相适应、覆盖社区全体成员、服务主体多元、服务功能完善、服务质量和管理水平较高的社区服务体系，努力实现社区居民困有所助、需有所应。

5.3.1 社区公共服务层面

社区公共服务是一种地方性的公共服务。在计划经济状态下实行"单位制"管理方式，所谓的社区管理仅仅为"家属院"式的经验性管理，缺乏各类社区服务的社会化输送途径；而改革开放以来，单位人转变为"社会人"，社区居民对社区不同服务的需求与日俱增。

对社区公共服务的分析，主要包括社区就业服务、社区救助服务、社区卫生服务、社区安全服务、社区文化、教育和体育服务、社区老年和青少年服务、社区环境服务等。 在对这些服务的分析中，我们注重对服务的现状、社区居民的参与度、满意度和期望值的分析。

（1）社区就业服务

在特定的情况下，社区就业服务是一项直接面向服务对象的服务，在"就业福利政策"理念的推动下，就业服务成为当前政府公共服务的重要组成部分。

首先，就业和失业是一对矛盾，在当前形势下，面对着庞大的劳动力供给量，失业问题已经成为一个严重的社会问题。 不仅四五十岁的人面临失业，大学毕业生也面临失业的问题。 杭州市政府一方面推出积极就业政策，另一方面提倡要消除"零就业家庭"。 社区就业服务不仅内容广，而且任务重。社区成员对就业服务的需求是明显的，需求最多的是就业信息发布和就业岗位培训，如图 5-3 所示。

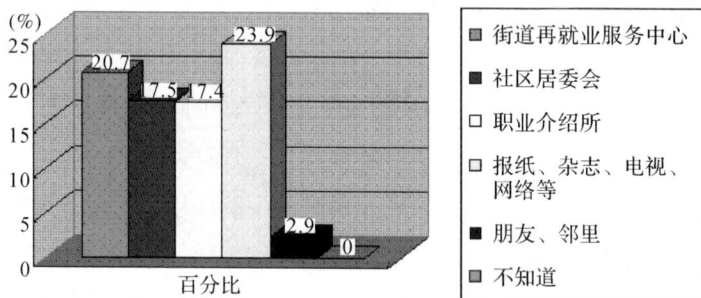

图 5-3　就业信息的获取途径

图 5-3 表明，调研对象在回答"当家庭成员中出现失业的时候，通过什么途径来获得就业信息"的问题时，表现出获取就业信息途径的多元性。 除了18.2％的人没有回答之外，对这个题目选项比较集中的有 4 项。 最多的是"报纸、杂志、电视、网络等"，占 23.9％，这部分人自主择业的意识比较强。 就业的压力迫使人们尽可能直接地找到最新的就业相关信息，而大众传

媒是最直接的途径。 这是一个大众使用的平台，在这个平台上，商业性的就业信息已经很普遍，但是公共服务性的就业信息仍然很少。

通过"街道再就业服务中心"获得就业信息的为20.7%。 街道再就业服务中心是政府直接提供的公共性就业服务信息平台；在社区公共服务中，社区就业服务需求很迫切，这种服务的推进也有利于形成"就业的福利"，达成公共资源的有效配置。

通过"社区居委会"来获取就业信息的达到17.5%。 社区居委会是群众性的自治组织，在现实环境中，还带有"半政府"色彩，如果从性质上分类，它提供的应该属于群众性的互助服务，但是这是一种带有组织性的互助性服务，不同于传统性的互助服务。 这种组织性的互助服务随着社区服务的推进和社区成员互动增加，还有很大的发展空间，有利于激发"社区资产"。 通过"朋友和邻里"的帮助相对比较少，只占2.3%，这种传统性的互助服务，随着社会变迁速率加快和人口流动加速，其所能带来的实际效应将会逐渐下降。

通过"职业介绍所"获取就业信息的占17.4%，就业领域的商业服务还需要培育"公信力"，走"诚信品牌"之路。 商业性的就业咨询服务在就业高端领域的空间非常大。 由于就业形势紧迫，"不知道"获取就业途径的人基本上没有。

其次，社区就业服务经过多年的"打造"，已经形成了一个相对完整的体系，如何使服务"上档次"，关键是要针对不同服务需要开展不同层次的服务，同时实现不同组织服务的有机整合。 如图5-4所示。

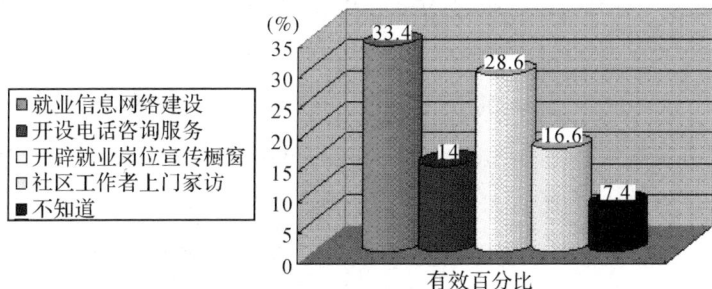

图5-4 社区就业服务需改善方面的情况图

图 5-4 表明，社区居民在社区就业服务需改善方面的观点上，"就业信息网络建设"被列在第一位，占 33.4%。 显然，随着网络通信技术的发展，政府在社区公共服务层面的具体提供方式也要与时俱进，网络信息资源的最大优势就是快捷性和共享性，这对于网络信息的使用者则意味着最大限度的选择性和自由度。 "开辟就业岗位宣传橱窗"列第二位，占 28.6%。 从这两项数据可以发现，社区就业信息服务是目前就业服务中的重要任务，就业岗位的直接提供并不是社区居民的首选，现在居民对就业岗位的选择更加注重与自己的专业、兴趣相吻合。

正因如此，在接受街道政府提供的就业培训方面，传统的培训项目正在逐渐失去市场，如美容美发培训（占比 4.2%）、电工等技术培训（占比 3.7%）、汽车维修培训（占比 2.2%）、保洁培训（占比 3.4%）等，而对新型的培训项目的需求日益增加，例如，计算机培训（占比 13.6%）和其他培训（占比 46.1%）。 居民对培训项目选择空间加大，说明其职业岗位选择的多元性越来越明显。

因此，在社区就业服务层面，公共服务的重点要从传统的就业岗位开发、就业岗位培训等转向新的就业信息服务，特别是要加大就业信息服务的网络化建设，而对就业岗位和技能等的培训则可以通过市场机制来调整。

（2）社区救助服务

社区救助服务主要针对的是社区中的弱势群体，从当下救助的实际情况看，主要是物质性救助和服务性提供两个方面。 杭州市除了纳入社会救助体系的各项救助外，还有来自社会各界的每年一度的大规模的"春风行动"等活动。 在社区救助层面，以政府为主导和民间共同参与的差异化局面已基本形成。

首先，从制度性社会救助层面来看，社区居民对社会救助的核心部分——当下的城市最低生活保障制度的满意度比较低，只有 68.8%。 杭州市的最低生活保障制度已经有 10 多年的历史，这是政府为居民提供的最后一道"保障线"，这个制度在不断发展中调整，1996—2008 年，救助金额从每月人均 150元提升到 355 元，提升幅度为 1.37 倍。 这个比例不算很高。 同期，杭州市城镇居民可支配收入从 1996 年每月人均 600.58 元提升到 2008 年上半年的每人月均 2163.17 元，增长了 2.6 倍。 当然，杭州市最低生活保障制度的"含金量"已经大大提高，随着杭州的城乡居民最低生活保障制度的日益完善和扩充，低保家庭或困难家庭享受的杭州市困难家庭救助不仅仅是一种简单的物质性补助，还同时包括日常生活、文化生活、教育、医疗、住房、法律援助等 6 大类 33 项援助政策。 应该说，杭州市低保制度的设计正越来越完善。但从调研数据上看，居民的满意度为什么会这么低呢？ 原因如图 5-5 所示。

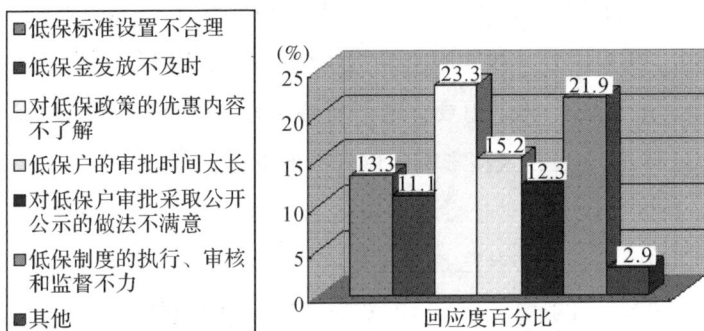

图 5-5　居民对社区求助服务"不满意"的原因

图 5-5 表明，对城市最低生活保障制度的实施"不满意"的意见主要集中在"对低保政策的优惠内容不了解"，占 23.3%，这同样表明在公共服务的提供上，公开、公平和透明是取得社会性效益的必要前提，信息畅通是关键。同时，"低保制度的执行、审核和监督不力"，占 21.9%，这也表明公共政策等福利性政策在监督和审核的设计方面需要兼顾政府的"成本和效率"两方面的平衡，要实现政府和非政府组织的合作，要把政府集"裁判员"和"运动员"于一身的角色转变为"裁判员"。 以上两项之和已达 45.2%。

其他还有"低保户的审批时间太长"（15.2%）和"低保金发放不及时"（11.1%），这两项在当前"低保制度"的动态管理状态下，已经有了根本性的改善。 还有一项是"对低保户的审批采取公开公示的做法不满意"（12.3%），这个项目实际上是对受助者的权利的理解，以及如何确保"低保制度"公开公平的问题。 我们认为，受助者"接受救助"也属于个人隐私，而如何判断受助者的"经济性条件"，主要涉及专业社会工作人才队伍的建设，需通过社会工作专业手法做出评估。

在"完善低保制度上"，大多数居民选择了"低保制度的动态化管理"（26.3%）和"低保制度的信息化管理"（23.5%），还有人要求"根据居民家庭的具体情况，使用更具弹性的救助制度"（26.3%），这3项之和达76.1%。这说明，在社区救助层面的改善上，一定要在管理上"下功夫"。社会福利"漏洞"就是由于管理不善而带来的，例如，执行严格的"按月检查"公示制度，防止"骗保"出现，虽然"骗保"现象极少，却容易引起人们对社会救助政策公平性实现的担忧；要实现"应保尽保"，也要防止"不当受利"。因此，在社区公共救助服务的提供中，政策的执行固然重要，但事前的宣传和事后的评估也非常重要，这两者会直接影响人们对公共服务的公正性和公信力的判断，也会直接影响人们对政府的信任度。

其次，社区居民对社区社会救助服务的感受度。社区救助的涉及面非常广。例如，在涉及社区公共医疗卫生服务上，对社区中是否要设立"慈善门诊"的问题，72.5%的居民认为"很有必要"和"有必要"。"慈善精神"正在成为扎根于"大众文化"的新"风尚"。实际上，社区居民本身具有充分的"慈善"潜力，他们充分支持国家层面通过社会性政策提供的具有公共服务属性的基本医疗救助政策，因此，发扬"慈善精神"的关键是通过什么样的手段来激发社区居民的这种潜能，除了政府的积极倡导和政策倾斜之外，社区居民的互助组织和互助性服务的"开发"是非常重要的。例如，从现有的社区医疗救助政策的服务来看，社区居民不仅感知度低，而且参与度也低，城市居民认为现有医疗救助服务的满意度"较好"的仅占28.5%，认为"一般"的占44.7%，"较差"的占6.8%，而"不清楚"的占20.0%。

2008年以来发生了"南方特大雪灾"和"汶川大地震"等历史性事件，全国人民都通过各种各样的渠道热情奉献自己的"爱心"，捐钱、捐物、热心为困难群众提供志愿者服务等，那么，社区居民能否积极参与社区组织的社会性捐献活动呢？社区居民中"积极参加"社区组织的社会性捐献活动的占33.5%，"偶尔参加"的占41.1%，还有11.8%的居民"基本不参加"，有13.6%的社区居民"不知道有活动"。可见社区居民的社区归属感还是比较低的，他们大多数参与了社区以外的捐献活动。

（3）社区卫生服务

社区公共医疗卫生服务关系到社区居民的"健康"，根据联合国卫生组织的定义，健康不仅仅是不生病，更重要的是使身心保持协调并且对社会环境的一种良好的适应状态。因此，社区卫生服务作为广义层面上的"预防性"和"发展性"的医疗卫生服务，也是一种重要的公共服务，杭州市在每个街道都设立了"社区卫生服务中心"——社区医院，并且全面实施"医、药"分家，以确保社区医疗卫生服务的公共性。

首先看社区居民对社区卫生服务的认同度。当居民出现常见性疾病时，第一选择是"街道社区卫生服务中心"的占50.6%，认知度相对较高；排第二的是"政府办的大医院"，占39.3%，居民"常见病"就去大医院的选择倾向还有待社区卫生服务中心"破冰"，这也从另一个方面表明社区卫生服务中心未来发展空间很大；而选择去"私立民营医院"的占4.0%，这几年民营医院在杭州的发展比较快，但是由于主观上"追逐利润"的驱动和客观上医疗条件的限制，民营医院还无法形成社会信任度；去"社会力量办的公益性医院"的占3.8%，"其他"（主要为厂医院、自己买药等）为1.5%，所占比例都比较少。由于行业本身的特殊性，医疗卫生服务业"信息不对称"现象特别明显，社区居民对政府主导的公共医疗卫生服务的需要仍然很高。

当然，社区居民对社区卫生服务中心认知度的提升，并不意味着认同度和利用率的攀升，这两个方面都还有待于进一步提高，如表5-4所示。

表5-4　调研对象对社区卫生服务中心认同度和利用率表

认同度	有效百分比（%）	利用率	有效百分比（%）
认同度很高	22.9	利用率较高	34.1
认同度一般	57.5	利用率一般	41.7
认同度较低	8.2	利用率较低	10.3
不清楚	11.4	不清楚	13.9
合计	100.0	合计	100.0

表5-4表明，社区居民对社区卫生服务中心认同度"一般""较低"和"不清楚"三项累加已达77.1%，认同度比较低。这也直接决定了社区居民

对街道社区卫生服务中心的利用率，认为"利用率较高"的只有 34.1%，而认为"利用率一般"（41.7%）、"利用率较低"（10.3%）和"不清楚"（13.9%）的三者相加则达 65.9%。 影响居民对社区卫生服务中心认同度和利用率的主要原因依次为"社区医院医疗条件太简陋"（25.5%）、"社区医院的医护人员水平不高"（23.7%）、"社区医院对公共卫生、疾病的预防和宣传力度小"（17.0%）和"社区医院在疾病预防、公共卫生服务方面的内容缺乏"（16.1%），后两项相加已达 33.1%。 因此，社区卫生服务的"定位"十分重要，社区居民之所以出现前两项的认知倾向，实际上还是由于对社区卫生服务定位的模糊性认知。

其次看对社区卫生服务的定位。 当前"看病难"现象中，"看病贵"是难中之难，"看病难"之中另外一个难点就是"就医不方便"，其中很重要的原因就是不同类型的医院"层次定位"不清。 社区医院应该如何定位？ 政府社会政策对社区医院的定位是非常清晰的，社区居民是否理解政府社会政策对社区医院的定位？ 调查结果如图 5-6 所示。

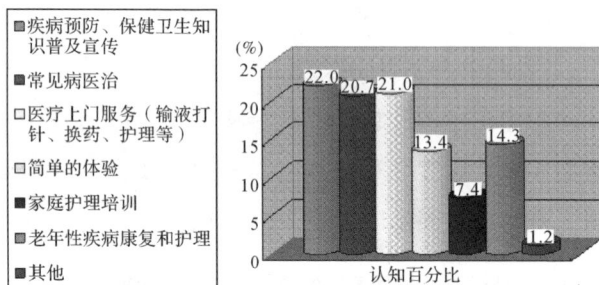

图 5-6 居民对社区卫生服务中心的定位

图 5-6 表明，社区居民对社区卫生服务中心的定位与政府社会政策的定位完全一致。 社区居民认为社区卫生服务中心需要提供的医疗卫生服务从高到低依次为"疾病预防、保健卫生知识普及宣传"（22.0%）、"医疗上门服务（输液打针、换药、护理等）"（21.0%）、"常见病医治"（20.7%）、"老年性疾病康复和护理"（14.3%）等等。 很显然，社区卫生服务中心的定位不是以"医疗"为主，而是以疾病预防和健康咨询服务、"常见病"和"老年性疾病"的治疗和康复为主。 同时，对"社区卫生服务中心是否应该

提供心理疏导和压力缓解服务"这一问题,社区居民中认为"非常有必要"的占24.6%,认为"有必要"的占53.6%,两者合计达78.2%,即这类服务恰恰是社区卫生服务中心比较缺乏的。

因此,当前社区卫生服务中心的实际工作和社区居民对社区卫生服务的需要之间还存在一定距离。 社区公共卫生服务的提供目标之一是提升公共资源的有效配置,在社区公共医疗卫生服务资源的配置中,很重要的一点是从"预防入手"向"服务社区居民的需要"转变。 现在杭州市的社区卫生服务中心通过财政全额拨款的方式来运营,提升这种公共服务资源的使用效率也是一个非常现实的任务,在公共服务的输送过程中,还是要实现政府和非政府组织的有效衔接,这是提升效率和公正的有效途径。 否则,大量社区公共卫生资源的"闲置"本身就是一种巨大的浪费。

(4) 社区安全服务

由于四季青街道不仅是"杭州的市场"聚集地,也是杭州"钱江新城"建设所在地,还是杭州市目前"拆迁征地"的集中地,因此,各种利益群体的冲突比较复杂,不同利益群体的表达"通道"也各不相同,加之外来居住人口比较多,尽管杭州市近年来一直致力于打造"平安城市",社区公共安全服务还是任重而道远。

首先,社区居民的安全感不是很高。 尽管各个社区的治安组织和监控网络比较完备,但是居民的安全感却普遍不高。 社区居民普遍认为现有的社区警务室、社区治保会、社区联防队、物业保安队、电子监控系统对社区安全所起到的效果"一般"。 有67.7%的居民认为社区中存在着"不安全"因素,认为"不存在"不安全因素的居民仅有32.3%。 居民认为有4大不安全因素,最大的是"外来人口太多",占36.1%,"存在不法人员和流氓团伙"占14.4%,还有"社区公共设施老旧,存在消防隐患"(13.7%)和"娱乐场所太多"(11.1%)。 这些因素也直接决定了居民对社区环境安全系数的感受度。 有49.6%的居民认为晚上出门或深夜回家时,安全感"一般",安全感"比较少"和"基本没有"的则分别为10.3%和1.5%,这3项相加达61.4%,比例较高。 同样,社区居民安全感"比较高"和"很高"的只有33.1%和5.5%,两者合计为38.6%。 也就是说,无论是社区公共安全服务、社区居民互助安全服务还是商业性安全服务的效果都不明显，我们认为，社区公共安全服务要提升效果和资源有效配置，就必须实现多种服务的有效衔接。

其次，在加强对流动人口的管理上，大多数社区居民认为要"加强对流动人口治安管理和预防犯罪工作"①（33.6％）和"加强登记率和年度验证率"（31.3％），两者相加达64.9％。这种对流动人口的"管理思想"占据了上风，而认为"让流动人口平等地参与社区的政治、经济和社会事务"占19.3％，认为应"加强流动人口城市社会融入方面的培训"的占14.5％，这种对流动人口"城市融入的思想"是积极的。其实流动人口是社区建设中的重要资源之一，政府在提供社区公共安全服务层面上要倡导积极的价值观，推进城市本地居民和外来居民的和谐共融。

（5）社区文化、教育和体育服务

一个社区是否充满活力并且具有较高的凝聚力，社区文化、教育和体育服务是必不可少的重要环节。独特的社区文化是社区居民价值和心理认同的关键，完善的教育和体育服务是激发社区居民参与社区管理和服务的重要手段，如图5-7所示。

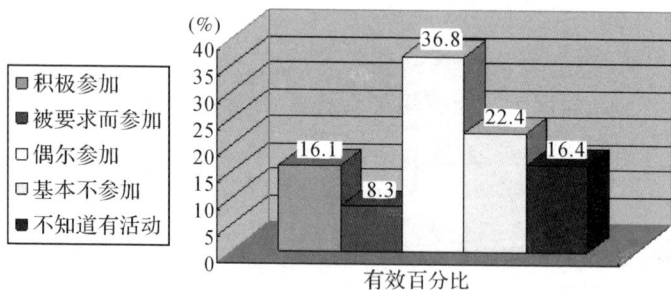

（%）

■积极参加
■被要求而参加
□偶尔参加
□基本不参加
■不知道有活动

16.1　8.3　36.8　22.4　16.4

有效百分比

图 5-7　调研对象的参与度

首先，社区居民对社区文化、教育和体育活动的参与度比较低。近两年

①对于外来人口是否必然带来城市犯罪率的问题，笔者有不同的看法，这里牵涉到对外来人口的一种制度性社会排斥问题。可参见马良：《构建和谐社区和外来居民主体角色的定位——对杭州江干区三叉社区的实证分析》，《浙江省委党校学报》2007年第1期。

来社区居民"积极参加"社区里组织的文化体育活动的只有 16.1%；"偶尔参加"的比例相对较高，占 36.8%；"基本不参加"的占 22.4%，"不知道有活动"的占 16.4%，后两项相加达 38.8%，大大高于积极参加的人数。 社区居民尽管在现实中认识到社区的重要性，但还需要社区服务大力培育居民的社区归属感。

影响社区居民参与积极性的主要有 4 大因素："有没有时间"（33.4%）、"活动是否有实质性内容"（24.8%）、"活动是否与个人兴趣相关"（23.4%）、"活动是否关系到社区居民的共同利益"（12.4%），后 3 项相加达 60.6%，很显然，社区文化、教育和体育等服务的发展必然要以社区整体利益为前提，要与社区居民的切身利益密切相关，而不是"应景式"的形式主义，只有这样，才能真正激发社区居民的参与积极性。 在社区文化、教育和体育活动中，街道和社区居委会要充分发挥主导性地位，社区居民最愿意参加的社区活动是由"街道或社区居委会组织的"（49.6%）以及"居民自己组织的"（20.3%）。 这也说明居民对社区的公共文化、教育和体育等事务还是有参与"潜能"的，关键还是要看活动本身的时间安排、内容和形式等，因此，我们建议提升公共服务输送过程的"专业化"程度。

其次，社区居民对现有的社区文化、教育和体育等公共设施的满意度问题。 总体来说，社区居民对这些公共设施如社区图书馆、社区文化活动室、社区市民学校、社区公共广场或公园、社区公共体育健身设施等认知度和认同度"一般"，他们一方面对某些设施的数量感受不够，另一方面对某些设施的使用率也不高。 这表面上存在矛盾，因为数量不够本应导致使用率很高，实际上，这恰恰说明在公共服务提供中要提升资源的使用效率，关键是要以社区居民的需要为出发点，有些设施基本上没有人使用，有些设施则基本上没有，有些只适合特定年龄群体的人使用，即当前设施配置与社区居民的需求满足还存在很大距离。 因此，社区居民认为"社区文化、教育和体育服务及设施"最有必要推进的 4 个内容为"大力开展多样化的社区文体活动吸引居民参与"（22.9%）、"加强体育设施的建设和共享"（18.4%）、"开展社区互助，强化社区公益责任意识"（18.2%）和"加强政府对社区建设的投入"（14.6%）。 从这 4 个内容来看，社区居民对社区服务需求具有多元性，社区公共服务设施要针对不同群体输送不同层次的服务，在加大政府投入的同时也要加强社区居民的互助，特别是要加大公共体育设施的建设，提供更多"免费"的公共活动场所，充分体现公共产品本身的均衡性和非排他性。应该说，这种公共服务的"投入"，其输出的是社区居民"健康"。

在社区文化、教育和体育等公共服务的输送方式上，要充分利用社区内互助性组织来具体推进这些服务的执行，从而使公共资源的配置效率更高。

（6）社区老年人和青少年服务

目前来说，由于职业的重要性程度超越了对社区的重视性，劳动年龄群体对社区服务的需求度并不是很强烈，社区主要发挥"情感联络"的作用。随着家庭养老功能的弱化和青少年教育的社会化，当前社区中这两类人对社区服务的需求度最高。

首先分析针对社区老年人的服务。社区老年群体对社区老年服务的需要是很强烈的。社区居民认为老年服务设施如老年活动室、社区医疗站、紧急救助警报系统等"非常必要"和"有必要"之和都超过了95％；而在对老年人具体服务方面，例如，对家务料理和日间照顾、居家养老服务等，认为"非常必要"和"有必要"之和都超过80％。社区居民的需求度很高，但现实的满足程度却比较低，例如，社区有"紧急救助警报系统"的只有20.6％，提供"家务料理和日常照顾服务"的只有6.8％，有"居家养老服务"的只有13.0％。

社区居民认为社区老年服务存在的3大问题是老年服务机构和设施太少（23.1％）、针对老年人的上门服务太少（21.1％）、适合老年人的活动场所太少（19.9％）。未来社区老年服务发展的3大主要任务是开展和组织老年人的户外活动（21.2％）、兴建更多的养老服务机构和养老服务设施（18.7％）、开展针对老年人的心理健康服务（18.2％）。社区老年人服务的目标是"健康老龄化"，那就要真正做到"工作人员要走得进老年人的家，老年人要走得出自己的家"，要注重老年人的身体健康，更要注重老年人的心理健康。

其次分析针对青少年的服务。青少年是未来的希望，虽然社区公共服务很重视对青少年的服务，但社区居民对社区青少年服务的满意度并不高。"很满意"的只有12.7％，"比较满意"的有52.7％，两者相加是65.4％；而"不满意"

（29.4％）和"很不满意"（5.2％）之和也高达 34.6％。

社区居民对青少年社区服务"不满意"的原因如图 5-8 所示。

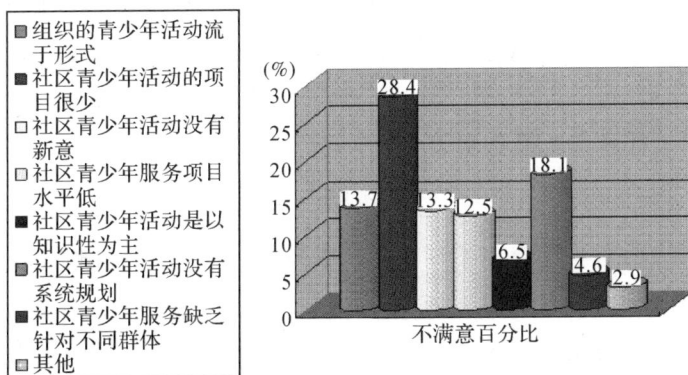

图 5-8　居民对青少年社区服务不满意的原因

图 5-8 表明，社区居民对青少年服务不满意的 4 大原因集中在"社区青少年活动的项目太少""社区青少年活动没有系统规划""社区组织的青少年活动流于形式"和"社区组织的青少年活动没有新意"。

应该说，青少年是最富有希望也最富有活力的，他们身上承载着未来社会变迁的动力，社区青少年服务必须要以"专业化"提供高质量的服务。 在社区青少年公共服务中，如果要政府"集于一体"地承担资源的提供者、服务的输送者、服务的执行者和服务的评估者的角色，是完全不可能的，这种专业服务的提供必然要求政府和非政府部门的紧密合作，甚至可以采取直接补贴给青少年群体以实现接受服务的青少年在接受服务过程中拥有更高的主体性地位，使他们有"用脚投票"的权利。

（7）社区环境服务

社区居民对社区环境服务的满意度不高，在对社区卫生状况、绿化、道路交通、社区建筑情况、空气质量和邻里关系等层面的判断中，居民认为"非常好"和"好"之和的比例都不高，基本上都处于 65％以下，有的甚至只有半数多一点。 而且，这个数字是在居民认为当前环境与以前环境相比有较大的改善情况下获得的。 社区居民认为影响社区环境质量的最重要因素是居民本身的素质低（51.3％），社区本身的硬件条件差（27.5％），监督、处罚和奖励制度不健全（12.5％）。应该说，在城市化进程中，"撤村建居"社区居民由于整体转为城市居民，在某种程度上，这类社区居民的文化程度甚至比农民工还要低。显然，社区环境服务不仅仅要改善外在环境，还要服务于居民的素质改善，要大力倡导思想观念的"环保意识"，积极推进环保活动。

5.3.2　社区商业服务层面

（1）社区商业性服务是社区服务的有机组成部分

居民生活在社区中是离不开商业性服务的，通过市场机制来满足居民的需求有其独特的优越性。居民认为他们最需要的商业性服务是：物业管理（18.6％），社区超市、专卖店和便利店等（17.8％），早点快餐店（15.4％），家政服务（14.4％）。这些都直接关系到居民的生存、安全等需要。由于这几个社区本身的特殊性，社区商业服务网点还不是很丰富，居民对商业性服务的期望值还比较高，例如对菜场、交通等方面的需求也很强烈。

如何推动商业性网点的布局，这显然需要政府、企业、社区居民等共同努力才能实现共赢。调查结果显示，居民希望政府出台相应的经济政策来推动社区商业网点的发展，规定居住区的建设要同步规划商业网点的建设，甚至还有12.0％的居民建议政府应该给予先行进入社区服务的商家适当的补贴，以带动社区商业性服务发展。

（2）对商业性服务收费的理解

大多数居民都认为商业性服务应该"按照市场规律定价""根据服务性质分类确定收费"，两者之和占52.9％；也有34.0％的居民认为应该"低价服务居民"。之所以会出现这种情况，主要还是因为居民对商业性服务的服务质量"不满意度"比较高，特别是针对小区物业管理的收费，有53.2％的居民对当下的物业管理水平和质量表示"不满意"和"很不满意"，认为物业管理水平和收费标准"不相当"的比例更是高达67.9％。当前，社区商业性服务与居民之间的矛盾冲突也很激烈，如何破解这种矛盾的困境？这需要社区居民自治性组织和商业性机构之间进行平等协商，也需要政府、社区互助组织与商业性组织一起共同重新构建和谐的商业关系，商业性企业也需要承担一定的社会责任。

5.3.3 社区互助性服务层面

在社区服务的供给中，我们以前忽视了一个很重要的资源，那就是社区居民之间通过一定的社区组织来实现互助性服务。这实际上既能增加社区居民的"社区资产"，也有利于推进社区基层的民主意识和民主行动。这种社区居民间的互助恰恰应该是未来社区服务供给中最重要的资源。从目前社区建设和社区管理角度来说，这部分的社区服务还缺乏专业人才的介入，资源整合和优势互补的空间十分巨大。

（1）社区居民对社区自治组织、互助性组织的需求度和满足度

首先，社区居民对"社区业主委员会""社区居民委员会""社区居民调解委员会""社区老年协会""社区志愿者服务队"等的需求度最强烈，认为"非常必要"和"有必要"之和都超过了90％，而对"社区兴趣小组（书法、绘画、武术、京剧等）""社区议事协商委员会"等组织的需求也很旺盛，表示"非常必要"和"有必要"之和都超过了85％。社区居民在这方面的需求很强烈，但是实际上被满足的程度还相对较低。当前社区居民的自治性组织和互助性组织在成员组成等方面的代表性还不是很广泛，不同群体在社区层面上缺乏利益的代表者。

在社区互助性服务层面上，社区组织的发育是非常关键的。社区居民有了自己的组织，一方面居民能产生对社区的认同感和凝聚力，另一方面居民自己的意见和想法也可以通过组织的方式表达出来，社区居民在社区事务中的"话语权"获得了组织的保障。社区居民之间的互助性服务在社区中有很强的生命力和很大的发展空间。

其次，有组织就必须要有制度，这样才能使组织运作规范化。同样，社区居民对自治组织和互助组织的制度性规范的认同度也特别高，认为"非常有必要"和"有必要"建立"居民委员会直选制度""社区居民代表大会""社区事务协调会""社区居民事务公开制度"等都超过90％，而认为"非常有必要"和"有必要"建立"社区民情恳谈会""社区工作听证会""社区工作成效评议会"之和也都超过85％。从这些组织的实际运行情况来看，制度本身都已基本建成，但在实际操作过程中，忽略制度或违背制度的现象还是

比较多,制度的落实状况不容乐观。

再次,社区居民对社区组织及其活动的参与度。 因为社区自治性组织和互助性组织在社区中的发育还不是很充分,社区居民在某种程度上还没有培育出对当下已经出现的这些自治性或互助性组织的归属感,也没有感受到这些组织对自身利益的代表性。 社区居民对"现有的社区层面的组织和制度"在"社区自治和互助"中发挥的作用感觉"一般"(41.2%)、"比较小"(12.0%)、"基本上没有什么作用"(9.3%)、"不清楚"(19.6%),这几项加起来就达82.0%。 这也直接制约了居民对社区组织的认同度和活动的参与度,例如,作为现在知晓度最高的基层社区自治性组织"社区居委会",社区居民对"是否知道社区居委会所在地"回答"不知道"(11.0%)、"知道但从来没有去过"(29.4%)、"知道每年去2—3次"(37.0%),这3项相加已达77.4%,这说明社区居民对社区居委会的认同度并不高。 尽管杭州市已经全面实现居民委员会的"直选"制度,但是对"是否参与社区居委会的直选活动"这一问题,只有35.0%的居民表示"基本上都参加"。

为什么社区居民对能够代表自己利益的自治性或互助性组织的参与度如此低? 社区居民将制约自己参与社区各类组织和活动的因素主要归为4类:"说不清楚"(34.3%),"形式主义的东西太多"(32.2%),"参加了,但感觉自己的想法表达了也没有用"(17.8%),"这些组织和活动都缺乏真正的自主性,而存在较多的行政性"(15.8%)。 应该说,这种现象目前在我国的社区组织发育中具有普遍性,如何加强社区组织本身的自治性、互助性、独立性和去行政化,这已经成为未来社区组织发展的迫切要求,这就涉及政府和非政府组织之间不同角色的定位,涉及两者之间如何才能达到互惠互利的问题。

(2)社区居民对居住社区的总体感受度

社区居民最强烈的感受是"社区居民之间应该相互帮助、可以相互依赖"(34.6%),显然社区居民对社区成员之间的互助性服务的需要最为强烈,只是不知道通过什么样的方式和方法来获得,居民在社区中有美好的期望,渴望成员之间的互动和沟通,渴望对社区的归属感。 同时,还有29.5%的居民认为社区"仅仅是居住的地方,可以随时准备搬家",这部分居民的"过客心态"很严重。 确实,在现实的社区生活中,社区人际关系沟通严重不足,社区居民之间缺乏良好的交流平台,这也直接导致部分居民的这种"过客心态"具有很强的蔓延性。

由于组织发育不成熟,社区居民相互沟通的主要场所是"社区公共体育锻炼场所"(31.3%),这里主要以"聊天式"的交流为主,缺乏对共同利益诉求的正式表达渠道,这也决定了当社区居民发现具有公共性的社区问题时不能采取社区民主和社区自治的方式来解决。 "当发现公交车停靠站设计不合理,产生的噪声影响社区居民时",社区居民选择的第一步措施是"找社区居委会反映问题"的比例最高,达48.1%;"找公交公司要求改变停靠地点"占21.0%;"不知道怎么办"的人占16.6%,"不是我一个人受影响,最好别人去搞"占8.1%,而采取"找其他社区居民大家集体来签名投诉"的仅仅占6.1%。

(3)社区居民对社区志愿者志愿服务的参与度

社区志愿者服务是社区居民互动的重要载体,也是社区中最宝贵的"社区资产"。 目前,在形式上,每个社区都有一支庞大的社区志愿者队伍,但实际上,社区居民参与的整体水平并不高。 这具体表现在社区居民参与的积极性不高,社区参与的目标层次比较低,参与形式主要是被动领受性参与和非主动贡献性参与,老年人和学生参与多而青壮年参与少,组织性参与多而个人参与少,等等。 对"2007年你和你的家人是否参加过社区志愿者的志愿服务"问题的回答中,回答"有"的人仅占40.9%,回答"没有"的人则占到59.1%。 制约社区居民参与志愿者活动的原因如图5-9所示。

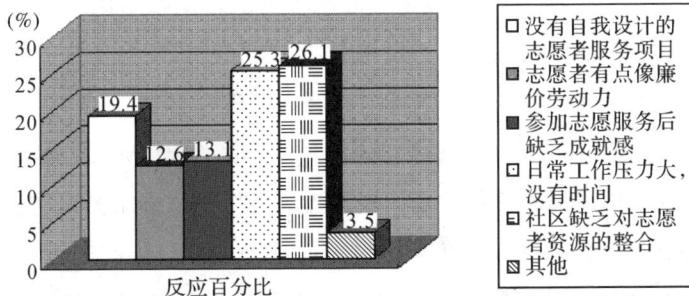

图5-9 制约社区居民参与志愿者活动的原因

图 5-9 表明，制约居民参与志愿者活动的最主要因素是"社区缺乏对志愿者资源的有效整合，没有系统性"，也就是说，社区对志愿者这种民间互助性资源的重视程度严重不足，社区建设基本上是"自上而下"的，社区工作者也基本上"对上级负责"。

社区居民"平时工作，劳累压力大，没有时间"排第二。 这说明志愿者队伍中占据社会的"中坚力量"的在职居民相对较少，但恰恰是这部分人掌握着大量的社会性资源。 "没有自我设计的志愿者项目"（19.4％）、"参加后觉得没有志愿服务的成就感"（12.6％）以及"志愿者有点像廉价劳动力"（13.1％），3 者相加达 45.1％。 这说明当下的社区志愿者服务基本上是委派式的，大型活动对志愿者的需要往往是临时性的，当志愿者的志愿服务精神受到很大的"磨损"时，其对志愿者服务的认同度就会下降。

显然，当下社区的志愿者活动离社区互助性服务还很远，志愿者活动并没有成为一种新的社会生活方式，对于发展新的社会民主和社会公共空间的推动作用还很小。 要改善这种局面，确实需要多方资源的整合和开发，需要专业社会工作人员对志愿者资源进行整合。

5.3.4 对"三大服务系统"的地位分析

尽管社区居民对"三大服务系统"的理解还处于初步阶段，但他们对"三大服务"在整个社区服务系统中的作用的理解具有代表性。 他们认为"社区公共服务"最重要的占 63.5％，认为"社区互助服务"最重要的有 20.4％，而认为"社区商业服务"最重要的仅仅占 16.1％。

对社区服务在未来发展中面对的机遇和挑战，社区居民认为关键要加强"社区服务硬件设施的建设"（23.1％）、"加强社区服务工作人员的专业化建设"（19.9％）、"培养社区服务中社区居民的社区意识成长"（14.6％）以及"加强社区服务中的各种制度建设"（14.3％）。 确实，在城市化和现代化的发展中，以"撤村建居"为代表的社区的城市公共服务设施建设已经刻不容缓，公共产品提供必须依赖于城乡一体化的硬件设施的建设。 在社区服务中，只有令硬件建设和制度建设是社区服务提供的前提条件，社区居民的社区意识是社区服务的最终归宿，专业化队伍建设是社区服务的质量保证，才能保证社区公共服务、互助性服务和商业性服务的有机整合。

应在未来的社区服务体系中，公共服务存在很大的发展空间，社区服务已经发展到以公共服务为主的新阶段。当然，这就要求相应的公共政策的配套，以及与社区互助性服务、商业性服务的有效衔接。在社区服务内容上，要突破便民利民服务的旧框架，促进差异化服务有机整合；在资源投入上，要突破依靠社会力量的单一主体，强调政府投入为主，多元主体共同投入；在运作机制上，要突破主要依赖市场机制的局限，防止社区服务完全市场化的"产业化"倾向，大力推进公共政策和社会政策的规范及效率；在组织建设上，要突破单一依赖政治体制内的组织——党组织、街道组织等执政党组织和行政组织，大力推进社区自治性组织和互助性组织的发育。现代社会需要以社区的形式来维护人类的感情和情操，方便居民广泛地参与公共服务。

5.4 "撤村建居"社区的"精准化"治理

通过对四季青街道社区服务的差异化途径选择的实证研究，可以得出以下主要结论。

5.4.1 研究的主要结论

社区服务不仅是对社区内弱势群体的帮扶救贫，更是面向社区需要的社区发展的重要组成部分；社区服务不仅要有政府提供的能解决各种社会问题的公共服务，还应该有社区组织提供的互助服务，有商业性组织提供的商业性服务，通过差异化来满足不同群体的多层次需要；社区服务不仅要提供物质和精神层面的关怀，更主要的是激发社区成员的潜能来提升社会意识，推进社区自治；社区服务不仅是单纯的服务问题，也是推进社区成员民主意识的重要载体。

5.4.2 "精准化"治理对策

为了推进社区服务的差异化途径选择，有效推进社区公共服务、社区互助性服务和社区商业性服务的有效衔接，根据杭州市四季青街道的基层经验，我们认为在未来的社区服务供给中，应推行"精准化"的治理对策。

（1）管理理念创新

加强对社区服务的监督管理，强化分类指导原则。 目前的社区服务既有公益性、福利性的公共服务和社会性服务、自助和互助服务、志愿服务，又有生活便民性质的商业服务。 对社区服务的差异化定位，其目标是要充分利用服务资源、强化社区功能的现实需要，但由于社区服务概念的广泛性和混杂性，在福利导向不明确的地方就会出现用商业服务取代福利服务或者用政府资源直接投身于商业服务的现象。 这可能使商业服务冲击福利性的社会服务。 因此，在广义社区服务的背景下，必须加强对社区服务活动的监督管理。 监督社区服务的对象、内容、范围、收费标准、营利水平，对于享受政府优惠政策的社区服务，必须促使其履行福利性、公益性义务，对于商业服务，则应要求其参与公平的市场竞争。 这就必须克服以往简单粗放式的、"大一统"的管理模式，而代之以差异化的、精准化的管理模式，切实贯彻分类指导的原则，针对不同性质的社区服务制定不同的社会政策。

（2）管理政策创新

要建立完善的政策配套体系，把公共政策、社会政策和市场机制有效地整合起来，以期发挥最大的效应，在具体服务的输送过程中不会因为对政策的理解不同而产生混淆。 在政府社区公共服务政策中，要注重公共服务输送过程的"市场化机制"；在社会福利服务的社会政策中，要注重社区整体性需求界定和建构过程；在推动社区互助性组织服务的政策制定中，要注重社区居民的社区自治能力和社区意识培育；在推动社区商业性服务的政策制定中，要注重政府对商业性服务的引导和培育。 各种社区服务都有各自不同的定位，只有实现多元服务状态下各种服务的有效衔接，才能充分发挥各自最大的效用。

（3）管理组织创新

在社区服务的差异化途径中，要搭建各种服务有效衔接的平台，就要发挥社区服务中心的主渠道作用，同时大力推进社区互助性组织的发育。 社区服务中心将社区公共服务直接输送给社区居民，社区互助性组织发育是社区互助性服务的基础。 在社区公共服务的提供中,要增加社区服务对象对公共服务选择的主体性,政府和社会组织的协调和配合是未来发展的必然趋势。而且,也只有通过政府组织和社会组织的有机合作,才能把政府资源、社会资源有机整合起来,并使社会资源进入社区与政府资源进入社区所采取的方法不再依赖于政治性强制而是社会自愿原则,原来单一、封闭的社区组织结构也逐渐被差异化的组织结构所代替。

(4)管理制度创新

政府部门和社会组织有机结合,依托社区非营利性组织建立社区公共服务的输送体系,把社区服务和专业化的社会工作人才队伍建设相联系。 社区服务的最终目标是社区成员的能力提升、社区社会资本发育、社区自治程度提高。 在提供社区公共服务中,应注意避免用政府设计的社区服务代替居民需求的社区服务。 由于各种原因,我国的社区建设自20世纪90年代起步以来,一直表现出"自上而下、政府推动"的特点,在这种自上而下、政府主导型的社区服务模式中,社区服务机构的组织活动的开展、资金的投入等主要由政府推动,居民基本上处于被动接受服务的处境,他们还只是社区服务这场"大戏"的观众。 这很可能会出现用政府想象中的居民需求代替居民真正需求的现象,在一些具体问题上,居民的意愿与行政管理者的意愿存在一定的差距。 因此,在履行公共服务职能中,必须不断改进政府公共服务的方式,将自上而下与自下而上相结合,实现公共服务的合作共治。 鉴于居民参与社区服务动力不足的现状,社区更需要自下而上地倾听居民意见、调动居民的参与度。

(5)管理机制创新

一是迫切需要建立健全新的社区服务管理体制和工作机制。 社区服务范围扩展之后,涉及劳动保障、民政、卫生、计划生育、文化、教育、公安、司法等众多部门,几乎囊括了政府对城市进行社会管理和服务的所有方面。 由于各部门对社区服务的认识不同,工作重点不同,因此容易形成政出多门、各自为战的局面,如果部门之间缺乏统一的协调机制和发展规划,社区服务有限的资源就得不到有效合理的配置。

（6）管理工作创新

要重点做好以下工作：①大力推进公共服务体系建设，切实加强社区就业、社会保障、社会救助以及医疗卫生、计划生育、文化、教育、体育、安全等服务工作，使政府公共服务落实到社区；②充分发挥社区党组织和居民自治组织在社区服务中的作用，加强社区服务工作队伍建设，不断提高其服务居民、管理社区的能力；③培育社区服务组织，积极开展社区志愿服务活动，并不断创新服务形式，提高服务水平；④鼓励和支持各类组织、企业和个人开展社区服务；⑤加强组织领导和社区服务监管。 建立党和政府统一领导、民政部门牵头、有关部门配合、社会广泛参与的社区服务管理体制和工作机制，保证社区服务工作的健康发展；⑥加强对社区公共服务的理论研究和宣传。加强社区公共服务体系建设，抓好社区公共服务是加强和改进社区服务工作的重点，而社区公共服务对人们来说还是一个新生事物，什么是社区公共服务、社区公共服务的内容应有哪些，社区服务与社区公共服务的关系如何，如何履行社区公共服务职能，这些问题在理论准备和宣传上都还不足。

"撤村建居"社区治理和"人的城市化"
——以杭州市四季青街道为例①

我国的城市化经历了两个阶段，第一阶段是中华人民共和国成立至改革开放前夕的缓慢城市化阶段，第二阶段是改革开放至今的快速城市化阶段。第一阶段的城市化阻碍了我国城市化进程，第二个阶段的城市化导致了"伪城市化"现象的出现，即缺乏人的全面发展，引发了一系列社会问题，如农民工问题和"撤村建居"社区居民的社会融入问题。因此，我国城市化的推进必须要进入第三个阶段——"人的城市化"，即实现从当下的数量快速增长向质量快速提升的转化，推进以人为核心的城市化。

我们以四季青街道的 3 个"撤村建居"社区为研究样本，对其居民"人的城市化"现状进行调查研究，总体来看，"撤村建居"社区居民"人的城市化"水平有待提升，进程仍需加快；在居住环境方面，人的城市化现状成绩突出，但是在生活方式、社会交往、社会参与 3 个方面，"人的城市化"还有待发展。究其原因，主要在于政府层面"人的城市化"配套政策制度供给不足；基层社区治理有待创新：流动人口管理困难、社区信息化平台利用率不高、社区自治配套制度未落到实处、专业社工人才队伍有待建设；社会组织类型单一，居民参与有限，街道层面未能重视社会组织的发展；居民个人公共精神和公民意识缺乏，社会交往范围狭窄，自我效能感差等。最后，从政策供

---

① 该调研报告的调研时间为 2015 年。

给的视角，结合基层社区治理创新的要旨，我们分别从宏观、中观和微观 3 个层面提出推进"人的城市化"对策建议。

由于"人的城市化"是近几年伴随新型城镇化建设提出的，关于"人的城市化"没有确切的定义，学术界也没有具体的理论做支撑。在研究的过程中，本书结合市民化和"人的现代化"的内涵，从 4 个方面对"人的城市化"做了概念界定，并以此作为研究的核心和切入点。同时，由于"撤村建居"社区问题复杂多元并且牵涉到众多利益层面问题，且很多问题本身有一个不断的展现过程，因此在研究中很难做到完整全面的展现，尤其是涉及"人"的心理特征及状态的变化，需要长时间的追踪。

6.1 社区特征和调研对象特征

作为杭州市最早开始"撤村建居"的街道，四季青街道下辖的三叉社区、五福社区和江锦社区在"撤村建居"、经济发展及社区建设等方面都取得了不错的成绩。2014 年年初，四季青街道正式提出了"人的城市化，城的人文化"的理念，旨在提升"撤村建居"居民素质，优化生活环境，推进和谐社区建设，加强基层自治和服务体系的创新，探讨政府治理和社会治理相结合的基层经验。因此，我们选择四季青街道"撤村建居"社区作为样本，来研究"人的城市化"具有的典型性。本次针对杭州市四季青街道"撤村建居"的研究是第三次。

6.1.1 "撤村建居"社区基本情况

三叉社区于 2002 年 5 月"撤村建居"，地处钱江新城核心区块，辖区面积 1.5 平方公里，到 2015 年，户籍人口 4568 人，户籍户 1061 户，外来人口 4155 人，境外人员 50 人。可以看到，与 2005 年相比，户籍人口增长速度快，外来人口却在减少，这与三叉社区已经成为核心区块的城市地位变迁有关。社区先后获得"全国和谐社区建设示范社区""全国社区服务先进社区""全国社区商业服务示范社区""浙江省社区和谐建设示范社区""浙江省先进基层党组织""浙江省百佳社区""杭州市基层党建'100 示范群'"
"杭州市党建工作示范社区""杭州市社区和谐建设示范社区"等荣誉称号。

五福社区于 2002 年 5 月"撤村建居",位于杭城东部,西靠新塘路,南
接太平门直街,西依三新路,北邻景芳路,面积约为 1km²。 社区的人口总人
口 9000 余人,其中常住人口 3410 人,常住户 838 户,外来人口 5600 余人。
下属 10 个居民小组,社区是集党委、居委会、股份经济合作社(浙江大光明
集团公司)和社区公共服务站为一体的"撤村建居"社区。 党委起的是领导
和核心作用,居委会和公共服务站的作用是为居民做好管理和服务,股份经
济合作社(董事会)的主要任务是抓好社区经济建设。

江锦社区于 2011 年 9 月"撤村建居",地处杭州钱江新城核心区,东临
庆春东路,南靠钱江路,西至新业路,北倚新塘路。 辖区面积约为
0.47km²。 社区总规模户数 5056 户,主要入住居民为原定海村、唐祝村村
民,部分为杭报宿舍、浙二医院宿舍等国有土地城市居民拆迁户。 其中定海
村拆迁户 925 户,唐祝村 77 户,国有土地拆迁户 780 户。① 小区由专业物业
公司管理。 社区党支部、居委会、居务监督委员会等组织已成立。 目前,共
有企退人员 1262 人,残疾人近 110 人,也是四季青街道高龄老人(80 岁以
上)最多的一个社区。

6.1.2 调查样本基本特征

本次调查对象是四季青街道其中 3 个"撤村建居"社区,根据"撤村建
居"时间的先后,我们将三叉社区和五福社区归类为先发的"撤村建居"社区
(以下简称"先发社区"),而江锦社区则属于后发的"撤村建居"社区(以
下简称"后发社区")。 此次调研共发放问卷 600 份,回收 577 份,问卷回
收率为 96.2%。 其中三叉社区 195 份,五福社区 188 份,江锦社区 194 份。

调查对象的基本情况如表 6-1 所示。

---

①由于江锦社区居住人员情况比较复杂,现阶段未完全回迁,社区也未能提供确切人口
数,根据现有回迁安置的户数判断约为 1000 户左右(不包括国有土地拆迁户),跟三叉社区、
五福社区差距不大,所以在抽样过程中,我们也分配了相同的样本数。

表 6-1 调查对象的基本情况

变量	选项	有效百分比（％）	变量		有效百分比（％）
性别	男	49.1％	户籍所在地	本社区	90.2
	女	50.9％		本市其他社区	6.6
婚姻状况	未婚	10.4		外地城镇	1.2
	已婚	88.1		外地农村	2.0
	离婚	1.0	在本社区的居住类型	城市拆迁居民	12.0
	丧偶	0.5		外来租房客	5.7
年龄分组	29 岁及以下	20.4		购买商品房居民	3.8
	30—45 岁	45.9		农村"撤村建居"居民	78.5
	46—59 岁	25.9	政治面貌	中共党员	27.3
	60 岁以上	7.8		民主党派成员	1.6
受教育程度	初中及以下	26.3		共青团员	7.1
	高中/中专	29.2		群众	64.0
	大学本科/大专	43.4	职业	企业职工	31.0
	研究生及以上	1.1		机关事业单位人员	6.3
家庭收入中用来购买食物的支出比例	20 以下	10.6		没有工作或失业	8.6
	20％—30％	21.7		在校学生	4.7
	31％—40％	40.5		自由职业	10.9
	41％—50％	16.7		私营企业主或个体户	6.6
	51％—60％	7.9		离退休人员	17.2
	60％以上	2.6		其他	14.7

在性别构成上，男性的比例为 49.1％，女性为 50.9％。

在年龄构成上，本文参考现行的人口学关于年龄阶段的划分，结合调查目的以及样本实际情况，将样本年龄段大致划分为 4 个阶段：29 岁及以下、30—45 岁、46—59 岁、60 岁及以上。调查对象中各年龄段群体的比例分别为 29 岁及以下占 20.4％、30—45 岁占 45.9％、45—59 岁占 25.9％、60 岁及以上占 7.8％。

在婚姻状况方面，已婚的所占的比例为 88.1%，未婚为 10.4%，离婚和丧偶所占比例较小。

在文化程度上，其所占比例由高到低分别为"大学本科或大专"（43.4%）、"高中或中专"（29.2%）、"初中及以下"（26.3%）、"研究生及以上"（1.1%）。这表明，被调查对象受过高等教育的比例高达 44.5%，受教育程度相对较高。进一步对不同类型的社区居民文化程度进行交叉分析，可得结果如表 6-2 所示。可见，三叉社区、五福社区居民受教育程度明显高于江锦社区，这充分表明了"撤村建居"时间的长短能够影响社区居民的个人科学文化素质。

表 6-2 3 个社区的居民受教育程度交叉分析(单位:%)

		您的受教育程度				
		初中及以下	高中/中专	大学本科/大专	研究生及以上	合计
调查的社区	三叉社区	14.3	33.9	50.2	1.2	100.0
	五福社区	19.1	24.7	55.1	1.1	100.0
	江锦社区	43.3	25.6	30.2	0.9	100.0
	合计	26.3	29.2	43.4	1.1	100.0

在政治面貌来看，一般群众占绝大多数，达 62.9%，中共党员、共青团员、民主党派分别占 27.3%、7.1% 和 1.6%，社区的党员人数相对较多，可以充分发挥党员的模范带头作用，减少政策推进过程中的阻力。

在职业类型上，"企业职工"占比最高，为 31.0%，"离退休人员""自由职业""机关事业单位人员""私营企业主或个体户""学生"的比例分别为 17.2%、10.9%、6.3%、6.6%、4.7%，职业类型呈现多元化发展，但是"没有工作或者失业"和"没有固定的职业"的个体仍然占比较高。因此，对于"撤村建居"社区来说，部分居民的就业问题依需解决。

在社区居住的居民类型层面上，"农村'撤村建居'居民"的比例为 78.5%，占比最大，而"外来租房客""购买商品房居民""城市拆迁居民"分别为 5.7%、3.8%、12.0%。虽然 3 个社区的居民来源类型多元化，但是主体还是"撤村建居"的居民。城市居民比例相对较少，不利于"撤村建居"居民与城市居民的互动和融合，影响"人的城市化"进程。

在户籍方面，户籍所在"本社区"的比例高达 90.2%，在"本市其他社区""外地城镇""外地农村"的比例为 6.6%、1.2%、2.0%，这表明居民在身份上已经实现了"人的城市化"。

对 2013 年购买食物的支出在家庭收入中（或总支出中）所占比重这一问题，认为有 31%—40% 的占 40.5%，20%—30% 的占 21.7%，41%—50% 的占 16.7%，20% 以下的占 10.6%，51%—60% 的占 7.9%，60% 以上的仅占 2.6%。家庭收入中用来购买食物的支出比例就是反映居民家庭生活实际水平的恩格尔系数，根据联合国的划分标准，调查对象家庭大部分处于相对富裕的状态（恩格尔系数在 30%—40%），富足状态的也较多（恩格尔系数在 20%—30%），极其富裕（恩格尔系数在 20% 以下）和贫穷（恩格尔系数在 60% 以上）的家庭都较少，因此从总体上来看，居民生活水平中等，且贫富差距依旧存在。

6.2 "撤村建居"社区"人的城市化"现状的实证研究

6.2.1 居住环境城市化

（1）基础设施或服务：覆盖全面，利用率高

我们让居民根据社区基础设施或服务对自身生活的帮助程度打分：0（"没有该项目设施"）、1（"没有帮助"）、2（"帮助不大"）、3（"一般"）、4（"有点帮助"）、5（"帮助很大"），然后进行均值分析，结果如表 6-3 所示。进一步通过方差分析可发现 3 个社区之间并没有显著的差异。可见大部分基础设施或服务对居民生活的帮助程度都介于"一般"和"有点帮助"之间，其中，"社区卫生服务中心"和"相关生活配套设施"对居民生活帮助程度明显高于其他几类。同时，不同年龄段的居民对于"儿童服务设施""老人服务设施""残疾人服务设施""计生服务""劳动社会保障服务"这几类的利用率有所差异，仅特定人群对此利用率较高。

表 6-3 社区设施或服务对居民生活帮助程度均值分析 【均值(标准差)】

调查的社区	社区设施或服务对居民生活帮助程度								
	体育锻炼设施	文化设施	儿童服务设施	老人服务设施	残疾人服务设施	计生服务	劳动社会保障服务	社区卫生服务中心	相关生活配套设施
三义社区	3.83(0.663)	3.73(0.716)	3.61(0.757)	3.72(0.758)	3.59(0.970)	3.56(1.122)	3.81(1.181)	4.21(0.829)	4.11(0.844)
五福社区	3.63(1.252)	3.46(1.030)	3.19(1.331)	3.44(1.380)	3.54(1.222)	3.60(1.073)	3.52(1.158)	4.16(0.853)	4.12(1.017)
江锦社区	3.92(1.217)	3.61(1.500)	3.50(1.507)	3.86(1.333)	3.73(1.383)	3.69(1.232)	3.73(1.329)	4.39(0.804)	4.16(1.163)
总计	3.83(1.010)	3.64(1.127)	3.50(1.192)	3.73(1.121)	3.64(1.182)	3.62(1.158)	3.74(1.239)	4.27(0.827)	4.13(1.004)

（2）社区环境：后发社区矛盾突出，居民个人素质影响较大

我们让居民对社区环境进行评价：0（"不知道"）、1（"很不好"）、2（"不好"）、3（"一般"）、4（"较好"）、5（"很好"）。结果如表6-4所示，江锦社区居民对社区环境各方面评价的均值都低于前两个社区，而三叉社区环境的各项评价值都相对较高。

表6-4　居民对社区环境评价均值分析

对社区环境的评价						
调查的社区		社区治安	社区卫生	社区绿化	社区道路	社区停车位
三叉社区	均值（标准差）	3.73(0.751)	3.92(0.646)	3.89(0.662)	3.67(0.729)	3.42(0.912)
五福社区	均值（标准差）	3.72(0.671)	3.68(0.633)	3.72(0.657)	3.67(0.636)	3.34(0.810)
江锦社区	均值（标准差）	3.23(0.879)	3.56(1.213)	3.76(1.101)	3.57(1.106)	2.94(1.043)
总计	均值（标准差）	3.53(0.827)	3.74(0.922)	3.81(0.862)	3.63(0.883)	3.22(0.975)

进一步将先发社区与后发社区进行均值比较，如表6-5所示，两类社区在"社区治安""社区卫生""社区停车位"3个方面 T 检验的 P 值[Sig.（双侧）]均明显小于显著性水平 $\alpha = 0.05$，因此我们拒绝了原假设（H_0：两类社区在环境的评价上不存在差异），这也就意味着三叉社区、五福社区在"社区治安""社区卫生""社区停车位"方面明显优于江锦社区。分析原因如下：首先，江锦社区属于新后发社区，社区建设刚起步，对于居民需求估计不足；其次，通过对居民心目中影响社区环境质量的主要因素进行的调查，发现首要原因是"居民的文明素质提高慢"（44.3%），其他原因有"社区硬件提升慢"（17.7%）、"社区文明宣传程度不够"（15.9%）等，可见居民个人素质提升对于改善社区环境具有极其重要的意义，而作为后发社区的江锦社区，其居民的综合素质相对低于先发社区。

表6-5　两类社区环境评价独立样本检验

		方差方程的 Levene 检验		均值方程的 t 检验($\alpha = 0.05$)				
		F	Sig.	t	df	Sig.（双侧）	均值差值	标准误差值
社区治安	假设方差相等	2.408	0.121	7.254	560	0.000	0.496	0.068
	假设方差不相等	6.970	405.234	0.000	0.496	0.071		

		方差方程的 Levene 检验		均值方程的 t 检验(α＝0.05)				
		F	Sig.	t	df	Sig.(双侧)	均值差值	标准误差值
社区卫生	假设方差相等	164.805	0.000	3.688	561	0.000	0.291	0.079
	假设方差不相等			3.265	300.720	0.001	0.291	0.089
社区绿化	假设方差相等	112.796	0.000	1.200	558	0.231	0.090	0.075
	假设方差不相等	1.083	320.669	0.279	0.090	0.083		
社区道路	假设方差相等	75.273	0.000	1.271	559	0.204	0.097	0.076
	假设方差不相等	1.157	329.516	0.248	0.097	0.084		
社区停车位	假设方差相等	1.463	0.227	5.604	560	0.000	0.460	0.082
	假设方差不相等	5.407	409.512	0.000	0.460	0.085		

（3）社区安全：流动人口成首要威胁因素

对社区安全系数进行均值分析，发现两类社区之间并未有明显的差异，均值都在3.5左右，即介于"一般"和"比较高"之间，处于中等水平。如图6-1所示，进一步对影响社区安全的因素进行分析可得，居民认为首要原因是"流动人口太多"（87.0％），其次是"摄像头太少，抓不到犯罪分子"（54.9％）以及"存在不法人员、流氓团伙和黄赌毒现象"（19.1％）等。由于"撤村建居"社区多位于城郊，房租较为便宜，容易吸引外来人口暂住，而且四季青街道经济发达，辖区内企业、工厂集中，流动人口问题更为突出。因此，加强流动人口的管理，是提升社区安全系数面临的最为迫切的问题。

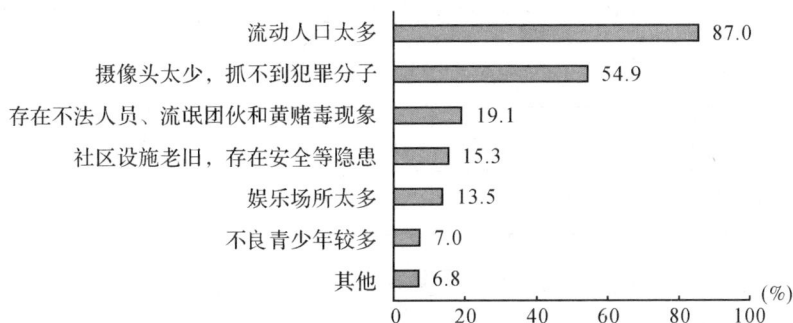

图 6-1　影响社区安全的主要因素

6.2.2 生活方式城市化

（1）宗教信仰与封建迷信混合依旧存在

19.6%的居民有宗教信仰，大多信仰佛教，其中相当一部分的居民把宗教信仰与封建迷信混为一谈。其中老年人口中有宗教信仰的占相当大的比例，即大多数老年人都具有封建迷信思想，而中青年思想较为开放。因此，我们建议在破除封建迷信过程中应充分发挥中青年群体的作用。

（2）移风易俗：社区重点推进，成果较为显著

移风易俗是"撤村建居"社区面临的最突出问题，也是推进"人的城市化"最重要的方面，对不同年龄组的居民对待传统祭祀或丧事的态度进行交叉分析可得：各年龄段居民对于传统的祭祀或丧事的态度并无太大差异，主流观点均为"应文明简朴办理，表达哀思即可""大操大办没有意义，要厚养薄葬"。不容忽视的是，仍有部分老年人认为"看人家都在搞，自己有攀比心理""传统应该保持，隆重举办是表达孝顺"，如表6-6所示。

表6-6 不同年龄段的居民对待传统的祭祀或丧事态度的交叉表

年龄	对待传统的祭祀或丧事的态度 百分比（频数）					
	传统应保持，隆重举办是表达孝顺	应文明简朴办理，表达哀思即可	大操大办没有意义，要厚养薄葬	应抵制，影响环境并影响邻居休息	看人家都在搞，自己有攀比心态	其他
29岁及以下	5.4%（9）	43.4%（72）	33.7%（56）	16.9%（28）	0.0%（0）	0.6%（1）
30—45岁	3.8%（15）	41.3%（163）	32.2%（127）	20.8%（82）	1.3%（5）	0.8%（3）
46—59岁	4.4%（8）	47.2%（85）	32.2%（58）	13.9%（25）	1.7%（3）	0.6%（1）
60岁及以上	9.3%（7）	38.7%（29）	29.3%（22）	8.0%（6）	12.0%（9）	2.7%（2）

可见，四季青街道"撤村建居"社区在推进移风易俗方面成绩较为理想，最主要原因是社区出台了系列政策措施，大力推进。2009年四季青街道出台

了《关于全面实行文明治丧的实施意见》①对文明治丧提出了具体规定,并制定相应的奖励政策。 各社区在党员大会、居民代表大会、股东代表大会上进行条款解读;在座谈会和日常接待工作中与居民面对面沟通交流;利用宣传栏等不断传播文明新风尚。 三叉社区在 2011 年 6 月向全体居民家庭发出《文明祭祀倡议书》,倡导居民善待老人、简办祭祀。 在同年 7 月底,又发布了"美化家园"5 项文明公约,"文明祭祀"就是其中重要一条,规定祭祀只能做一天,不得播放高音喇叭、不准放爆竹等,违反其中任意一条,取消发放当年的"美化家园"考核奖励。 这一系列政策措施的出台极大地推动了移风易俗工作的开展,不断地提升居民的"人的城市化"水平。

(3)休闲情况:休闲方式多样化,休闲层次提升

"撤村建居"后,居民们离开了原来的土地,闲暇时间开始增多。 同时,随着休闲方式供给途径的多元化及休闲消费支付能力的提升,居民的休闲生活也开始发生转变。 在闲暇时间喜欢的业余活动,根据比例由高到低依次是"看电视、电影""运动、旅游""读书看报""听音乐、唱歌""上网、玩游戏""养生、养花""参加志愿者活动""打牌、搓麻将""下棋、写书法、画画"等,如图 6-2 所示。 可见,居民的休闲方式丰富多样,休闲层次在提升,居民的休闲消费支出也逐步增多。

平时喜欢的业余活动

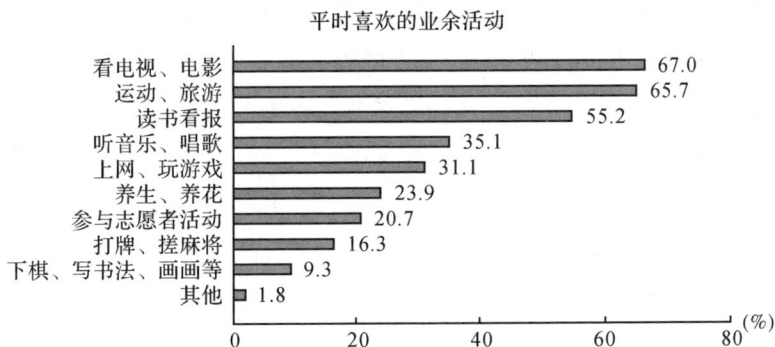

图6-2 居民平时喜欢的业余活动

①杭州市江干区四季青街道办事处:《关于全面实行文明治丧的实施意见》(四街(2009)11 号),http://xxgk.jianggan.gov.cn/contents/4365/4256.html。

随着居民们休闲生活的丰富，对赌博的态度也有所改变，41％的被调查对象认为"这是不良生活习惯，应制止"，25.3％认为"赌博会影响下一代教育，要严禁"，26.6％认为"这是小赌怡情，不沉迷即可"，仍有2.2％认为"赌博不偷不抢，是个人自由"，这说明居民们对于赌博等陋习已经有了客观的认识，能够接受更加科学健康的休闲生活方式，有利于逐步推进"人的城市化"。

（4）公共意识：居民公共空间意识和公民责任意识仍待加强

村民"上楼"成为居民，其物理生存空间发生变化，其中最大的改变是私人空间减少，公共空间增多。他们能否有意识地保护公共空间，参与公共空间的管理，在很大程度上能够体现居民自我管理意识及其对社区的归属感。

社区中还有部分居民保持原有的农村生活习惯，在屋顶和公共绿化区域私自种植各类蔬菜和植物，在绿化和公共设施上晾晒衣服，在公共区域内乱摆乱放杂物、饲养家禽等，这一系列行为不仅给小区内其他居民的正常生活造成了极大的不便，也严重影响了小区环境的美观。以居民在"公共区域内乱搭违章建筑或乱搭衣架"为例，这在农村中属于比较常见的现象，然而在居住空间更为紧凑的城市社区，就是一种缺乏公共空间意识的行为。89％的调查对象都不支持这种不道德行为，认为社区应该严禁；然而仍有11％认为这种行为是个人的自由，只要不妨碍他人就行，可见部分居民公共意识不强。

同时，由于公共空间增多，公共设施也相应增多，公共设施关系到社区每一个居民的切身利益。当居民遇到破坏公共设施的行为时，51.3％的调查对象表示会"直接制止或者向社区居委会反映"，但是有11％表示选择忽视，任由公共设施被破坏。同时，当发现不利于社区和谐发展的事情时，如图6-3所示，半数左右表示会直接向社区居委会反映，24.9％的居民会"随大流，看别人态度""不闻不问或私下议论"的占10.6％等，也有少数会选择"向街道、更高政府部门或者新闻媒体反映"。这反映大多数居民都具有社区主人翁的意识，但部分居民公民责任意识不强，对社区缺乏归属感。

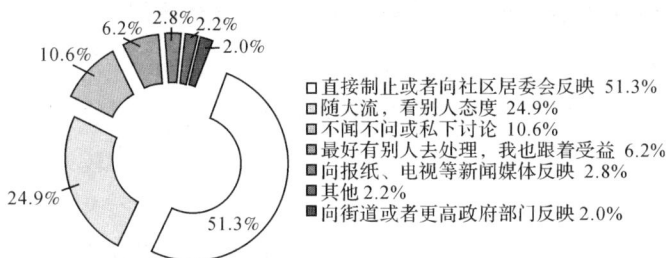

直接制止或者向社区居委会反映 51.3%
随大流，看别人态度 24.9%
不闻不问或私下讨论 10.6%
最好有别人去处理，我也跟着受益 6.2%
向报纸、电视等新闻媒体反映 2.8%
其他 2.2%
向街道或者更高政府部门反映 2.0%

图 6-3　居民发现不利于社区和谐的事情时的态度

6.2.3　社会交往城市化

（1）居民个人的社会交往网络：依旧具有"熟人社会"特征

"村落共同体"和"社区共同体"属于两种不同的聚居类型，因而社会支持网络也存在较大的差异。首先，当生活中遇到困难时，居民最主要的求助途径是"家人、亲戚、朋友"等血缘网，其次才是"社区邻居"等地缘网，"单位同事、社区居委会、政府相关部门、社会组织"等业缘网是他们最后的求助途径，如图 6-4 所示。社会交往网络主要由血缘网、地缘网和业缘网构成，从居民的社会交往网络来看，"撤村建居"社区相对于其他社区的特殊性在于社区居民受血缘、地缘群体影响深刻，大家彼此熟悉，同质性较高。邻里关系最明显的表现就是社区的居民间是否有来往，被调查居民与邻居之间"经常来往"的比例是 35.1%，"偶尔来往"的比例占 55.6%，相互之间不来往的比例则达 9.3%。可见居民间相互交往的频率相对较高，邻里关系较为和谐。

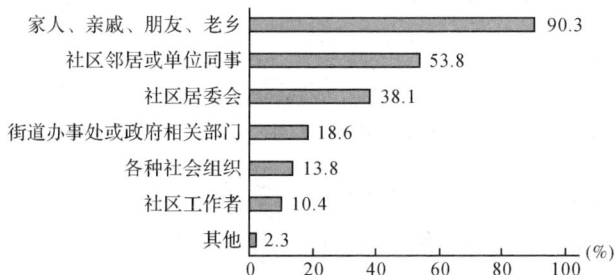

图 6-4　居民遇到困难时的求助渠道

（2）与社区各部门的关系：总体和谐，后发社区居民与物业、业委会关系协调仍是难点

我们让居民对自身与社区相关部门的关系进行评价：0（"不知道"）、1（"很不好"）、2（"不好"）、3（"一般"）、4（"较好"）、5（"很好"），然后进行均值分析，如表 6-7 所示。可见，三叉社区和五福社区居民与社区各部门的关系都介于"一般"和"较好"之间，关系较为和谐。

表 6-7　居民与社区各部门关系评价的均值分析

调查的社区		居民与社区各部门的关系				
		与居委会关系	与物业公司关系	与业主委员会关系	与各社区组织关系	与社区党组织关系
三叉社区	均值（标准差）	3.51(0.682)	3.47(0.693)	3.44(0.747)	3.69(0.702)	3.63(0.728)
五福社区	均值（标准差）	3.43(0.810)	3.27(0.676)	3.13(1.055)	3.54(0.878)	3.40(0.915)
江锦社区	均值（标准差）	3.77(1.216)	2.76(0.942)	2.17(1.787)	3.59(1.258)	3.49(1.439)
总计	均值（标准差）	3.60(0.952)	3.16(0.861)	2.90(1.424)	3.63(0.979)	3.54(1.084)

经过方差分析，发现三叉社区与五福社区居民与社区各部门的关系总体均值差异不显著，因此将先发社区与后发社区进行总体均值独立样本检验，如表 6-8 所示，在"与居委会关系""与物业公司关系""与业主委员会关系"3 个方面，T 检验的 P 值［Sig.（双侧）］都小于显著水平 $\alpha = 0.05$，因此拒绝原假设（H_0：两类社区居民与社区各部门关系不存在差异），即先发社区与后发社区的居民与以上 3 个社区部门的关系存在显著差异，后发社区居民"与居委会的关系"优于先发社区，主要由于后发社区领导班子还是原先村委会的班子，居民与其关系较为密切。同时先发社区居民"与物业公司关系""与业主委员会关系"明显优于后发社区，说明后发社区的居民与物业和业委会关系的协调存在问题。三叉社区和五福社区由于"撤村建居"较早，物业进入较早，而且社区将物业管理与居民自治结合，实行准物业管理，调动广大居民积极参与小区物业管理。同时，定期对小区的物业管理进行考核，制订奖励办法，因此社区物业满意度相对较高。而江锦社区居民分不同的批次完成回迁安置工作，社区的物业管理处于起步和探

索阶段，如何协调好居民与物业和业委会的关系依旧是社区管理的重难点。

表 6-8　两类社区居民与社区各部门关系独立样本检验

		方差方程的 Levene 检验			均值方程的 t 检验（α＝0.05）			
		F	Sig.	t	df	Sig.（双侧）	均值差值	标准误差值
与居委会关系	假设方差相等	59.356	0.000	−2.868	469	0.004	−0.256	0.089
	假设方差不相等	−2.758	329.665	0.006	−0.256	0.093		
与物业公司关系	假设方差相等	5.372	0.021	9.390	468	0.000	0.710	0.076
	假设方差不相等	9.178	390.974	0.000	0.710	0.077		
与业主委员会关系	假设方差相等	355.670	0.000	10.272	462	0.000	1.271	0.124
	假设方差不相等	9.666	272.655	0.000	1.271	0.131		
与各社区组织关系	假设方差相等	48.292	0.000	1.090	464	0.276	0.101	0.093
	假设方差不相等	1.042	319.342	0.298	0.101	0.097		
与社区党组织关系	假设方差相等	57.929	0.000	1.364	462	0.173	0.141	0.104
	假设方差不相等	1.295	299.892	0.196	0.141	0.109		

6.2.4　社区参与城市化

（1）社会参与：居民自组织意识不强，参与平台仍有待建设

社会组织是居民社会参与的平台，居民参与社区社会组织的积极性可以反映其社会参与的积极性。社区的社会组织包括各类志愿者服务大队、大帮忙服务队、各种兴趣小组等，我们通过调查发现，有超过半数的调查对象没有参与任何社会组织，部分参与社会组织的数量为 1 个或 2—3 个，从社会组织参与情况来看，居民社区参与积极性不高。

进一步对影响居民参与社会组织的因素进行分析，发现不同年龄段的调查对象均认为首要原因是"平时工作比较忙，没有时间"（64.6％），其次是"行政色彩强，形式主义多"（40.2％）、"想参加但是不知道该如何参加"（28.6％）、"没有多大实际意义、没兴趣"（22.6％）等。同时，调查对象对社区社会组织开展的活动的评价大多是"一般"和"基本满意"。可见，作为居民社会参与的平台，社区社会组织发展状况不乐观。如图 6-5 所示。

我们走访发现，四季青街道各社区都开展丰富多彩的社区活动，如亲子

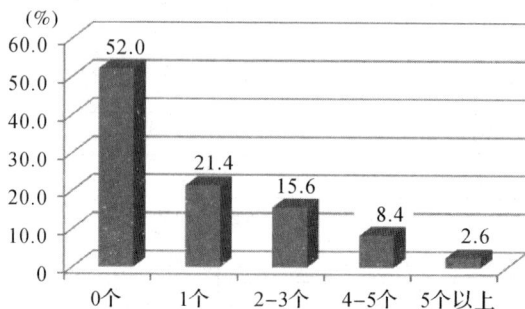

图 6-5　居民参与社区社会组织的数量

活动，老年人活动和青少年活动，逢年过节还有各种送温暖活动及节日晚会
等，社区居民参与均较为积极。社区居民或许并不缺乏社会参与的积极性，
而是缺乏社会参与的自组织意识，即主动性不强，参与社区活动时都需要社
区工作者的带动和引导，这也成为社区社会组织发育不足的制约因素之一。

（2）政治参与：居民积极性不高，社区自治及互助制度需进一步完善

首先，"居务公开"是社区信息公开的重要内容之一，对"居务公开"的
关注度是居民政治参与积极性的最基础体现。51.5％的调查对象表示"关
注"，27.1％表示"与我相关的就会关注"，剩下21.4％表示"不关注"或者
"没有地方可以关注"，部分居民对社区事务关注度不高。居民获取社区相
关信息的渠道也呈现多样化，从"居委会事务公开栏"和"楼道组织"获得信
息的比例为49.9％，从"邻居或亲朋好友"获取信息的比例为31.8％，从
"社区中的其他社会组织"获取信息的比例为10.9％，仅有6.2％的调查对
象从"社区论坛、微博、微信"等获取信息。这说明，"居委会""楼道组
长"等正式渠道是居民获取信息的主要来源，"邻居或亲朋好友""社区中的
其他社会组织"等也是重要传播渠道。然而，居民通过互联网获取信息的比
例较低，一方面反映居民不会自主关注社区事务，另一方面也表明"撤村建
居"社区居民对于社区智慧平台利用率不高。四季青街道各社区都积极建设
了包括网格平台、门户网站、微博、微信等信息化平台，进行政务公开、政策
宣传、开展便民利民服务等，而这些信息化平台却未发挥其最大效用。

其次，社区居民委员会是居民自我管理、自我选举、自我服务的基层群众
性自治组织，居民是否积极认真行使自身的选举权，在很大程度上反映了其

是否具有自治意识以及政治参与的积极性高低。 对于"是否参加了社区居民委员会的直接选举活动",51.4%表示"积极参加,行使自己的权利",但有15.2%表示"参加了,但觉得没啥意思",甚至有 32.3%的表示"没有参加"。

再次,社区自治和互助制度是实践社区民主、促进社区居民自治的重要保障,然而对于社区现存的制度,居民的知晓程度处于中等水平,参与意愿也一般,如表6-9所示。

表 6-9　社区自治和互助制度的知晓率和居民的参与意愿程度

自治、互助性制度	知晓率(%)	参与意愿的程度			
		非常高(%)	高(%)	一般(%)	没兴趣(%)
居民委员会直选制度	69.8	8.0	26.6	56.8	8.6
社区居民代表大会	74.6	7.5	26.3	58.3	7.9
社区民情恳谈会	60.5	5.3	22.1	63.9	8.7
社区事务协调会	49.3	5.3	20.4	65.1	9.2
社区工作听证会	50.2	6.2	23.4	61.4	9.0
社区工作成效评议会	50.2	7.0	21.5	61.9	9.6
社区居民事务公开制度	69.1	7.4	23.5	59.9	9.2

为了探讨现有社区层面的组织和制度在"社区自治和社区互助中"发挥的作用与居民的政治参与积极性是否存在关系,我们将"对'居务公开'的关注度""参加社区居委会直接选举的积极程度""居民对社区各项自治和互助制度的参与意愿"[①]和"社区现存制度在'社区自治和互助'中发挥作用"的程度进行相关分析,结果如表 6-10 所示。 对"居务公开"的关注度、参加社区居委会的直接选举积极程度、对社区各项自治和互助制度的参与意愿[②]这三个指标均是居民政治参与的表现。 由表 6-10 可知,社区现存制度在"社区自治和互助"发挥作用与对"居务公开" 关注度的 Spearman 相关系数为

———————————

①该变量是对表 6-9 中自治和互助制度的 7 个变量求均值得出的,用来表示居民对自治和互助制度总体的参与意愿。

②同上。

0.267，与参加社区居委会的直接选举的积极程度的 Spearman 相关系数为
0.255，与居民对社区各项自治和互助制度参与意愿的 Spearman 相关系数为
0.436，双侧检验的显著性概率 P 值均为 0.000，因此在显著性水平 α＝0.05
时拒绝原假设（H_0：两者之间不存在相关性），即社区现存制度在"社区自
治和互助"发挥的作用与社区居民对"居务公开"的关注度、参加社区居委会
的直接选举、对社区各项自治和互助制度的参与意愿呈现明显的正相关关
系。可见进一步完善社区现有的自治和互助制度，对提高居民的政治参与度
具有极其重要的意义。

表 6-10　社区现存制度发挥作用程度与居民参与社区管理积极性的相关性分析

		对"居务公开"的关注度	参加社区居委会的直接选举的积极程度	居民对社区各项自治和互助制度参与意愿	社区现存制度在"社区自治和互助"发挥作用
对"居务公开"关注度	Spearman 相关性	1	0.146**	0.338**	0.267**
	显著性（双侧）		0.000	0.000	0.000
	N	549	543	368	515
参加社区居委会的直接选举的积极程度	Spearman 相关性	0.146**	1	0.159**	0.255**
	显著性（双侧）	0.000		0.001	0.000
	N	543	551	367	516
居民对社区各项自治和互助制度的参与意愿	Spearman 相关性	0.338**	0.159**	1	0.436**
	显著性（双侧）	0.000	0.001		0.000
	N	368	367	372	356
社区现存制度在"社区自治和互助"发挥作用	Spearman 相关性	0.267**	0.255**	0.436**	1
	显著性（双侧）	0.000	0.000	0.000	
	N	515	516	356	527

＊＊．在 0.01 水平（双侧）上显著相关。

（3）社区管理参与：居民主动参与意识有待提升

据调查，仅有 28.1％的居民表示曾主动向居委会提出过改进社区服务方
面的建议，居民参与社区管理的主动性不强。曾经向社区提过建议的调查对
象中，60.2％反映社区"有反馈也有改进行动"，11.7％反映"有反馈但没

有改进行动"，可见社区居委会能够采纳居民的合理诉求和建议。 社区居委适时问计于民，了解居民需求，有助于提升居民参与社区管理的主动意识。

6.2.5 "人的城市化"现状小结

首先，从居住环境来看，"撤村建居"社区的楼房质量和外形均符合现代社区的标准，社区硬件设施齐全，利用率相对较高，这主要得益于杭州市出台了完善的"撤村建居"配套政策，这些政策措施对集体土地的处置、房屋拆迁管理、住宅公寓建设等都有明确规定。 影响居民居住体验的最主要的因素还在于"人"。 一方面，社区居民个人素质相对不高，不利于社区公共环境的提升；另一方面，大量流动人口的存在以及管理不善成了威胁社区安全的首要因素。 社区居民个人素质提升是一个漫长的过程，需要城市文明不断渗入（从先发社区比后发社区居民文化素质偏高得以窥见）。 对于流动人口的管理，四季青街道也在积极探索对应的政策措施，如网格化管理、客栈化管理等，取得了一定成效。

其次，从生活方式来看。 "移风易俗"工作是"撤村建居"社区面临的较为迫切的问题，也是使社区居民从农村村民变为城市居民的关键一步，四季青街道有针对性地开展了一系列活动，加上党员干部的带动，取得了不错的成效，但这项工作依旧需要长期推进。 同时，居民公共意识和公民精神的欠缺较大地影响了社区公共生活和公共环境。 生活方式和思想观念与个人的成长背景、生活习惯等有关，要改变它们不是一朝一夕的事情，除了需居民主动融入，仍需政府及社区加强公民教育。

再次，从社会交往来看，社区居民的社会交往网络依旧保持着传统"熟人社会"特征，社会交往范围有局限，后发社区尤为明显，对城市社区内各类新型组织和社会关系接纳程度有限，社会融入过程缓慢。 除去居民自身因素的影响，这也与"撤村建居"社区的整体性拆迁有关，对于居民而言，他们面对的仅仅是居住环境发生改变，而邻里关系等未发生太大改变，集中拆迁容易形成居住隔离，不利于扩大居民的社会交往范围，使得社区依旧呈现同质化特征。

最后，从社区参与来看，居民社会参与、政治参与以及社区管理参与的积极性都不高，究其原因，一方面在于居民的科学文化程度不高，容易导致其内在自我效能感差。另一方面，尽管社区制定了居民自治配套制度，但却并未落到实处，未能保障居民自治活动的有效开展，而且居民社区参与的平台和渠道也不够完善，这也降低了居民社区参与意愿。

6.3 "撤村建居"社区"人的城市化"的优势及障碍

6.3.1 优势分析

（1）集体经济经营优势

四季青街道"撤村建居"社区最主要的优势在于其雄厚的经济基础，社区集体经济经营状况良好，而这一切都得益于杭州市关于"撤村建居"社区10％自留地的规定。《杭州市"撤村建居"集体所有土地处置补充规定》[①]："为解决'撤村建居'后原村集体经济组织及其成员的生产、生活问题，可由原村集体经济组织提出申请，经区人民政府审核，报市政府同意，在杭州市土地利用总体规划确定的建设留用地范围内流出部分土地，其面积控制在可转为建设用地的农用地面积的10％以内……"2008 年，杭州市人民政府办公厅转发杭州市国土资源局《关于加强村级集体经济组织留用地管理实施意见的通知》[②]，进一步对留用地的项目、管理经营等做出明确的规定。而这 10％留用地现已成为四季青街道"撤村建居"社区集体经济增长的重要资源和载体，通过区、街道、社区三级联动，稳步推进留用地项目开发措施，保证有效开发留用地。四季青街道各个社区把握了政策的时效性，积极利用自留地进行招商引资，并准确进行业态定位，规范操作程序，从而实现了集体

---

①杭州市人民政府办公厅：《杭州市"撤村建居"集体所有土地处置补充规定》〔杭政办(1999)13 号〕，http://www.law110.com/law/city/hangzhou/3162.htm。

②杭州市人民政府办公厅：《关于加强村级集体经济组织留用地管理实施意见的通知》〔杭政办函（2008）183 号〕，http://www.hangzhou.gov.cn/main/wjgg/fzwj/T251700.shtml。

利益最大化。 以其中成绩最为突出的三叉社区为例，根据杭州市 10％留用地安置政策，被征地后，三叉社区共获得 130 亩留用地。 按照"自行开发为主，合作开发为辅"的原则，三叉社区相继开工建设了庆春广场二期工程、华东家电市场二期、三新金座、广新大厦、新业大厦、东方家私市场二期工程·三新银座等 6 大留用地项目。 随之又引进了银泰百货、乐购超市、欧亚达家居等知名品牌企业，带动社区经济大发展。 2012 年，社区总收入为 2.39 亿元，而这 6 个项目的收入就达 1.2 亿元，占总收入的 50.2％。 三叉社区成功地从以农田、陈旧仓储、第一产业经济为主的"粗放型城郊村经济"，提升为以楼宇经济、现代商贸、传统市场、社区商业四位一体的"现代化都市型经济"。①强大的集体经济优势，成了保障居民生活的强有力后盾，三叉社区建立了全面的劳动和社会保障体系，每年为社区居民（18 周岁以上，包括婚嫁人员）提供免费体检；大病医疗可以享受 2 次报销，针对特殊病例还可以进行 3 次报销。

集体经济的优势，一方面能够进一步完善社区的基础设施建设，塑造良好的居住环境；另一方面能够为社区居民建立完善的社会保障体系，在基本社保体系基础上提供各种补充性劳动保险、医疗保险等，为居民解决后顾之忧，为"人的城市化"提供厚实的经济基础。

（2）注重社区文化建设

"撤村建居"社区与城市社区最大的区别在于没有形成完整的社区文化，其独特之处在于村落文明依旧存在，城市文明也开始逐步渗入和发展。 因此，对于"撤村建居"社区来说，全新城市文化的构建是"人的城市化"的首要目标。 四季青街道"撤村建居"社区"人的城市化"之所以发展迅速，主要得益于区——街道——社区系列文化活动的开展。 首先，江干区的文化惠民工程巡演定期进社区为居民提供各类文化志愿服务，丰富其精神文化生活；同时，江干区还开展"一社一品"社区文化品牌建设，鼓励引导各社区积极构建特色文化，增强品牌意识，进一步推动社区服务、社区社会组织建设的

---

①《留用地,被征地农民长久获益的惠民地》,杭州日报网, http://www. hangzhou. gov. cn/main/zwdt/ztzj/lydaz/xwbd/T468089. shtml。

品牌化建设；2014 年，江干区又提出"人的城市化，城的人文化"目标，发挥文化志愿服务的传播和引导作用，并进一步将 2014 年确定为"文化志愿服务年"，开展系列文化志愿服务。 其次，四季青街道于 2012 年出台《四季青街道公共文化体育服务建设三年行动计划》①，提出要加强基层文化体育设施建设、加快基层文体人才队伍建设、优化公共文化体育服务供给，对于具体操作项目都有明确规定，进一步推动社区文化建设。 2014 年，江干区又提出《关于推进"人的城市化、城的人文化"工作实施意见》，围绕"以人为核心，教育人、引导人"这条主线，"党员带头、项目带动、群众参与"，从丧事大操大办、个别人赌博严重等问题入手，移风易俗，形成健康文明的生活方式；从乱搭乱建、个别小区内养鸡种菜等现象入手，美化家园，形成生态文明的人居环境；从慵懒松散、个别人聚众赌博现象入手，开展不同层面的市民教育。 最后，社区层面也根据街道文件精神结合社区实际情况，开展文化建设活动，五福社区 2009 年制定了《文明治丧、祭祀活动的规定》，对于治丧、祭祀规模和时间等都有明确规定；三叉社区开展了"八创八比"星级楼道评选、"美化家园"五项文明公约以及打造"零违建"社区等系列活动等，同时，针对"人的城市化"主题，三叉社区还开展了"融入中心区，争当新市民""幸福三叉，品质社区"的股东居民代表的培训。

系列文化活动开展，逐步将城市文明渗入社区，为"人的城市化"营造良好的氛围，社区文化构建成为"人的城市化"工作的灵魂。 文化活动很多都融入了公民教育的因素，在无形之中推进移风易俗、培养公民意识、引导居民树立良好的生活理念等，帮助居民形成健康的生活方式。 同时，在社区文化建设过程中，也注重根据"撤村建居"社区本身独特的"社情"，在吸纳城市文明时也不忘秉承传统，有利于形成新的城市文化。

（3）社区服务多元化

社区服务可以大致分为：公共服务、互助性志愿服务、便民利民服务 3 大类，四季青街道"撤村建居"社区的服务齐全，服务供给方式多元化，方便了

---

① 杭州市四季青街道办事处：《四季青街道公共文化体育服务建设三年行动计划》（四街〔2012〕35 号），http://xxgk.jianggan.gov.cn/contents/4365/2332.html。

居民的日常生活，尤其针对"撤村建居"社区居民的特殊性提供人性化服务，从而成为"人的城市化"工作的助推器。同时居民在享受社区公共服务、便民利民服务，参与社区志愿服务的过程中，无形扩大了社会交往范围，有利于构建新的社会交往模式。

首先，社区公共服务涵盖范围广泛，包括居家养老服务、社会救助服务、文化体育卫生服务、卫生计生服务、劳动就业和社会保障服务、社区安全服务、流动人口服务、法律服务、教育服务以及代理办理各种证件服务等等。而作为"撤村建居"社区，其中较为突出的服务有以下3类：①居家养老服务。社区建设了包括老年人活动室、日间照料中心、星光老年之家、邻里中心等老年人活动场所，还经常开展各类文化活动，丰富老年人业余生活，对于高龄老人还提供照料服务、免费送餐服务、老年人免费体检、各类疾病排查等服务。②文化体育卫生服务。社区完善了文化体育设施，最重要的是设立了社区图书馆、阅读室，开展各类读书活动，对于青少年免费开展书法培训、知识讲座、体育竞赛等，针对社区中老年人，还开办了图文扫盲班、隔代亲子教育等实用性较强的培训。③劳动就业和社会保障服务。依托"撤村建居"社区强大的集体经济后盾，社区和集体组织为居民构建了覆盖全面的社会保障体系，包括全民免费体检、大病2次报销、为居民购买医疗保险、社会保险等。对于居民的就业，社区也出台了系列保障措施，为社区居民提供政策咨询、职业指导咨询、就业援助、创业指导服务以及免费技能培训，同时为社区居民和辖区企业搭建双向选择平台，三叉社区还为自谋职业的居民提供职业补贴、社保补贴等，鼓励居民从依赖集体股份分红和房屋租金走向自谋职业。

其次，从社区志愿服务来看，社区现有的志愿互助服务体系主要有党员志愿者服务、社区志愿者团队、楼宇志愿者服务、网格志愿服务组织、驻区单位的志愿服务以及居民邻里之间互帮互助。在社区引导下，志愿者开展的志愿服务类型众多，包括社区绿化、垃圾分类、废旧电池回收、关爱儿童、关爱老人、关爱妇女等，还自发设立"助残日""公民爱心日"开展活动；楼宇志愿者主要为楼宇企业及其职工开展志愿服务，包括交友活动、与社区居民交流等；网格志愿者主要依托所在网格，在党员的带动下为网格内的居民提供无偿服务，包括政策宣传、家政服务、法律咨询服务、医疗知识宣传、教育育儿经验传授等等；同时，也有居民自发为社区居民提供志愿服务，便利社区居民生活。

再次，从社区便民利民服务来看，这类服务大多为收费类服务，主要由商业组织和公共事业单位提供，包括公用事业服务、美容美发、废旧物回收、家政服务、物业服务、超市和食品配送服务等。四季青街道由于其地理位置优越，便民利民类服务在社区设立的服务点均在居民活动半径内，极大地增强了居民生活的便利性。

（4）以党建带共建，共谋社区发展

四季青街道实行以"党建共建代表会议制度"为特色的区域化党建模式，拓宽辖区党组织联系渠道，建立社区党组织与辖区单位党组织条块结合、优势互补、资源共享、共联共建的工作新机制，这是江干区在基层党建工作上的探索创新，能够较好地解决"撤村建居"社区在拆迁和安置过程中出现的党员分布不均、党建力量薄弱、党建工作开展难等问题。四季青街道通过开展党建共建，把辖区内党建资源、行政资源、社会资源整合起来，以项目化、契约化等方式协调解决党建问题、发展问题、民生问题、社会管理问题和城市管理问题等，同时也树立了党建工作的品牌——"党建共建同心圆"，推进了楼宇党建和社区党建的发展。就楼宇党建而言，可以整合各企业在科技、人力、资金、空间等方面资源，积极帮助企业吸纳人才、改革创新，形成优势互补、产业链接、联姻发展的良好局面，使"促党建、促经济、促发展"融为一体；就社区党建而言，结合"服务基层、服务企业"和"进万家门、访万家情"活动，集中各方面优势，积极推动老百姓关心关注的征地拆迁、回迁安置、集体资产管理、深化股份制改革、就业和城市文明等问题的解决落实，切实帮助辖区居民解决实际问题。同时，在社区党建过程中，各社区还进一步创新，将网格化管理与基层党建有效融合，通过党员带动，吸纳社区精英参与网格管理活动。此外，社区还鼓励并支持辖区单位、工青妇等群众组织、基层群众性自治组织、社会组织和企事业单位积极参与社区管理，切实形成党委领导、政府负责、社会协同、公众参与的多元社会治理格局，进一步推动和谐社区建设。

以党建带共建，既能保障社区党组织在社区各类组织和各项工作中的领导核心地位,也成为"人的城市化"工作的领导核心,通过加强对社区各类组织的监督,保障社区事业的稳健推进。 同时,能够在最大程度上调动和整合各方资源参与社区的管理和建设,调动居民社区参与的积极性,有利于形成社区治理机制,协调解决"撤村建居"社区内部的多元矛盾,顺利推进"人的城市化"。

6.3.2 障碍分析

(1)社区建设层面

①流动人口管理困难。 由于四季青独特的区位条件,流动人口过多成为社区安全的首要威胁因素。 首先,流动人口犯罪率居高不下。 流动人口群体构成复杂,青年及文化素质偏低人群比重较高,该类群体往往自控能力较差、情绪易波动,城市和农村巨大的差异造成其容易受到各种不良诱惑,继而冲动犯罪。 而且,部分流动人口由于缺乏一技之长,没有固定职业、固定住所,生活在社会底层,因此对社区缺乏归属感、认同感,缺乏主人翁意识,往往不会以身作则地维护社区的环境,反之还会因为心理扭曲刻意破坏社区环境,影响社区安全。 其次,流动人口成为社区的主要租户,在出租的过程中,往往会存在群租问题,很多租户挤在狭小的空间内,私拉电线,卫生脏乱差,既影响居住质量,也影响小区其他住户的安全。 再次,流动人口中育龄妇女的计划生育问题也是目前社区流动人口管理过程中面临的较大难题。 这一系列问题的存在,极大地影响了社区的居住环境,阻碍了"人的城市化"进程。

②社区信息化平台利用率不高。 经调查发现,杭州市在社区信息化建设方面投入力度较大,以江干区为例,部分社区、街道及区政府都建有门户网站,内设政策传达、政务公开、人事信息、便民利民服务等模块;不仅有"江干发布""四季青发布"等微博账号,各个社区也拥有自己的微博主页(但是粉丝关注量都不高),同时还拥有 "福泽四季青""四季青街道三叉社区""四季青街道五福社区" 等微信公众号,及时发布各类信息;社区建设有 OA平台、网格平台等,及时进行政策下达、服务提供。 尽管信息化平台建设比较完备,但是调查结果显示,居民信息来源主要渠道依旧是社区居民、居委

会、楼道组长等传统渠道，互联网并未成为主流渠道，可见社区信息化平台的利用率不高，未能真正实现社区服务的智能化。 究其原因，一方面是由于"撤村建居"社区居民自身文化素质相对较落后，尤其是中老年群体，文化水平不高，甚至有较大部分老年人有识字障碍，在这些群体中推广信息化平台具有较大难度；另一方面，社区的信息化平台尽管搭建得比较全面，但是在实际运营过程中却乏力，很多运营这些平台的社区工作人员对信息化平台的定位和作用不够重视，缺乏一定运营技巧，未能将平台发挥出最大效用。 在"互联网＋"时代不能充分利用便捷高效的信息平台，"人的城市化"步伐将会大大滞缓。

③居民自治配套制度未落到实处。 居民自治是居民政治参与重要组成部分，也是基层民主的重要体现。 "撤村建居"居民政治参与积极性较低，一方面与其自身政治参与能力不高有关，另一方面也与社区现存的各项制度在"社区自治和互助"中发挥的作用有关。 毫无疑问，社区现存制度在"社区自治和互助"中发挥的作用与社区居民对"居务公开"的关注度、参加社区居委会的直接选举积极程度、对社区各项自治和互助制度的参与意愿呈现明显的正相关关系。 四季青街道各社区现存的自治与互助制度主要有"居民委员会直选制度""社区居民代表大会制度""社区民情恳谈会""社区事务协调会""社区工作听证会""社区工作成效评议会""社区居民事务公开制度"等。 但是在实际运行过程中，这些自治制度在居民中的知晓度不高，导致居民的参与度有限，参加各类社区自治活动和会议的大多是党员、居民代表、股东代表等。 社区自治制度的知晓度低、参与度低，直接导致了社区居民自治意识薄弱，影响了社区居民自治的有效开展。 "撤村建居"社区，并不缺乏社区自治的制度，社区应该探索如何将制度落到实处，引发全体社区居民的积极参与，使制度能够有效地规范和引导居民自治。

同时，关于社区居民的自我管理、自我约束的"社区公约""村规民约"等社区层面完善的规章制度依旧缺乏，尤其是对江锦社区等后发社区而言。对此，四季青街道于 2015 年 5 月转发了江干区社会管理综合治理委员会《关于在全区全面开展制定修订社区公约（村规民约）活动的通知》①，要求各社区结合实际情况开展制定修订社区公约的活动，社区公约的完善能够将德治、法治和自治结合起来，促进社区自治发展。自治配套制度的缺位或未能发挥应有的作用，将会极大地影响居民社区参与的积极性，对多元社区治理机制构建更是障碍重重。

④专业社工人才队伍有待建设。对于专职社区工作者，居民的评价介于"一般，马马虎虎"和"好，在四季青街道的社区中名列前茅"之间，可见对专职社区工作者的评价中等。随着城市化进程的推进和社区基层服务的不断创新，社区面临越来越多的新形势和新问题，这对社区工作者的专业性提出了更高的要求。首先，"撤村建居"社区的主任、书记及其他工作人员大部分是由原来村里的书记、主任担任，集体经济合作社也大多由社区的主任、书记或其他领导班子成员兼任，这些领导大多能够解决实际问题，但是自身的专业性还相对欠缺。其次，社区的专业社工人才数量配备依旧不足，现有的社工中拥有初级或者中级社工资格证的人数较少。一方面，从整个社会大环境来看，对专业社工需求远远大于供给，社工人才缺口大；另一方面，从社区的角度来看，社工的培训、晋升以及激励机制不够完善，导致社工人才的流失。

鉴于此，四季青街道采取了一系列措施，2014年，四季青街道办事处发布了《关于进一步加强社工队伍建设的实施意见》②，对加强社工队伍建设提出了全套实施意见，文件规定了社工年度考核办法、"首席社工"评选办法、社工"小班化"教育培训以及社工管理制度等。各个社区也依据街道的文件精神，在社区积极开展社工人才队伍建设。尽管如此，就目前来看，社工人才依旧极度缺乏，而人才队伍的建设是一个漫长的过程。对于"撤村建居"社区而言，懂理论、会实践的专业人才的缺乏，会导致社区服务质量大打折

---

①江干区社会管理综合治理委员会：《关于在全区全面开展制定修订社区公约（村规民约）活动的通知》〔江综委（2015）3号〕，http://xxgk.jianggan.gov.cn/contents/4365/16458.html。

②四季青街道办事处：《关于进一步加强社工队伍建设的实施意见》〔四街（2014）27号〕，http://xxgk.jianggan.gov.cn/contents/4365/11518.html。

扣，这对改善居民生活方式、扩大居民社会交往及提升居民社区参与积极性都有较大影响。

（2）社会组织层面

①类型单一，居民参与有限。 社区层面现有的社会组织以文体娱乐类为主，如太极拳队、戏悦社、书法社、职工骑行队等，发挥的作用仅在于丰富社区的精神文化生活。 社会组织作为群众性的自治性团体，是除政府和市场外的参与社区管理的重要力量，应该发挥更加广泛的作用。 据调查，社区的公益慈善类、社会救济类和便民服务类等组织发育不够健全，而深入到社区服务的社会组织如"四季青帮帮团"、一些民间非营利性组织等都是街道和区层面发育的社会组织。 社区现有志愿活动和志愿服务的开展，均由社区工作者引导和推动，居民的自组织能力有限，参与意识不强。 这一方面是由于"撤村建居"社区居民文化素质相对落后于城市社区居民，导致其参与社会组织的能力不高，自我效能感差，自治意识薄弱，但更重要的原因还是社区社会组织缺乏创新性和品牌意识，未能发育出具有社区特色的社会组织，从而影响了居民社区参与的积极性。

②街道层面未能充分引导社会组织发展。 为加大对社会组织的扶持力度，江干区自 2013 年起相继出台了《关于促进社会组织培育发展的实施意见》《关于社会组织承接政府公共服务的实施意见》《关于社会组织承接公共服务绩效评估的暂行办法》《关于促进社区社会组织培育发展的实施意见》《江干区社会组织孵化基地管理暂行办法》《关于社区社会组织备案管理的实施意见》《关于开展"十佳十优"社会组织创建活动的实施意见》等文件，进一步强调了社会组织承接政府公共服务的重要意义，明确了社会组织工作的实施原则、评估方式、操作流程等，同时也建立了社会组织孵化中心和社会组织服务中心，确保了该区社会组织培育发展工作的扎实推进。 由此，江干区的社会组织发展工作已经拥有良好的外部条件，但是对四季青街道来说，社会组织并未就此迎来全面发展。 据调查，关于社会组织的培育和管理，四季青街道并未出台相应的制度，即在街道层面并没有对社区社会组织发展形成足够重视，志愿服务的品牌化意识不强，这直接导致了社区社会组织发育不全。

（3）居民个人层面

①公共精神和公民意识缺乏。 公共精神是公民对公共事务的积极参与，对社会基本价值观念的认同以及对公共规范的维护。[①] 在长期分散又保守的农村生活中，农村居民的社会交往以血缘、地缘关系为主；小农生产不需要相互间的合作，合作意识相对欠缺；此外，农村独门独院，公共空间不如私人空间多，农村居民几乎没有公共空间概念，这些都导致"撤村建居"居民公共意识淡薄，因而更缺乏遵守公共空间秩序和维护公共空间的意识，由此造成公共精神的欠缺。 公民意识是成为一个现代公民的基本素质，也是实现"人的现代化"的基本要求。 一般认为公民意识可以概括为 3 个方面：首先是平等意识，要有独立人格；其次是要具备公共精神；再次是要自主和理性。 可见，公共精神的缺乏就会导致公民意识不强，农村居民习惯了在集权体制下顺从与服从，在农村重大事项或者决策的时候都会参照村干部或者乡村精英的观点和建议，缺乏平等、自主和理性的意识。 对公共事务的参与不够积极，更不用说监督公共事务，推进公共利益。 "撤村建居"居民长期的村落共同体的生活背景直接导致了他们缺乏公共精神和公民意识，与开放的城市文明格格不入，这是阻碍"人的城市化"最根本的因素。

②社会交往范围狭窄。 "撤村建居"社区大多是整体进行拆迁，然后集中安置，居民在心理认同、交往习惯、生活情感等方面对以前居住的村落共同体存在一定程度的依赖，因此，很多居民依然保持着原先村落共同体的社会关系网络。 从表面上看，集中居住安置减少了居民的内部矛盾，缩短了居民对新生活的适应期，但同时也容易造成居住隔离，减少了他们与城市居民的互动交流，不利于构建新的社交关系网络，从而对他们融入城市生活形成障碍。 "撤村建居"社区居民社会交往多局限在社区内部，以原有的血缘和地缘关系为主，依旧是"熟人社会"，呈现出高度同质化的特征。 同时，四季青街道"撤村建居"社区居民有相当一部分靠集体股份分红和房屋出租为生，没有自谋职业，这也导致了其业缘关系缺乏。 社会交往范围的狭窄，较少接触异质化的群体，不利于新的生活方式的学习和形成，这也滞后了其"人的城

---

①张洋:《理性引导公民公共精神》,《人民日报》2012 年 7 月 18 日。

市化"进程。

③自我效能感差，社区参与不积极。 自我效能感是指一个人对自身能够完成某项工作的自信程度，自我效能感可以区分为内在自我效能感和外在自我效能感。 从内在自我效能感来看，首先，"撤村建居"社区居民原先大多是农民，受教育程度较低，因此不能较准确地解读社区参与的途径、机制及重要性；其次，居民原先所处的社会环境、经济地位都相对城市居民处于劣势，因此社区参与的渠道和学习资源都相对缺乏。 这些均导致了居民的内在自我效能感差，影响其社区参与的积极性。 从外在自我效能感来看，首先，若是社区存在各类事务公开性、公平性和透明性不足、信息不对称等现象，都会挫伤居民的自我效能感；其次，外在的自我效能感还与居民的利益诉求是否得到相关部门的满足有关，由于社区能力有限，未能及时满意地回应每一个居民的各类诉求，这也会降低该群体社区参与的积极性。

除此之外，居民社区参与的积极性也与其社区参与的意愿高低（即是否存在利益关系和情感认同）以及社区参与渠道是否通畅存在一定的关系，而对于"撤村建居"社区而言，这两者在一定程度上都是缺乏的。

6.3.3 分析小结

通过对四季青街道"撤村建居"社区"人的城市化"优势和障碍进行分析，可以发现：首先，在"撤村建居"的过程中，政策的供给到位，在拆迁、安置、赔偿、小区公寓的建设规划、集体土地和财产的处置等方面政府都出台了明确的制度规定，并采取有力措施保障了制度的执行。 而在"人的城市化"方面，制度的供给处于不足或滞后的状态，尤其在政府层面，没有合适的顶层制度来规范和引导，街道和社区层面也是从近期才开始全面探索，导致"人的城市化"进程缓慢，矛盾诸多。

其次，"撤村建居"社区"人的城市化"过程的推进，要落实到社区的层面，就要加强基层社区治理的创新。 从社区现状来看，无论是宏观政策的供给，还是中观社区建设的推进，抑或是微观层面居民主动性的发挥，都缺乏创新性。 如何根据"撤村建居"社区独特的现状，结合社会治理创新的大背景，不断推陈出新，探索出一种新型社区治理路径，这是"撤村建居"社区目前面临的重大课题。

6.4 "人的城市化"语境下的治理十二大对策

"撤村建居"社区"人的城市化"进程缓慢，矛盾突出，最主要的原因就在于配套政策供给不足，以及基层社区治理缺乏创新性。因而，对于如何推进"撤村建居"社区"人的城市化"，本书主要从政策供给的视角出发，结合基层社区治理创新的主旨，从宏观（4条）、中观（5条）和微观（3条）分别提出相应的对策和建议。

（1）打造政策支撑体系，完善配套制度建设

关于"撤村建居"现有的政策体系都较为完善和全面，然而"人的城市化"配套制度却迟迟未能出台，因此，要推进"人的城市化"工作，当务之急是要加强顶层制度设计，构建完整的政策支持体系，引导各"撤村建居"社区积极开展工作。首先，要出台规范性的指导文件，将"人的城市化"工作提上议程，保证工作顺利开展；其次，要针对其中出现的主要矛盾出台解决方案；最后，专门的指标评价考核和激励体系亦不可少。同时，社区治理体系创新的相关政策措施也应完善，要能够切实解决当前基层社区治理中的突出问题，加快构建政府治理、社会调节、居民自治良性互动的基层社会治理体系。针对政府治理、社区建设、居民自治的配套制度要进一步落实。通过多方配套制度的不断完善，打造出一个完整的政策体系，加快"人的城市化"进程。

（2）厘清政府与社区关系，推进社区减负增效

传统的"政社不分"导致政府过多干预社区行政事务，社区管理服务都呈现明显的政府主导型特征。社区定位不清导致职责不明，居民对社区的认识混乱，"撤村建居"社区居民大多都认为社区居民委员会就是基层政府部门，这种错误的认识导致他们自治意识不强。因此，推进社区治理的首要问题在于划清政府和社区职能界限，加快去行政化，明确社区是社会的基本单元，是基层社会服务和管理的基础平台；社区居民委员会是基层群众自治组织，而

不是政府职能部门或是政府的派出机构；加强对社区居民的宣传教育，形成对社区的正确认识。

社区负担重是各地的普遍现象，除去社区本身烦琐的行政事务外，工作人员还需承担各级政府部门转移到社区的工作。 为此，应该为社区制定"权利清单"，厘清权利和责任，明确规定社区应该依法履行的事项，为政府工作进入社区制定"准入目录"，对于协助基层政府的事项，要给社区提供一定的经费保障和必要的工作条件。 通过研究和制定推进社区减负增效的政策措施，确保社区承担的各类行政事务只减不增，切实减轻社区负担，从而让社区真正投入到服务居民的本职工作中去。 随着政社权责界限的划分，社区角色的正确定位，社区的行政化问题也有望得到破解，社区自治有望迎来更好的环境和更广阔的治理空间。

（3）完善基层多元治理机制，形成民主自治

加快"人的城市化"，创新社区治理是根本。 而要推进社区治理，必须构建并完善相应的制度机制，使得社区治理推进有"机"可循，有"制"可依。 首先，建立并健全以社区党组织为领导核心，社区居民委员会为主导，社区居民为主体，社区共建理事会、业主委员会、物业公司、辖区单位、群众团体、社会组织和居民活动团队等共同参与的多元治理框架。 其次，加强社区民主协商机制和居民自治机制的建设，完善社区居民委员会直选制度，搭建并优化社区居民代表大会、社区听证会（社区评议会、社区咨询会）、社区民情恳谈会、社区事务协调会、社区工作成效评议会和社区联席会议等制度，对涉及社区居民重大切身利益的事项，由社区党组织或社区居民委员会组织多方利益的代表共同协商决策，充分发挥社区居民的主体性作用并加强民主监督。

（4）加强公民教育，培养公民意识

"撤村建居"居民一个最主要的特征就是公民意识薄弱，这也是阻碍其"人的城市化"进程的最主要因素。 对于这些居民来说，从独立散居的随意生活状态进入城市生活公共空间，传统的思想观念需要转变，公共空间的意识和自我效能意识都需要培养。 "人的城市化"是一个再社会化的过程，教育应该在其中扮演重要的角色，因此加强公民教育势在必行。 首先，引导居

民树立科学健康的生活观念。 移风易俗只是一个切入口,要想进一步推动文明新风在社区的传播,引导居民科学健康生活,提升小区居住环境和居民生活品质,就必须扎实推进移风易俗配套系列活动的开展。 对移风易俗,需要在制度上进行约束,在宣传上进行引导,在榜样上进行带动,充分利用"道德讲堂"和微博、微信等新媒体传播文明新风。 其次,培养居民的公共意识。一方面可以通过会议、讲座和宣传标语等形式让居民意识到城市生活公共空间与传统乡村生活的不同;另一方面组织志愿者在社区内以各种形式进行环保、普法、城市生活规则、交通规则、公共空间使用和公共设施维护等方面的宣传教育。 再次,"撤村建居"社区居民的一个普遍特点就是自我效能意识不高,这进一步导致他们的政治参与、社会参与积极性不高,自治意识不强。因此,要为居民提供更多社区参与渠道,降低社区参与门槛,提高社区事务的公开性、公平性和透明性,提升居民的外在自我效能感。

(5)推进多元混居,构建异质化社区

多元混居一方面能够增强与其他市民群体的接触、沟通和良性互动,有利于居民的再社会化,进而促进"撤村建居"社区居民的社会融入。 另一方面,"撤村建居"社区相对于成熟的城市社区在基础设施、公共服务等方面还存在较大的差距,推进多元混居有利于实现基本公共服务的均等化。① 对于处于规划中的"撤村建居"社区,地方政府在政策制定方面可以以此为鉴进行规划,合理布局,推进多元混居。 而对于已经完成"撤村建居"工作的社区,政府和集体经济组织可以加大对居住小区的投入和治理,创造和谐的人居环境,从而吸引其他社会群体通过购房或者租赁的形式进入社区,实现另一种意义上的混居,从而形成社区居住群体的异质化。

(6)理顺社区内各组织关系,发挥协同合作效应

"撤村建居"社区是由农村社区向城市社区过渡的一类转制型社区,社区内存在各类组织,而社区治理体系是由传统的科层制结构转变为多元主体协同治理的网络化结构,因此在社区治理过程中如何划分各主体的职责,理顺

---

① 赵聚军:《跳跃式城镇化与新式城中村居住空间治理》,《国家行政学院学报》2015 年第 1 期,第 92-95 页。

相互之间的关系显得尤为重要。 首先，社区党组织是社区各类组织和各项工作的领导核心，是党和政府团结、引导、组织和服务基层群众的组织载体，要支持和保障居民委员会、集体经济组织、业委会、物业公司和其他社会组织依法履行各自责任。 其次，社区居民委员会是居民自我管理、自我教育、自我服务的基层群众性自治组织。 基层政府对居民委员会工作给予指导、支持和帮助，居民委员会协助基层政府展开相应工作。 同时，居民委员会应加强对集体经济组织、业主委员会、物业公司和其他社会组织的指导和监督，鼓励和支持他们积极参与社会治理，协助做好业委会组建和换届选举等工作。 集体经济组织是采用股份合作形式的自主经营、自负盈亏、独立核算的企业法人，受社区党组织和社区居民委员会的监督。 最后，业委会、物业公司和其他社区社会组织在独立展开各项社区服务之外，应积极配合居民委员会依法履行自治管理职能，接受居民委员会的指导和监督。 只有明确各自职责，才能在网络化的社区治理结构中更好地协同合作，发挥最大的作用。

（7）促进社会组织孵化，加强品牌化建设

对于"撤村建居"社区而言，志愿服务等民间社会参与并不缺乏，但居民自组织能力不强，组织化意识欠缺，这直接导致了社区社会组织发育不全，力量有限。 对此，街道和社区应该建立合理的引导和鼓励机制，促进各类社会组织在社区发育。 首先，要以社区居民的需求为重点，通过广泛调查和征求社区居民意见的方式，了解"撤村建居"社区居民的特殊需求，将社区内居民急需的服务项目、可为民服务的人员、可利用的服务设施进行梳理，分类建档，为社区社会组织培育发展奠定基础。 其次，要摸清社区辖区范围内社会组织或"准社会组织"的服务对象、类型、分布等情况，充分利用社区里现行的孵化基地和服务中心，进一步孵化有潜力的社区社会组织。 再次，要加强社会组织的品牌化建设，增强社区服务的个性化和专业化，打造特色的公共服务内容，创新公共服务供给方式，打造优质的社会组织品牌，并不断加以传播，形成各具特色的"一社一品"甚至"一社多品"局面。

（8）打造"全科社工"，推进"三社联动"

由于基层社区服务功能的延伸，新形势和新问题的出现，以及"撤村建居"社区特殊的"社情"，建立一套科学合理的社区工作人才培养、评价、使用和激励机制，打造一支结构合理、素质优良、"会管理、懂经营、贴民心、会服务"的"全科社工"队伍已势在必行。 首先，加强规范管理，建立科学的管理考评机制是基础；其次，整合"三社"资源，建立有效的教育培训机制是关键。 因此，鼓励社会工作者自主学习，建立"区级培训必修、街道培训选修、社区小班化培训"的模式，有针对性地开展政治理论、业务知识、个性化服务、工作技能、实务操作、继续教育和其他在职培训；要充分发挥初、中级社会工作师的作用，以打造"社工个性工作室"为载体，开设"社区工作个案分析论坛"，加强理论知识与实践工作经验的有效结合，为社工提供个性化培训服务。

同时，要探索"社区、社会组织、社工"三社联动，开创资源共享、优势互补、相互促进的良好局面，推动建设以社区为平台、以社会组织为载体、以社会工作专业人才队伍为支撑的社区服务管理新机制。 在推动"三社联动"的过程中要着重发挥政府的主导作用。 首先，政府要进行职能转变，厘清和社区的关系，实现"政社分开"，同时也要"政社互动"；其次，要大力培育社会组织，促进社会组织的孵化，为社会组织的发展提供良好的政策条件；再次，政府要帮助集结专业化的社工，引导社工的专业化发展，激励更多的人从事社工工作。 通过"三社联动"，在党和政府的领导下，统筹协调、整体运作社区建设、社会组织建设和社会工作，使之相互支持、渗透融合，从而充分激发社会组织活力，有效开展社会工作，解决社区问题，完善社区治理的过程。

（9）社区服务智能化升级，构建智慧社区

"撤村建居"社区的特殊背景，导致其信息化起步晚，社区服务智能化依旧处于起步阶段，因此，加强社区服务的智能化升级，是"撤村建居"社区走向"智慧社区"的第一步。 首先，完善提升"居民信息、社会事务、数字统计、居社互动、服务跟踪、绩效评估"等内容架构的数字管理平台，由专门的社工负责，并实施量效结合的工作考评机制，实现对社区居民反映问题的实时跟进处理以及对社工工作效能的全程跟踪，有效促进社区工作效能。 其次，在社区服务中心设立多样化的自助查询系统，如设置"政策导航"让居民群众能够查询各项政府出台的政策，了解办事流程；通过"二维码"让居民随时了解社区大小事务及周边信息，并通过网上留言板实现与社区工作人员的交流和咨询；设置查询系统方便居民查询违章记录、水、电、煤气、电话费等消费情况。 再次，充分利用互联网技术，与网格管理结合，录入社区网格民情信息，并将居民的查询、反馈、建言与社工进行互动对接，让社工可以随时查阅相关政策，随时记录数字化"民情日记"。 "智慧社区"的建设不能仅限于打造利用互联网和新媒体构建信息传达的平台，更重要的是利用智慧平台构建社区服务的职能系统，便利居民生活，实现实时互动。 当然，对于"撤村建居"社区而言，更重要的是要提升居民科学文化素质和信息化能力，对智能服务系统的使用进行简单的培训，从而切实提高信息化平台利用效率。

（10）创新流动人口管理，建设平安社区

首先，流动人口的管理关键在于精细化，而网格就是基层社区精细化管理的有力工具。 通过对网格进行梳理调整，明确网格功能职责，利用现有的行政资源对流动人口进行管理，提高流动人口登记管理率，落实流动人口育龄妇女的计划生育工作，加强巡防队伍力量，实现社区智能化门禁安装布点"全覆盖"，将社区的薪酬考核机制与网格管理挂钩。 同时，要规范社区治理的"一张网"建设，配齐配强人员，定好职责办好事、加大动态信息采集力度，实现网格、社区、街道、区四个层面事件的流转处置，在信息平台建成前，要按照现行的网格运行体系，做好网上网下的联动。

其次，要规范小区内的出租行为，整治流动人口的群租现象。 四季青街道江锦社区的"客栈化"租房管理模式值得借鉴和推广。 街道和社区出资为每幢楼安装门禁系统，并在主要的通道安装监控，租客在入住前，必须到"客栈前台"社区警务室办理手续，公安部门对其身份核查后，为租客办理出入单元门的智能门禁卡，门禁卡中包含了租客的个人信息，专人专卡；社区警务室建立 AB 登记本制度——A 本由房东登记，B 本由警务室保管，在定期走访中，两本一对照，信息就能及时更新；同时，定期召开出租房房东会议，请区住建局、区消防大队、四季青派出所、四季青街道综治科的工作人员进行群租危害及安全知识的培训，并要求房东按照基本规范对水、电、厕所进行整改，在每间群租房安装单机版的摄像头，配备灭火器，悬挂租赁、防盗、防火等宣传板。 通过这种"客栈化"的管理模式,最大限度地减少群租的危害,并逐步杜绝群租现象。

（11）帮助居民扩大人际交往,增加社会资本

由于受传统乡俗社会的影响,"撤村建居"社区居民交往的范围大多局限于建立在血缘、地缘等基础上的初级社会交往网络,这样狭小、同质化程度较高的人际交往圈极大地阻碍了其"城市化"进程。 对此,应该帮助居民扩大社会交往网络,增加社会资本,充分利用多元的社会支持系统。 首先,要鼓励居民积极走出去,通过工作、学习、交友等方式建立自己的业缘网,把人际交往范围扩散到社区以外。 其次,政府相关部门、社区居委会和社区党组织等要增强服务能力,取得居民的信任,帮助其转变观念,引导其切实提出自身诉求,从而帮助他们解决困难,建立和谐社区关系。 再次,培育社区各类社会组织,吸引居民参与,丰富其闲暇生活。 一方面能够提高居民社区参与能力,增强自我效能感,另一方面,居民可以在满足自身需求的基础上,结识更多社区居民,从而增进邻里之间的相互沟通了解,增强互帮互助。

（12）加大人力资本投资,帮助居民"增能"

人力资本主要是通过保健、教育、培训等的投入而获得的资本。 对于"撤村建居"社区居民来说,其受教育程度、综合技能、保健意识等相对较为欠缺,因而在人才市场上竞争力不强。 随着城市化进程的推进,居民们的居住条件、生活条件、经济条件等都得到了较大的改善,在享受城市化带来的福利的同时,居民应该加强对自身人力资本投资的意识。 首先,引导居民树立保健意识,注重自身的健康管理,养成科学的生活习惯,增强锻炼;还要树立为自身和下一代教育投资的意识,充分认识到教育所能带来的长期回报。 其次,提供便利的途径,建立针对不同对象的社区学校或开展各类技能培训课程,帮助居民提高科学文化水平,增强专业技能,提升综合素质;利用社区现有的资源搭建创业就业平台,鼓励社区居民多元就业,摆脱依赖拆迁赔偿金、集体股份分红和房租收入等生活的方式。

7

"撤村建居"和城市社区治理比较性研究
——以杭州市萧山区城厢街道为例①

在中国改革开放 40 年的历程中，经济发展虽取得巨大成就，社会发展严重"滞后"，这种滞后已经开始激化各种社会矛盾，并且成为经济持续发展的最大"瓶颈"。

7.1 政府职能转型和社区治理的实践

社会管理体制机制的创新是实现政府行政职能转型的题中之义，基层社区是创建公共服务型政府的基础，是推进公共服务社会化的最前沿组织，是政府组织和管理社会的必经途径，是居民实现自我管理、自我服务、自我监督的最直接平台，是承担政府公共服务的重要载体。

7.1.1 政府职能转型

为了落实科学发展观、实现可持续发展战略，达成经济和社会发展的和谐统一，政府职能的转型是一种必然趋势。根据新公共治理理论，政府应该实现由无限、全能、行政管理型政府向有限、责任、公共服务型政府的转变。

---

① 该调研报告的调研时间为 2012 年。

政府在公共服务供给过程中起催化作用,其管理职能应是"掌舵"而不是"划桨"。 政府可适当地将一些公共服务项目通过公开招标、出租、合同外包等形式交由第三方组织如私营企业或社会组织,政府仅对相关私营部门或社会组织起引导、监督和评估作用①。

社会管理和创新要重点抓好 8 个方面的工作意见,主要包括社会管理的组织格局问题、健全群众权益的机制问题、流动人口和特殊人群的管理及服务问题、完善基层社会管理和服务水平问题、公共安全体系问题、非公有制经济组织及社会组织管理问题、信息网络管理问题、思想道德建设问题等。 归纳起来可分为社会管理多元化主体责任、社会管理和服务机制、社会管理和创新的必要途径等 3 个层面社会管理和创新维度,而这所有问题最后都要落实到基层社区组织上,只有这样才能把社会管理和创新落到"实处"。

因此,要处理好基层政府与社区组织的关系,推动基层社区多元化责任体系的建立,充分发挥基层群众在社会管理和创新中的基础性作用;完善基层社会管理和服务机制,推动基层社会组织健康发展;基层社会管理和创新的必然途径,就是以维护基层群众的合法权益为目标,通过"顶层设计",强化政府公共服务职能,通过"基层重建",构建基层"利他主义"的社会支持网络。 所有这些目标的落实,必须以社区为载体,并融合在具体的社区治理过程中。 但是,在现实社区治理过程中,基层政府和社区之间的关系不顺畅,社区组织特别是社区居委会的自治能力受到一定程度的限制,社区居委会承担了过多基层政府"下放"的行政事务,甚至演变成了政府延伸到社区的"腿",形成"上面千条线,下面一根针"的社区治理现状。 应该说,政府"下放"的各种台账、各种行政任务十分繁重,专职的社区工作者忙于应付,同时还要兼顾政府主导的各种检查、考核、验收、评比和奖惩等等,消耗了大量的基层管理和服务资源,却无法达到"新型社区管理和服务体系"建设的要求。 显然,处理好基层政府和社区的关系、处理好基层社区与社区居民的关系,保持社区的相对独立性,实现社区自治,是社会管理创新的一个重要突

①奥斯本、盖布勒:《改革政府——企业精神如何改革着公营部门》,上海译文出版社1996 年版,第 1—26 页。

破口。

社区治理是政府社会治理的重要组成部分，要实现社会管理和创新，必然要实现社区治理模式的突破与发展。 纵观基层政府社会管理体制的历史演变过程，政府行政治理重心呈现明显的下移趋势。 街道办事处在成立初期承担着居民工作任务，统筹辖区内各社区协助落实好各项具体任务。 从成立之初的简单工作职能，到后来广泛性、综合性、社会性的管理职责，各个时期，街道办事处及社区都作为政府管理社会的必要手段和途径，落实社会管理各项任务。

1954 年，全国人大常委会颁布的《城市街道办事处组织条例》确定了街道办事处成立的目的、性质及主要工作内容。 1958 年以后，街道办事处承担的行政职能延伸到经济领域，并一度成为政社合一的政权组织，在广大农村被改名为"人民公社"。 在 20 世纪六七十年代，街道办事处更名为"街道革命委员会"。 1978 年后，街道办事处恢复了原有的名称和职责。 20 世纪 80 年代后，街道办事处作为区政府的派出机关，其权力来源于区政府，必须向区政府负责，由于街道受区政府指导，因此街道始终处于被支配和从属的地位，社区自治作用也未得到充分发挥，改革任务被迫提上日程。 经过 10 多年的变革发展后，街道办事处职能责任从单一的民政型的派出机构逐步转变为综合性、社会性、几乎涵盖了一级政府所有行政管理职能的基层管理机构，就大趋势来看，政府的行政治理责任重心正逐渐下移，街道办事处的管理权正逐步实体化。①

我国城市社区治理起源于社区服务，并开端于政府民政部门的社会福利工作。 1991 年 5 月，原民政部部长崔乃夫提出，社区工作包括社区服务、社区文化、社区医疗、社区康复、社区教育等各项民生内容，并强调要重视"社区建设"，这个观点得到了各地的支持。 北京、天津、青岛、上海、杭州、宁波、广州等城市大胆实践创新，为社区建设积累了许多成功的经验，并进一步推动城市社会建设不断发展，由此引起的各界对社区的认识也在不断升华，"社区建设可以促进社会更好发展"这一理念逐渐深入人心。 不断提高

---

①杨寅:《公共行政与社区发展》,浙江人民出版社 2005 年版,第 36 页。

社区服务的专业化水平,通过社区服务推动社区治理是经久不衰的主题。

新公共管理浪潮的推动下,政府职能转变是大势所趋,创新社会管理是实现政府职能转变的必然路径选择,而基层社区作为落实各项社会管理任务的基础平台,是社区治理成为社会管理的重要组成部分。 在城市化的高速发展过程中,在中国特色社会主义道路上形成了城市社区和"撤村建居"社区两种完全不同的社区类型,并保持着各自不同的发展优势。

杭州市萧山区城厢街道的社区治理经验具有先发性,可供其他地区借鉴学习。 城市化发展过程中,城市社区硬件设施及一系列的配套设施已较齐全,但在社区治理过程中,仍然面临着社区建设和发展的问题,即如何使城市社区的社区服务更加专业化、标准化,如何提高社区自治能力,最终提高城市社区社会资本存量。 同时,"撤村建居"社区在真正城市化过程中面临着新的改革难题,因其历史遗留问题具有很大的"惰性"很难彻底移除,而其所表现出对改革的抗拒性也较为突出。 在"撤村建居"社区建设中,应积极倡导将社区作为重要的治理平台,整合好"撤村建居"社区各方面的特有资源,促进农民市民化,完善社区居民保障,帮助"撤村建居"社区真正实现城市化。

我们通过对城厢街道两种类型社区治理模式在社区社会资本层面的积累与运用的比较性研究,展现了城市化进程中两种社区治理模式各自的特点。

整个研究以实证问卷调查和个案访谈为基本研究方法,对两种类型的社区进行对比分析。 具体而言,以社会资本理论为理论框架,分析城厢街道两类社区面临的社区治理困境以及各自不同的 "社区资本"积累,展现中国特色的城市化进程中社区治理的本土性经验,将社区资本进行社会制度维度、社会组织维度、社会价值维度的分层,从发展的过程展现社区治理的新目标和新路径。 新目标是"社区资本"的增量和社区支持度的提升,即社区和谐的人际关系;新途径是通过社区服务来凝聚"社区共同利益和文化",提升"社区参与度和认同度"。

7.1.2 两类社区治理实践

(1)城市社区治理模式实践研究

城市社区是以非农产业或第二、三产业为基础的,规模较大且结构较复杂的社区类型，起源晚于农村，大约产生于原始社会末期和奴隶制社会初期，而我国城市真正形成是在夏商时期，经历了数千年的发展历程。 城市社区治理始于 20 世纪 80 年代，正值改革开放步入正轨并不断深入发展的时期，国家机构、国有企业、经济体制改革进入深层发展阶段，市场经济体制不断成熟壮大，终身制的单位制社会结构开始瓦解，为了满足城市基层管理和居民的生活需求，政府逐步意识到社区及社会中介组织的积极作用，因此大力倡导发展社区建设。 民政部在 20 世纪 80 年代中期倡导的城市社区服务，被逐步拓展为全方位的社区建设。 社区建设坚持在党和政府的主导作用下，团结社区各利益团体，整合社区资源，进而增强基层社区的自治能力，通过为社区居民提供更多专业化社区服务，促进社区政治、经济、文化、环境的协调发展，不断提高社区成员的生活水平和生活质量。 20 世纪 80 年代后期，城市社区在社区服务、社区文化、社区教育、社区治安等方面取得了重大成就，并推动社区规划建设不断发展。 各地方政府也开始着眼于基层政权建设、社区服务、社区参与、社区环境、社区安全等基层社区工作，因地制宜形成社区特色。如上海、沈阳、武汉等地开始由街道办事处牵头，辖区内企事业单位、社会团体和居民代表各方主体共同参与社区工作委员会来推进社区治理工作，并为其他地区社区建设与社区发展创造了可供借鉴的宝贵经验。

第一，城市社区治理中的上海模式。 在 20 世纪 90 年代开始的社区建设浪潮中，作为第一批"全国社区建设实验区"之一的上海结合自身实际，发挥地方政府的重大自主性，形成了独具特色的"两级政府、三级管理、四级网络"社区治理模式，并在全国范围内产生了较大的影响，进行社区建设的地区纷纷效仿。 其具体做法是：①政府下放权力，增加街道的行政管理职能，通过保证街道所需的人、财、物等资源，充实和加强街道作为第二级管理层面的实际能力；②清晰职权和事权，政府将社区内公益类、社会类的工作交由所属街道统一负责，划分各条块的职能，明确政府与街道的地位关系，做到统一规划、分组管理、条块结合、以块为主；③改革街道组织机构，推动形成政企分开、政事分开以及政社分开的治理新格局，充分调动社区组织的社区治理参与积极性；④进一步强化街道的行政管理职能，探索建立街道综合执法管理队伍，依法对街道社区环境卫生、园林绿化、市容市貌、社会治安、房产物业、外来人口等方面进行有效管理，充分发挥联合执法和综合管理的效能。修订颁布《上海市街道办事处条例》并先后出台了与之配套的 12 个政策文件。① 上海社区治理模式最大的特色就在于明确街道与政府的分工职责，强调街道一级的行政管理独立性，并推动社区各类组织的社区参与能力。 此后，全国其他很多城市如北京、天津、南京也相继模仿实行"两级政府、三级管理、四级网络"的社区治理体制，逐步实现城市管理重心下移。

第二，城市社区治理中的沈阳模式。 沈阳模式发源于全国社区建设试验区——沈阳市沈河区，其主要工作是对社区组织进行有效的改革。 ①建立由社区居民和社区单位代表组成的社区成员代表大会，社区成员代表大会对社区居民负责并定期报告相关工作，具备一定的教育、服务、管理、监督等职能。 ②成立由社区内人大代表、政协委员、知名人士、居民代表、单位代表等组成的社区协商议事会，其主要职能是在社区成员代表大会闭会期间对社区事务进行协商、讨论，并享有对社区管理委员会工作的监督权；另外，设立社区党总支和支部等。 社区内各种组织共同形成社区的决策层、执行层、议事层和领导层，其相互关系类似于我国政治体制中的人大、政府、政协和党组织，始终坚持"社区自治、政社分离"的办事原则。② 其最大特点在于主张社区治理主体多元化，坚持多中心社区治理模式，社区 4 个治理主体相互制约、相互监督、相互促进，共同推动社区建设的顺利进行。 沈阳模式为我国社区管理体制改革探索出一条行之有效的新路，相比其他社区治理模式的推广程度，沈阳模式在全国的影响最大。

第三，城市社区治理中的江汉模式。 江汉模式是指武汉市江汉区在社区管理体制改革方面的成功经验，其主要内容是：①理顺居委会与街道、政府部门的关系：坚持两者之间指导与协助、服务与监督的关系；②明确政府、街道、社区的行政职责：政府部门主要保持行政管理职能，并承担行政任务，保持社区居委会的相对独立性，承担社区自治相关任务，居委会不必再和街道

---

①马西恒、鲍勃·谢比伯等，《中加社区治理模式比较研究——以上海和温哥华为例》，上海人民出版社 2006 年版，第 31 页。

②谢守红：《城市社区发展与社区规划》，中国物资出版社 2008 年版，第 42 页。

签订目标责任状；③政府部门面向社区，实现行政管理工作重心下移；④坚持费随事转，保持行政责任、行政权力和利益相一致性；⑤建立评议考核监督机制。① 江汉模式的核心特征是坚持政府职能的转变，政府下放权力，提高社区自治能力。 政府宏观调控，社区微观自治，通过双方的互动，合力进行社区建设。 江汉区率先在 9 个职能部门进行体制改革，充分保证各项工作内容落到实处，并取得了可供借鉴的宝贵经验。 江汉模式把创建新型政府调控机制与社区自治机制结合起来，对中国城市基层管理体制改革进行了大胆而富有成效的探索。

（2）"撤村建居"社区治理实践

根据《中华人民共和国城市居民委员会组织法》和其他相关法规精神，"村改居"就是将原先处在城市的边缘、现在已经纳入城区管理范围的村民委员会以及县（市）机关所在地、乡镇所在地的村民委员会改成居民委员会。 "撤村建居"社区的主要来源形态是"撤村建居"，是将"撤村建居"改造成为城市社区的一种过渡形态。 虽然"撤村建居"社区在非政府组织等层面的社会资本存量远低于城市社区，但从社会价值层面来看，"撤村建居"社区同样具有丰富的社会资本，因为社区中的大部分成员是原来自然村的村组织成员，群体的相识度高，对村组织中权威人士的认同度高；而且，一些经济实力较强的"撤村建居"社区，还能为社区发展积聚强大的经济资本。

杭州在 1998 年发布了"撤村建居"社区文件（市委办〔1998〕126 号），要求将市区建成区内的行政村和城郊人均耕地 0.1 亩以下或全村耕地总面积 20 亩以下的行政村建制撤销，居住集中的成建制建立居民区，居住分散的划入就近居民区，从而成为全国率先开展大规模"撤村建居"社区改革试点的城市之一。 21 世纪以后，随着城市化进程的加速，杭州市委市政府又在 2001 年、2004 年、2005 年、2007 年和 2008 年相继出台了一系列"撤村建居"社区文件，对"撤村建居"社区工作做了系统的规划。 通过 10 年"撤村建居"

---

①谢守红：《城市社区发展与社区规划》，中国物资出版社 2008 年版，第 43 页。

社区工程推进，杭州主城区累计命名 3 批共计 171 个“撤村建居”社区[1]。

　　第一，“撤村建居”社区社会管理功能。　“撤村建居”社区就是把城市建成区内的“撤村建居”中的农民转为居民，把村委会转为居委会，转制后将村内市政、环卫、供电、供水、供气以及治安等纳入城市管理的范畴，实行统一管理。　“撤村建居”社区一方面指农村社区向城市社区转变，另一方面指农民向市民转变，前者是社区治理模式的转变，后者是社区体制机制的转变。转制前，村民委员会的工作重心主要是负责发展集体经济，保证村集体经济的保值增值，居民工作仅在于调解纠纷、卫生检查、计划生育等。　转制后，社区居民委员会在保持原有的工作职责外，增加了更多的社会事务内容，协助政府或街道办事处依法维护社会治安、优化社区环境、优抚救助等，另外，随着各项行政工作进驻社区，如城管进社区、公安进社区、工商管理进社区等行政任务，转制后的社区居民委员会便承担了社会管理方方面面的任务。“撤村建居”社区的功能不仅是将农民从农业户口转为非农户口，更重要的是改变了农村传统的生产方式和农民的行为生活方式。　目前学术界对“撤村建居”社区的研究主要集中在 3 个方面：失地农民就业问题、农民社会保障问题、农民市民化问题，这 3 个问题归根到底也是对失地农民权益的保护。

　　第二，“撤村建居”社区集体经济量化管理。　“撤村建居”社区按照杭州市政府的政策规定保留了 10％左右的村集体留用地，用地性质从原来的农业生产用地变为集体建设用地，并已失去生产属性变为集体资产。　如何保护好村集体、村民各自的利益，对集体资产进行公平公正的分配和管理，是现阶段“撤村建居”社区要解决的重大课题，在实践中，对“撤村建居”社区集体资产的分配，主要是开展集体经济股份制改革，通过股份制改革明晰村民个人对村集体资产的使用权和收益权。

　　在集体经济股份制改革的方法上，存在两种不同模式。

　　其一，股份有限公司的改制模式：我国《公司法》规定，股份有限公司注册资本的最低限额为人民币 500 万元。　由于资金方面的限制，一般情况下需

---

①陈建胜:《社会资本视野下的“撤村建居”型社区治理研究:以杭州的实践为例》,《杭州（我们）》2010 年第 9 期,第 8—9 页。

要村集体净资产额较大、股东较多、整体经济水平较高的村才有可能采取这种改制模式。 这其实是先使"撤村建居"社区从经济上与城市社区接轨融合，由此促成经济发展接轨带动社会管理接轨的良性互动。 村民股东所持的股份可以自由转让，其他股东无权干涉，这是一种典型的"资金合作"公司。在对村属企业股份制改革的同时，还应建立现代企业管理机制，建立健全更加科学民主的管理决策机制和监督约束机制，并赋予原来的村民持股者"用手投票"和"用脚投票"的权利。 降低村民对集体资产的依赖度，推动"撤村建居"社区与城市社区各方面的相互整合发展，加速"村改居"的城市化进程。

其二， 股份合作企业的改制模式。 由劳动者投资入股，并按照民主原则参加经营管理和劳动，企业独立核算、自负盈亏的一种社区性经济组织，它是一种新型的企业形态，充分结合股份和合作的特征把股份合作企业塑造成较为独立的企业形态。 股份合作企业是指将村所属集体资产分成各股，有集体股和个人股两种类型，社区居民选举设立持股委员会，对全村集体村民负责，保有对村集体股份合作企业中集体股的持有权，并对集体股进行相应管理，集体股的收益全部用于社区的福利改善，如社区基础设施建设的完善；个人股股权量化到个人，由村民个人持有。 集体股和个人股的比例视各村情况而定。 当然，由于持股委员会对集体股的监督需要承担一定的道德风险，所以经过必要的集体村民表决程序后，原村民可以决定不设集体股①。

7.2 两种类型社区的抽样和基本特征

城厢街道地处萧山经济、文化中心，北与北干街道紧连，东与新塘街道相邻，南接蜀山街道，西邻滨江区西兴街道。 城厢街道面积 25.63km²，老城区偏多，居民老龄化程度偏高，辖 33 个社区，11.97 万人口，104 国道、03 省

---

① 刘香玲：《对"城中村"集体资产股份制改革的几点思考》，《生产力研究》，2010 年第 6 期，第 53—54 页。

道穿境而过，杭州萧山国际机场近在咫尺，交通便捷，区位优势明显，是萧山主要的居住区、旅游度假区和商业贸易区，是萧山政治文明、交通便捷、经济发达、环境优美的中心城区。

街道坚持以党的建设为核心，以经济建设为中心，以社区建设为重心，在上级主管部门的指导下，通过加快城市有机更新改造、加速居民自治制度完善、强化民生工程建设、加大社会保障力度、统筹协调各方配合等方式，展开了自觉的探索，取得了令人鼓舞的成绩。近几年，城厢街道涌现出一大批星级社区、文明示范社区，到 2012 年，街道有省级和谐社区 2 个、文明社区 3 个，省级示范社区居委会 8 个，省级特色社区 2 个，杭州市和谐社区 6 个，杭州市文明示范社区 3 个、文明社区 15 个，杭州市十佳特色社区 2 个，杭州市特色社区 16 个。2010 年，城厢街道实现地区生产总值 66.62 亿元，其中服务业增加值 58 亿元，服务业增加值占全街道增加值的比重达 87.1%。2010 年，实现财政总收入 15.4 亿元，2011 年前三季度已实现财政收入 13.94 亿元。

7.2.1 抽样过程

本次调研以萧山城厢街道为调查地点，前期以各城市社区和"撤村建居"社区的书记主任为调查对象，开展座谈会议，并进行一定量的个案访谈，了解社区大致情况，并对制度政策层面的相关内容有一定的了解及掌握。后期以社区居民为调查对象进行问卷调查，共发放问卷 550 份，回收 550 份，问卷回收率 100%。具体抽样过程如下：

（1）社区抽样

萧山城厢街道共有社区 33 个，其中"撤村建居"社区 11 个，城市社区 22 个。按照相对科学的抽样方法，本次调研问卷共抽取社区 15 个，其中"撤村建居"社区 5 个。

①5 个"撤村建居"社区的具体分配：在 2004 年翻牌的 3 个社区（湖头陈，东湘、杜湖）中抽取 1 个；在 1994 年转制的 8 个社区中抽取 4 个。②10 个城市社区的具体分配：老城区社区 6 个；新建商品房社区 2 个；新建混合社区 1 个；工厂单位型社区 1 个。③社区发放问卷在每个社区的数量分配：对

"撤村建居"社区，每个社区发放30份，5个社区共150份；对城市社区，每个社区发放40份，共400份。

（2）户抽样

按家庭经济情况对社区居民进行户抽样，并分为特殊户与一般户，具体要求如下：①特殊户。最低生活保障户及低收入边缘户家庭3—4户，残疾人家庭2—3户。特殊户的问卷数量为5—7份，若样本不足自动转入一般户的样本。②一般户。余下的问卷份数分配：每个"撤村建居"社区23—25份，每个城市社区33—35份。在余下的问卷数中，对"一般户"按照年龄标准划分为3段。每段的问卷数为：18—30周岁的占10％；31—59周岁的占60％；60周岁以上的占30％。具体分配如表7-1和表7-2所示。

表 7-1　社区抽样

	"撤村建居"社区	城市社区
抽样要求	①在2004年翻牌的3个社区(湖头陈、东湘、杜湖)中抽取1个 ②1994年转制的社区4个	①老城市社区6个 ②新建商品房社区2个 ③新建混合社区1个 ④工厂型社区1个
问卷份数	每个社区30份,5个社区共150份	每个社区40份,共400份

表 7-2　户抽样

特殊户		一般户			
		年龄	份数		比例（%）
			"撤村建居"社区（23—25份）	城市社区（33—35份）	
低保户：3—4份	残疾人：2—3份	18—30岁	2—3份	3—4份	10%
		31—59岁	14份	20份	60
		60岁及以上	7—8份	10—11份	30

7.2.2　调查对象基本情况

如表7-3所示，调查对象的男女性别比非常接近（48∶49.8），这与抽样

过程的科学性密切相关。年龄结构的分布与抽样过程中，要求的比例
10％∶60％∶30％的比例也保持基本一致，但由于在发放问卷的过程中每个
社区居民分布情况不可能一致，而且在发放问卷过程中，也允许根据各社区
的情况进行比例的上下浮动，所以不可能做到与原定比例完全一致。另外，
分析过程中的商品房社区是指新建商品房社区和混合型社区，老旧社区是指
工厂型社区和老的城市社区，"撤村建居"社区则是包括1994年和2004年转
制的两批城市社区，按此比例在抽样过程中要求的商品房社区、老旧社区和
"撤村建居"社区3者比例为20％∶50％∶30％（调查结果实际比例为14∶
59∶27）。因前两种社区类型界线不明确，所以存在一定的差异，但总趋势
是保持不变的。

表 7-3 调查对象的基本情况

性别结构	男:48.0％	女:49.8％	缺省①:2.2％	
年龄结构	18—30 岁:10.3％	31—59 岁:61.3％	60 岁以上:28.4％	
户籍结构	城厢城市户口:85.6％	城厢农村户口:6.2％	城厢街道外户口:5.5％	缺省:2.7％
教育结构	初中及以下:38.7％	高中或中专:30.7％	大专或大学:26.7％	硕士及以上:0.4％ / 缺省:3.5％
政治面貌	中共党员:31.8％	民主党派:0.2％	无党派人士:2.2％	一般群众:58.2％ / 缺省:7.6％
收入结构	低保户及边缘户:19.8％	中等收入水平:75.6％	高收入水平:1.6％	缺省:3.0％
居住时间	10 年以内:24.9％	10 至 30 年:42.0％	30 年以上:32.0％	缺省:1.1％
社区类型	商品房社区:14.0％	老旧社区:58.5％	"撤村建居"社区:26.7％	缺省:0.8％

调查结果显示，此次调查对象拥有城厢街道户口的占91.8％（包括城市

① "缺省"出现的说明:本次问卷设计了72个问题,共110个选项,设定被调查者完成100个选项的问卷即为有效问卷。这也导致每个选项的有效问题数实际上有所不同,故用"缺省"来弥补相关数量。

户口和农村户口），这与调查对象在社区的居住年限比例基本保持一致，外地人口的流动性一般比本地人口的流动性更大，居住时间长达 10 年以上拥有街道户口的可能性更大，结果显示调查对象在本社区内居住的年限高于 10 年的占 74.0%，而低于 10 年的比例仅为 24.9%，这其中还包括 2004 年刚转制的社区居民，2004 年至今其在本社区居住的时间最多也就 8 年。

7.2.3　两类社区基本情况比较分析

如表 7-4 所示，通过独立样本 T 检验，在 ∝＝0.05 的显著性水平下，在城市社区和"撤村建居"社区测量出的居民对社区硬件服务设施的感受存在显著性差异，再对社区类型与社区硬件服务设施进行相关分析。各类社区硬件服务设施是指现阶段各社区必须配备的六室四站二栏一家一校一场所，在显著性水平 ∝＝0.01 下，社区类型与各类硬件服务设施全部呈现显著性相关，两种分析保持较大的一致性，即相关系数越大，统计检验 T 值也就越大。

表 7-4　社区基本设施情况

| | 统计检验 T(∝＝0.05) | | 相关系数 P(∝＝0.01) |
	统计值 T＝	双尾显著性概率 sig＝	
社区党组织、居委会办公室	5.334	0.000	0.224
社区警务室	2.454	0.014	0.105
文体活动室	6.292	0.000	0.263
图书阅览室	6.250	0.000	0.261
资料档案室	3.785	0.000	0.163
城市管理服务室	5.950	0.000	0.253
劳动保障服务站	4.629	0.000	0.196
帮扶求助服务站	5.997	0.000	0.253
卫生计生服务站	5.263	0.000	0.222
社区志愿服务站	7.621	0.000	0.314
宣传栏（法制和科普）	6.594	0.000	0.274

	统计检验 T($\propto$＝0.05)		相关系数
	统计值 T＝	双尾显著性概率 sig＝	P($\propto$＝0.01)
社区居民事务公开栏	3.154	0.002	0.135
星光老年之家	4.840	0.000	0.206
社区市民学校	6.366	0.000	0.273
健身活动场所	7.243	0.000	0.300

　　硬件设施对居民的帮助度从高到低依次排列，即"非常有帮助""比较有帮助""一般""帮助不大""完全没有帮助"。而社区类型则按照城市社区、"撤村建居"社区依次排列。通过对独立样本 T 的检验，其双尾显著性概率 sig 值除了社区警务室为 0.014、社区居民事务公开栏为 0.002 外，其他都为 0.000，均远远小于统计检验的显著性水平 0.05，也就是说此时要拒绝原假设（对城市社区和"撤村建居"社区来说，其社区内硬件设施对居民日常生活的帮助度是没有差别的），接受备择假设（城市社区和"撤村建居"社区居民感受到了社区硬件设施对日常生活的帮助度存在显著性差异）。再对两变量显著性差异的方向进行检测分析即相关分析，所得数据显示社区类型与各类社区硬件设施之间存在明显的正相关，得出城市社区居民觉得社区硬件设施对日常生活的帮助度要高于"撤村建居"社区的结论，而得出这种结论的准确率为 99％。

　　分析出现这种情况的原因在于"撤村建居"社区是由农村转变而来的，社区硬件设施的配套都不如城市社区，社区的管理方式更是比较传统，并以领导者权威为重要基础。"撤村建居"社区干部趋于现实利益的考虑，更加注重"撤村建居"社区集体经济的发展，对社区服务开展和对社区居民日常生活的帮助及以上举措对社区治理的推动作用认识不足，因此忽视了社区社会管理功能的充分发挥。

　　如表 7-5 所示，我们将社区环境具体化为可测量的社区卫生环境、社区治安环境与社区绿化环境 3 个指标，把社区居民对社区环境的满意度具体化为非常满意、满意、一般、不太满意、不满意 5 个等级变量，首先对调查数据进行独立样本 T 的统计检验，以期证明两种类型的社区对社区大环境的满意度呈现显著性差异。

表 7-5　社区环境

	统计检验 T(∝＝0.01)		相关系数 P(∝＝0.01)
	统计值 T＝	双尾显著性概率 sig＝	
社区卫生环境	5.260	0.000	0.220
社区治安环境	3.160	0.002	0.134
社区绿化环境	7.283	0.000	0.298

通过 T 检验得出的分析结果和预期的确相符，如表 7-5 中，在 ∝＝0.01 显著性水平下，T 检验的双尾显著性概率 sig 值均小于 0.05，除了社区治安环境 sig 值为 0.002 外，其他两项值都为 0.000，即两种类型的社区对环境的满意度存在显著性差异。再通过相关分析得出社区类型和社区环境满意度呈现显著性正相关，即从整体上来说，城市社区对社区环境的满意度比"撤村建居"社区要高，而得出这个结论的准确率是 99%。

本次调查数据分析结果与现实的主观感受度和学者已有的研究结果是一致的，"撤村建居"社区的社区环境确实比城市社区相对更差一些，这也是多种因素共同作用的结果，比如说"撤村建居"社区居民较为传统的生活方式及居民整体素质偏低，另外"撤村建居"社区内的水、电、路、路灯、有线电视等基础设施和环境维护得不到政府应有的政策支持，大部分由村集体经济负担，这给集体经济带来巨大的压力，经济效益较好的"撤村建居"社区尚能承受相应的资金压力，而大部分经济基础较差的"撤村建居"社区对社区环境的改善往往有心无力，由此导致"撤村建居"社区的社区环境及基础设施与城市社区相比还有一定距离。

7.2.4　两类社区建设基本情况

为提高社区工作居民事务办事效率，萧山区建成了社区一门式服务大厅。城厢街道有 53% 的社区完成了一门式大厅的建设工作，有 30% 的社区还没有建立，如图 7-1 所示。调查中，有 81.3% 的被调查对象表示一门式办公大厅能够提高工作效率、方便居民办理事项，因此在城厢街道第三个五年社区发展规划中，将较大规模地完成一门式大厅的建设工作。而通过交叉分析显示，这种认同度在城市社区和"撤村建居"社区是没有明显差别的，即无论城市社区还是"撤村建居"社区都希望建成一门式办公大厅，这与前面调查对象对此项工作认同的调查数据结果是一致的。

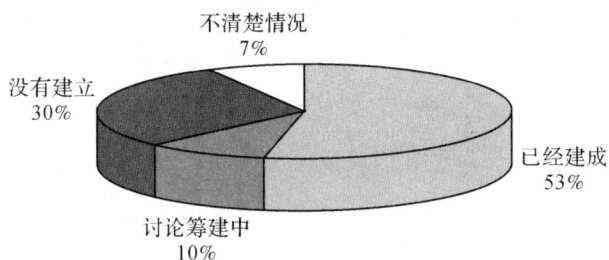

图 7-1 社区一门式办公大厅建立情况

而现实情况是城市社区一门式办公大厅的建成比例远远高于"撤村建居"社区（分别为 61.6％和 28.9％），这与两种类型的社区基础设施分布情况趋势保持一致性，不难想到，因为政策忽视与发展历程的短暂，"撤村建居"社区要想彻底完成一门式服务大厅的建设，其进程必然会慢于城市社区，如图 7-2 所示。

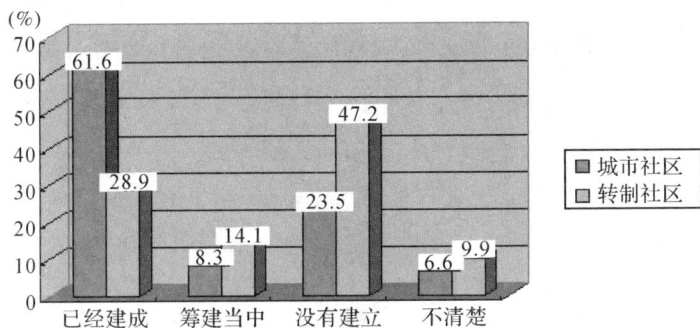

图 7-2 两类社区一门式办公大厅建立情况比较

城厢街道民情联系卡是以社区为单位向居民印发民情速递联系卡，卡上信息包括：①公开联系方式，及时公开联系人及联系电话；②承诺联系内容，根据各片、组实际情况做出片组户联系承诺，提出联系口号；③公开服务项目，整合社区公共服务站资源，积极向居民群众提供劳动保障、帮扶救助、文体健身、居家养老、计生指导、帮老托幼等服务，依托各社区特色服务队伍，为居民提供无偿、低偿、有偿服务项目。 当社区居民需要诸如开锁、修电器、家政服务时，只需按联系卡上的联系方式便可找到相关人员，获得免费或者低偿服务。

通过民情联系卡，既保证社区居民及时解决日常问题，也能增加社区居民的认同感。 调查数据分析显示，22.9％的被调查对象认为民情联系卡极大方便了日常生活，52.4％的被调查对象认为比较方便，这两项之和为75.3％，如图 7-3 所示，可见社区居民对民情联系卡的认同度也是非常高的。

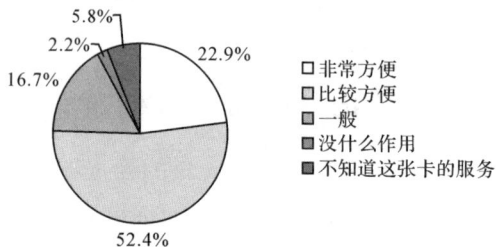

图 7-3　民情联系卡方便程度

城厢街道在第三个社区发展五年规划中提出"幸福文明"口号，而被调查对象表示城厢街道对此有利的因素包括经济实力强大（15.3％）、休闲旅游资源丰富（10.2％）、卫生环境整洁（29.1％）、绿化环境优美（21.9％）、服务业发展水平高、居民各种需求能得到满足（21.8％）、其他（1.7％），如图 7-4 所示。

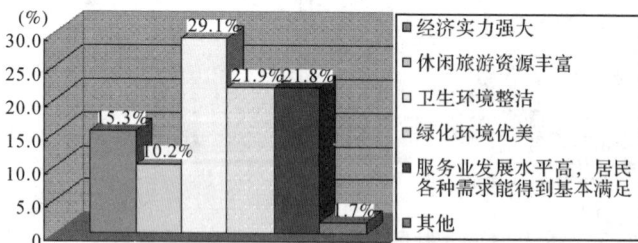

图 7-4　影响建设"幸福文化"街道的主要因素

各部分比例差别不明显，也就是说这些方面都是"幸福文明"口号的重要组成部分。 差别之处在于城厢街道处于萧山经济发展中心，经济发展水平比较高，而且内部有很多的旅游景点，如西湖的姊妹湖——湘湖、杭州乐园、杭州海洋公园、休博园等。而这些与居民日常生活联系不太紧密，只对游人更具吸引力。在现代社会中，人们更加关注精神层面的享受，因此经济发展水平和旅游资源所占比例会相对低一些。而社区居民对文明幸福的感受度与日常生活息息相关的内容如卫生环境、绿化环境、服务业发展水平等更密切。

7.3 两类社区社会资本存量分析

我们将社会资本理论分为3个维度，即社会制度规范维度（宏观）、社会组织维度（中观）、社会价值维度（微观）。

7.3.1 社区制度规范层面

研究假设之一是，城市社区比"撤村建居"社区得到更多的政府层面的社会资本。其中将社区制度规范具体化为3个指标，即对传统弱势群体的保障程度、社区普通居民服务的提供水平、社区建设的政策和财政支持。正规法律、政府主体以及司法等都是自我管理的个体在寻求技术建议、信息和辅助的监督和制裁体制时的重要资源。奥斯特罗姆等人认为，法律规则、民主气氛以及构建很好的政府等对任何社会来说都是有价值的社会资本。而格鲁塔尔甚至将"正式的制度结构，例如政府、政体、法律规则、司法系统、公民和政治自由"作为社会资本最重要的内容。

（1）城市社区对传统弱势群体保障高于"撤村建居"社区

对社区困难群体特别是残疾人、贫困人口及其家庭的保障工作的完善程度进行分析。完善程度分为"非常好""比较好""一般""比较差""不清楚"5个等级变量。通过独立样本T检验，如表7-6所示，统计值的双尾显著性概率4项指标都为0.000，远远小于显著性水平0.01，由此得出两种类型社区对贫困人口和残疾人口家庭的保障程度存在显著性差异的结论。相关分析结果显示这种差异性方向主要与显著性正相关，即城市社区对残疾人和贫困人口家庭的保障工作做得比"撤村建居"社区更为完善，而得出这种结论的准确率同样达到99%。问卷调查结论也与前期召开的社区座谈会议上反映的情况相符，"撤村建居"社区居民失去土地后没有稳定的经济来源，60岁以上的老年人每个月仅能得到570元的生活保障费用，远低于一般的城市老人退休金。对"撤村建居"社区残疾人口的救助和贫困人口的教育救助只停留在单一补助金的发放上，没有开展其他的救助服务活动。另外，我们通过描述统计得出，城厢街道"撤村建居"社区中失地农民就业途径大部分是自谋职业（占49.0%），只有少部分失地农民属于政府安置（占17.4%），另外农民通过自主创业（20.3%）或在集体经济上班（6.9%）等方式就业，还有的选择失业在家（6.4%）。

表 7-6　传统弱势群体保障分析

	统计检验 $T(\propto=0.01)$		相关系数 $P(\propto=0.01)$
	统计值 T=	双尾显著性概率 sig=	
对困难家庭做到"应保尽保"	5.507	0.000	0.231
无因病返贫，能及时获得医疗救助	4.042	0.000	0.172
残疾人能获得相应的救助服务	5.039	0.000	0.213
为困难家庭的孩子提供教育救助服务	5.600	0.000	0.235

（2）城市社区养老服务体系比"撤村建居"社区完备

如表7-7所示，T检验得出城市社区和"撤村建居"社区文化娱乐活动举办的频率呈现显著性差异，检验统计值T高达14.090，双尾显著性概率sig=0.000，相关系数高达0.521。也就是说，城市社区举办文化娱乐活动的频率要远远高于"撤村建居"社区，这与前期个案访谈中了解的情况相符，"撤村建居"社区的领导班子把主要精力花在了与居民切身利益相关的集体经济保值增值上，对其他社区管理活动关注较少，所以基本上很少系统地开展娱乐活动，最多也就只是每年举办一次新年活动。另外，城厢街道正在为整个街道的独居孤寡老人安装呼叫系统，方便老年人应急处理各种突发状况，所以居家养老一键通呼叫系统的检验所得统计值T要低很多，因两者实现完整的普及还有一定差距，所以现今的普及率也存在一定的差异性。

表 7-7   社区服务体系

	统计检验 T(∞=0.01)		相关系数 P(∞=0.01)
	统计值 T=	双尾显著性概率 sig=	
文化娱乐活动举办频率	14.090	0.000	0.521
居家养老一键通呼叫系统	3.149	0.002	0.147

针对各种人群开展的相关服务，如外来人口服务、妇女服务、青少年服务、残疾人服务，两种社区类型基本没有显著的差别，因社区服务体系不够完善对特殊人群开展的专项服务仅停留在表层阶段。如城市社区和"撤村建居"社区对外来人口的服务主要包括暂住证的办理、检查、排查（城市社区39.1%、"撤村建居"社区39.0%）及育龄妇女的计生工作（城市社区35.1%、"撤村建居"社区35.4%）；针对妇女开展的服务主要包括在每年组织育龄妇女体检（城市社区32.3%、"撤村建居"社区31.4%），在"三八"妇女节开展主题活动（城市社区30.6%、"撤村建居"社区23.7%）、计划生育服务上（城市社区23.5%、"撤村建居"社区28.8%）；针对青少年开展的活动主要包括青春期知识的教育（城市社区18.0%、"撤村建居"社区23.6%）、青少年法律知识教育（城市社区33.2%、"撤村建居"社区28.2%）、尊老爱幼主题活动（城市社区26.1%、"撤村建居"社区27.5%）；针对残疾人开展的服务主要包括残疾人就业服务（城市社区27.2%、"撤村建居"社区20.7%），落实残疾人的社会救助服务（城市社区32.6%、"撤村建居"社区34.4%）等。

（3）政府政策与财政支持向城市社区倾斜

"撤村建居"社区大部分经费来源都是集体资产，因此具有一定的经济独立性。而城市社区对政府的财政经费却具有较高的依赖性，其经费来源除某些社区自有商铺出租所获得的少量资金外（即使获得的租金较高也必须上交政府，只留下较少一部分供社区自行处理），更多是依靠政府财政拨款。如表7-8所示，以下数据显示也支持以上结论，城市社区与"撤村建居"社区在对政府财政支持的需求度上呈现显著性差异，而相关系数为0.142，即城市社区居民相比"撤村建居"社区居民更需要政府加大财政支持。而在加大专业

人员（指具有一定社会工作专业背景的工作人员）的配备力度上，统计值 T=
4.834，相关系数为 0.251，即"撤村建居"社区对加大专业人员的配备力度
的急迫程度不及城市社区。 这主要是由于社会工作属于新兴专业，"撤村建
居"社区居民对社会工作专业的认识度不高，他们更多依赖传统的权威进行
社区管理，如原来的村主任转为社区主任来管理集体经济。 从对社会工作了
解程度来看，"非常了解"的城市社区的居民占 13.2％，"撤村建居"社区的
居民占 9.5％；"比较了解"的城市社区居民占 58.8％，"撤村建居"社区居
民占 53.1％；"不太了解"的城市社区居民占 23.8％，"撤村建居"社区居
民占 34.0％；"完全不了解"的城市社区居民占 1.7％，"撤村建居"社区居
民占 0.7％；其余为缺省值。 由此可见，城市社区居民比"撤村建居"社区
居民对社会工作的熟悉度要高些。

表 7-8　政府支持分析

	统计检验 T(∞=0.01)		相关系数 P(∞=0.01)
	统计值 T=	双尾显著性概率 sig=	
加大政府财政支持	3.205	0.001	0.142
加大专业人员的配备力度	4.834	0.000	0.251

7.3.2　社区组织层面

社区组织是指社区自组织、辖区企事业单位及社区社会组织。 社区自组
织包括社区居委会、社区党组织、社区服务中心；辖区单位主要指在社区范围
内开展经营活动的企业或事业单位；社区社会组织是指由社区居民自发形成
的社区志愿组织或不以营利为目的的民办社会机构。 研究假设城市社区自组
织、辖区单位及各类社会组织为城市社区建设积蓄了重要的社会资本，"撤村
建居"社区组织层面的社会资本相对缺乏，但"撤村建居"社区的集体经济组
织为"撤村建居"社区提供了丰富的资金支持，以弥补部分社会资本的不足。
帕特南认为，公民社会组织如工会、教堂以及社会团体等，在社会资本的生产
过程中有非常重要的作用，它们弥合了社会裂缝，整合了不同背景和价值观
的人们，促进了如宽容、合作和互惠等"心智习惯"的养成，并形成了亲密

的、丰富的、活跃的社会基础。

（1）社区自组织发育保持一致性，城市社区自组织体系更加完备

将社区组织具体化为社区党组织开展活动的形式、社区居委会工作人员的工作方向、社区物业管理情况、社区卫生服务中心提供的服务以及社区一门式办公大厅建设情况等指标，然后通过对各类社区组织开展的相关服务来分析城市社区与"撤村建居"社区内社区自组织发育的成熟度。这些社区组织是每个社区都有基本的配套组织，且在实际工作中与街道具有密切关系，所以，城市社区与"撤村建居"社区在社区自组织开展的活动中存在的差异性相对较小。

城市社区与"撤村建居"社区的社区党支部开展活动主要有社区党员学习活动（城市社区31.8%、"撤村建居"社区33.9%）、社区志愿服务活动（城市社区26.8%、"撤村建居"社区17.9%）、对困难群众的帮扶活动（城市社区17.8%、"撤村建居"社区21.2%）；对社区物业管理的主要问题也达成了一致意见，即认为应该提高物业管理专业水平（城市社区40.3%、"撤村建居"社区38.6%）最为重要；街道社区服务中心开展的活动依次主要有计生服务（城市社区20.1%、"撤村建居"社区23.8%）、便民利民服务（城市社区20.9%、"撤村建居"社区18.5%）、帮扶救助服务（城市社区18.2%、"撤村建居"社区17.4%）；社区居委会工作人员需要保持良好的工作服务态度（城市社区29.9%、"撤村建居"社区34.8%），提高专业化服务能力（城市社区26.0%、"撤村建居"社区23.4%）。通过数据比较可以看出城市社区与"撤村建居"社区居民在社区组织各项工作完善之处所表达的意见具有较大的一致性。"撤村建居"社区的社区志愿服务活动更多的是一种自发形成的互助活动，而城市社区对社区服务需要完善的认识程度比"撤村建居"社区高。

（2）城市社区企事业单位分布较完备，"撤村建居"社区集体经济组织支持社区建设程度高

社区企业单位分布的统计检验值T值都呈现较大分布，其中社区幼儿园及小学的统计值T达到10.698，双尾显著性概率sig值均为0.000，也就是说城市社区和"撤村建居"社区在其辖区内拥有的各类企事业单位情况呈现显

著性差异，如表 7-9 所示。 相关系数值较高且呈现正相关，即城市社区比"撤村建居"社区拥有的医院、学校、超市、银行等各类企事业单位更为完备。 城厢街道于 1994 年开始第一批 8 个行政村的转制工作，且大部分在拆迁后统一建成居民区，各类企事业单位建立的各方面条件不如城市社区成熟。 相对来说，城市社区发展时间比"撤村建居"社区早得多，各类社区服务业及商业都较为发达。

表 7-9　社区企事业单位分布

	统计检验 T(∞＝0.01)		相关系数 P(∞＝0.01)
	统计值 T＝	双尾显著性概率 sig＝	
医院(非社区卫生服务中心)	8.071	0.000	0.342
幼儿园、小学	10.698	0.000	0.421
初高中及各类职业学校	5.031	0.000	0.225
正规超市	5.502	0.000	0.242
各类银行	4.738	0.000	0.207

社区辖区内企事业单位参与社区活动的方式有提供场地，占 31.9％；提供一定的资金，占 17.4％；提供一定的人员，占 20.3％；提供一定的物力，占 10.9％；提供一定的技术，占 5.5％；为活动做一定的宣传，占 14.1％。由此可见社区辖区单位参与活动主要还是采取非资金形式，辖区单位参与社区活动能够提高居民对企事业单位的认同度，为辖区单位的发展提供良好的外部环境，另外政府部门也有专门的政策文件要求社区共建单位必须为社区的发展提供一定支持，所以当社区开展相关活动需要辖区单位的支持时，辖区单位也会按能力提供一定的场地及人员支持甚至部分物质支持。 由于城市社区建设对政府财政资金的严重依赖性，被调查对象也表示最希望得到辖区单位对社区的资金支持比例，占 28.2％。 城厢街道老旧小区较多，这些社区或多或少都面临社区办公用房不足问题，很多时候社区居委会想要开展社区建设活动，却总因苦于没有场地而无力办事，调查结果也显示居民希望辖区单位为社区提供场地占 24.7％，仅低于资金支持。 但需要指出的是，"撤村

建居"社区的集体经济组织能为其社区治理提供重要的资金支持，这也是"撤村建居"社区优于城市社区的一个重要方面，而集体经济效益较好的"撤村建居"社区，居民每年还能从集体经济中获得股份分红。

（3）城市社区社会组织资本存量明显高于"撤村建居"社区

社区志愿服务组织、民办的社会服务机构、社会文化体育团体是现代城市社区发育成熟的标志之一。社会组织发育较为成熟的社区，其社区社会组织体系则较为完备，而"撤村建居"的社区管理更多地依赖管理者的个人权威，其管理方式在一定程度上还受传统的农村社区的管理方式的影响，对社区社会组织的认识不足，以家庭为主要交往方向的传统观念还没有彻底改变，如表7-10所示。研究通过社区志愿服务组织、民办的社会服务机构、社区文化体育团体3种社区社会组织收集相关数据，根据独立样本T检验，发现统计值T的值都较高，也即城市社区与"撤村建居"社区拥有各类社区社会组织的情况呈现显著性差异。再进行相关分析，所得相关系数也非常高，高达0.485及0.464，也就是说，城市社区拥有各类社区志愿服务组织的程度比"撤村建居"社区要高得多，而民办的社会服务机构的相关系数值相对较低，因为这类社会组织在我国仍属于较新兴的事务，在城市社区也才刚刚发展起来，而社会组织在"撤村建居"社区就更难产生了。

表 7-10　社区社会组织分布

	统计检验 T($\propto$＝0.01)		相关系数 P($\propto$＝0.01)
	统计值 T＝	双尾显著性概率 sig＝	
社区志愿服务组织	12.643	0.000	
民办的社会服务机构	6.358	0.000	0.281
社区文化体育团体	11.711	0.000	0.464

7.3.3　社区价值层面

除社会网络及规范以外，社会资本还有一个非常重要的内容是信任。价值层面的信任会使居民之间产生广泛的合作与互惠。信任本身不仅是一个有争议的概念，而且还有很多其他与之接近但又不完全相同的同义词和术语，如相互性、互惠、尊敬、团结、宽容、互助等。 奥斯特罗姆认为，信任作为社会资本的一种形式，是促进志愿合作的一个包含最广的因素；社会资本的其他形式促进成功的集体行动的产生，几乎也总是通过加强行动者之间的信任才做到的。

我们从社区价值层面来分析社区社会资本存量，将社区价值具体化为以下 3 个指标：社区居民在本社区的幸福程度、社区居民关系、社区居民对社区事务的关心程度。 假设检验结果是城市社区居民的生活幸福度高于"撤村建居"社区；在社区居民之间的关系上，"撤村建居"社区居民之间呈现出更强的居民合作与信任关系；城市社区居民的公民意识强于"撤村建居"社区，居民的社区自治能力高于"撤村建居"社区。

（1）城市社区居民生活的幸福度高于"撤村建居"社区

对数据进行独立样本 T 统计检验，变量社区类型值分别为城市社区与"撤村建居"社区，社区生活的幸福程度值分别为非常幸福、比较幸福、一般、不太幸福、完全不幸福 5 个等级变量。 如表 7-11 所示，统计值 $t=4.801$，自由度 $df=539$，t 分布的双尾显著性概率 $sig=0.000<0.05$，因此拒绝原假设 $H_0：U_1=U_2$，认为两种社区类型的社区居民对生活在本社区的生活满意度呈现出显著性差异，而两种社区类型的生活满意度均值差为 0.299，均值差的标准误为 0.062，两类社区对生活满意度的均值差在 95% 的置信区间 [0.177，0.421]。 对调查数据结果进行相关分析，如表 7-12 所示，在显著性水平 $\propto=0.01$ 时，所得皮尔逊相关系数为 0.203，双尾显著性概率 $sig=0.000<0.01$，则双边检测结果为社区类型与社区居民的社区生活幸福度呈显著性正相关。 这也符合前面对两种社区类型在基础设施、社区环境、社区服务提供的能力及现状方面进行的分析，"撤村建居"社区的完善程度要低于城市社区，"撤村建居"社区居民由于日常在这些方面的感受，对社区的幸福感受度要低于城市社区。

表 7-11　社区生活幸福度独立样本检验

		均值方程的 t 检验						
							差分的 95% 置信区间	
		t	df	Sig.（双侧）	均值差值	标准误差值	下限	上限
社区生活幸福度	假设方差相等	−4.801	539	0.000	−0.299	0.062	−0.421	−0.177
	假设方差不相等	−4.448	226.105	0.000	−0.299	0.067	−0.431	−0.167

表 7-12　社区生活幸福度相关分析

		社区类型	社区生活幸福度
社区类型	皮尔逊相关系数	1	0.203**
	Sig.（2-tailed)		0.000
社区生活幸福度	皮尔逊相关系数	0.203**	1
	Sig.（2-tailed)	0.000	

＊＊．在显著性水平∝＝0.01 时双边检测为显著性相关。

（2）"撤村建居"社区居民之间的信任与互惠度高于城市社区

将社区居民的交往对象作为了解社区居民关系的一项具体指标，交往对象主要有家人、亲戚、朋友、邻居、同事、生意伙伴等。将社区类型与交往对象进行交叉分析发现，两种社区类型其居民的交往对象主要集中在家人、亲戚、朋友（城市社区 41.5%、"撤村建居"社区 45.2%），与本社区邻居交往相对要低一些（城市社区 37.7%、"撤村建居"社区 39.5%），还有一点不同的是，"撤村建居"社区与社区邻居交往的比例要略高于城市社区，城市社区居民相互间的冷漠态度历来就是广大学者讨论的焦点，由于"撤村建居"社区是从传统的农村转变而来的，居民之间的相识度普遍较高，而且受传统价值观念的影响，居民之间较注重邻里关系的维护。而社区居民与社区居委会干部的交往比例不高（城市社区 14.3%、"撤村建居"社区 7.6%）。由于城市社区居委会管理已得到社区居民一定的认同，居民对社区居委会的工作也有较多了解，而"撤村建居"社区其社区居委会的管理无论是管理体制还是方法都还没能和城市社区接轨，社区管理的基础主要是领导干部的个人权威，所以当"撤村建居"社区居民遇到问题时，更多的是依靠个人的社会关系网络解决问题，而不会向社区居委会救助，如图 7-5 所示。

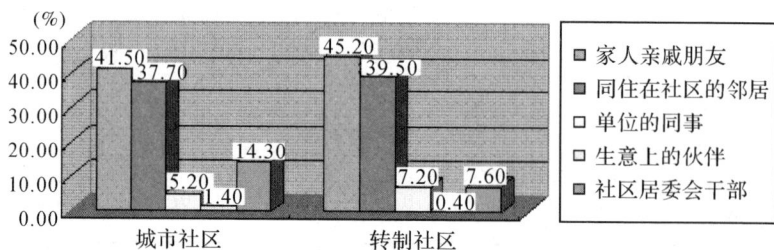

图 7-5   社区居民信任度

（3）城市社区居民自治意识较"撤村建居"社区强

将社区居民对社区事务的关心程度具体化为两个指标：一是社区居民非常关心社区事务的比例；二是社区居民经常向社区居委会提出建议的比例。指标一是从个人意愿态度上说明社区居民对社区事务的关心程度，指标二是从个人具体行动上说明社区居民对社区事务的关心程度。意愿往往会高于具体行动指数，因将意愿转化为具体行动总是需要考虑各种现实因素，所以两个指标系数相差较大，但系数比例所反应的趋势却是一致的。如表 7-13 所示，两种类型社区的居民非常关心社区事务（城市社区 45.7%、"撤村建居"社区 42.1%），经常向社区居委会提出建议（城市社区 10.0%、"撤村建居"社区 6.8%）。城市社区居民更加关心社区事务，社区居民的自治意识较强，注重在社区中维护自身利益。城市社区管理体制较"撤村建居"社区而言更成体系，社会组织发育也更加成熟，所以社区居民更关心社区事务。"撤村建居"社区受传统农村观念的影响，其居民自治意识不及城市社区，对社区事务的关注度也不及城市社区。

表 7-13　社区事务关注度

	城市社区		"撤村建居"社区	
	计数	比例（%）	计数	比例（%）
非常关心社区事务	181	45.7	61	42.1
经常向社区居委会提建议	40	10.0	10	6.8

　　社区居委会在社区治理中发挥了重要的枢纽作用，促进了社区居民与政府机构或社区居民与辖区单位之间的沟通交流，社区居委会与居民保持着良好的互动方式，这能使社区居委会以比较宽容的态度对待社区居民所提供的意见和建议。 调查数据显示，社区居民了解街道信息的主要方式是通过社区居委会（28.6%）及社区宣传栏（27.8%），这两项由社区居委会组织的事项所占比重之和为 56.4%，通过街道网站、街道广播等了解信息所占比例之和为 17%。 而在个案访谈中，我们也发现有些社区居民如果对辖区单位有意见，会主动向社区居委会反映，由社区居委会与有关单位沟通调解，只有当调解不成才会走法律程序。 社区居民对社区建设有建议或者意见时，社区居民也会选择比较直接的方式，如直接向工作人员反映（48.6%）、电话反映（24.0%），越级向街道反映情况的仅为 4.7%。 这进一步说明社区居委会与社区居民保持了良好的互动关系。

7.3.4　两类社区社会资本存量对比分析

　　改革开放以来，各种资源的获取不再依靠工作单位获得，转而通过市场途径取得。 以前由单位承担的各种社会管理职能逐步由社区来承接，社区取代单位成为城市居民的生活中心，成为社区居民的重要活动空间。 城厢街道城市社区建设起步早，发展快，社区管理体制已基本成形，社区各类社会组织也较为完备。 城厢街道"撤村建居"社区是最早始于 1994 年的第一批"撤村建居"社区，为促进城市化的发展，社区管理从传统的农村管理方式逐步向城市社区转变，距今不到 20 年，各类服务理念、管理观念仍在一定程度上受传统方式影响。

（1）社区制度层面：城市社区社会资本较"撤村建居"社区丰富

社区建设始于城市社区，政府出台了很多关于城市社区建设的政策与规章，国家重要领导人在各地考察工作时发表的重要讲话，都指出了城市社区建设的重要性，并提出了开展社区工作的指导方针，中央及各部委的政策规章、地方政策规章以及我国重要城区街道社区建设管理体制的相关经验总结也相对较多。这些又反过来为城市社区治理工作的开展提供了充足的政策及规章支持，为各地社区治理提供经验借鉴。"撤村建居"社区由于发展时间较短，政府对其发展仅有引导，并没有为"撤村建居"社区该如何进行社区建设和社区发展提供具体详细的政策指导，"撤村建居"社区的建设工作还处于摸索阶段。

城市社区的社区管理及社区建设完全依靠政府的财政拨款，各项经费也被纳入政府财政预算，而"撤村建居"社区的公共财政体系尚未建立，没有公共财政的有力支撑，目前仅"撤村建居"社区主要干部的工资由政府拨付，其他大部分社区建设费用都来自集体经济的收益，这给"撤村建居"社区集体经济带来了巨大的压力。部分"撤村建居"社区由于其集体经济实力不够雄厚，无法同城市社区那样支持高水平的社区建设，导致其社区的市政、环卫、供电、供水等社区条件相对城市社区来说差很多。有些集体经济不景气的社区甚至可能因为经济能力不足，使得社区的各类硬件设施配备远差于城市社区。

虽然"撤村建居"社区在形式上已经由农村社区转变为城市社区，但居民的思想方式、行为方法以及社区管理方式都受传统模式的影响，部分社区居民更关注社区干部是否能保证社区集体经济的保值增值，而对社区服务提供能力等方面的要求较低。城市社区各类社区服务活动起步早，社区各类服务种类多，服务能力高，基本形成标准化、系统化的社区服务体系。

（2）社区组织层面：城市社区组织资本拥有及利用情况较好

城市社区历史发展时间较长，其社区自组织结构发展相对成熟，组织的管理方式也更加科学化、合理化，社区工作的社会工作专业性较强。城市社区居委会工作人员平均年龄远小于"撤村建居"社区，而"撤村建居"社区书记、主任大都由原来村委会中的村支书、村主任担任，年龄相对较大。城市社区工作者具有社会工作专业背景的人也明显多于"撤村建居"社区，"撤村建居"社区除配备的大学生村官拥有较高的文化水平外，其他工作成员的专业能力和文化素质都相对较低。因此城市社区自组织能力要比"撤村建居"社区要高得多。

城市社区辖区企事业单位的进驻情况也较"撤村建居"社区更多，城市社区辖区单位在社区建设的过程中对社区会有一定的物力、人力支持，如潇湘社区在节假日时要组织一场文娱活动，其辖区内单位杭齿集团总能为其提供活动场地，杭齿集团的部分员工与社区居民结成对子，当社区居民需要帮助时，企业成员都会热情帮助；如位于百尺溇社区的中信银行每年为社区的老年活动室订购报纸；崇化社区与萧山绿康医院合作，绿康医院定期派人在社区内义诊，开展健康讲座，为社区提供健康器材等。这种与辖区内企业的合作，城市社区较"撤村建居"社区更多。"撤村建居"社区大部分是拆迁之后建设的居民安置住宅，其辖区单位本就不多，可为"撤村建居"社区提供经济支持的仅有集体经济组织，另外，"撤村建居"社区居委会干部与辖区单位共驻共建社区的意识也不足。

政府无法在所有社会问题的解决和公共服务的提供上满足人民群众日益增长的需求，企业组织由于其股东利益最大化的本质属性，也很难真正在公共服务尤其是涉及弱势群体的公共服务中发挥作用，而具有非营利和公益性的社会组织能很好地弥补这一缺陷。虽然萧山区和杭州主城区的经济发展水平都很高，但萧山区的社会发展水平却远远不及杭州主城区，更谈不上社会组织的成长发育，从整体上来说，萧山社区社会组织层面的资本存量明显不足，城厢街道虽属于全国和谐示范街道，但是其社区社会组织的发育水平并不高。

（3）社区价值层面："撤村建居"社区居民社区认同感较城市社区高

"撤村建居"社区居民基本都是原来本村的村民，社区居民间的熟悉度较高，居民之间大部分也"知根知底"，所以居民对社区的归属感较强，社区居民的思维方式、行为方式也会保持比较大的一致性，对社区同一个问题的反应也趋相同，社区居民之间的信任感和相互合作、协作的意愿更加明显。另外，"撤村建居"社区居民之间有一个共同的利益方向——村集体经济的保值增值，共同的利益目标使社区居民之间更容易形成一种内部的凝聚力，增加其对本社区的认同，而将本社区的居民与其他社区居民区分开来。 城市社区受快速发展的经济的影响，社区居民生活方式和习惯也都呈"快餐式"，城市社区居民除了对隔壁邻居有一定了解外，可能与同一单元楼的住户也互不相识。 同时，受金钱及社会地位的影响，大部分社区居民对自己工作单位的事务比较了解，对社区事务基本不予关心。 社区居民只有需要去社区居委会盖章或其要经过居委会帮助时才会想到社区居委会，否则一般不会去居委会，对社区工作人员也持冷漠的态度。 很显然，越是新建的商品房社区，居民之间这种态度冷漠、社区归属感严重不足的现象就越明显。 但在实地调查中，我们发现有一种城市社区出现例外情况，即单位型城市社区（所居住居民大部分为某一大型企业的职工），其社区居民之间的关系较为密切，居民之间的高相识度使居民的社区归属感也相对较高。 如城厢街道潇湘社区原为杭齿集团职工宿舍区，后转托给街道管理，其大部分社区居民都是杭齿集团离退休或在职职工，相互之间的认识程度很高，社区居民同一性较大，对同一个问题容易引起共鸣，由于对集团企业的归属感强，社区与集团企业保持着良好的关系，社区居民对整个社区也具有强烈的归属感和认同感，社区居民之间、居民与社区之间保持着较高协调与合作的互动行为方式。

7.4 增加社区社会资本存量的实践措施

7.4.1 城厢街道民情联系服务机制

根据目前推行的"网格化管理，组团式服务，片组户联系"民情联系服务机制的部署，结合党员群众反映的意见、建议，通过"了解民情规范化，服务网络化、爱心服务社会化、服务居民人性化"4 项举措，确保实现"民情速递，爱心直达"。 城厢街道按照机关干部定格进管理片区、村干部定责进网格化管理组的要求，划定了 13 个管理片区和网格化管理组，明确联系户，全面实行以镇街领导班子成员为片长、镇街机关干部和村干部为组长、党员和

村民组长为骨干、覆盖全体社区群众的民情联系服务制度，成立服务组 214
个，4314 名党员干部定格进服务组。 通过完善民情接待室等硬件设施，制定
民情联系服务卡、民情服务手册等一系列便民服务台账资料，扎实开展民情
服务。

城厢街道通过挂起民情信箱、发放民情速递联系卡、开通民情热线、记好
民情日记等举措，扎实开展"进百家门、听百家言、解百家难、联百家情"的
民情访谈服务活动，使了解民情制度规范化、经常化。 截至目前，全街道共
挂出民情信箱 2107 只，收到居民群众来信 782 封，要求解决问题 591 个，解
决各类问题 239 个。 城厢街道推出"一社一品"活动，各社区建立了自身的
品牌特色活动，为社区居民提供优质服务，都得到了居民的认可。

根据城厢街道民情服务机制，下辖各社区根据自身特色，建立社区特色
服务项目，创立社区服务品牌，真正为社区居民服务，满足社区居民的各种日
常生活需要，提高社区居民对社区的归属感和认同感，并为社区居民建立了
一个无形的社区关系网络，这个关系网络中的各个点代表着社区居民在各种
日常生活中需要的解决方式，这个关系网络覆盖全体社区居民，社区居民遇
到各种日常生活问题都可通过民情服务机制得到一定程度的解决。 这种无形
的社区居民关系网络也成了社区治理中重要的社区社会资本。

7.4.2 社区区域联建党建共建机制

社区党组织是基层党组织建设领导的重要途径，充分发挥社区党组织在
基层政权建设和社会事务管理中的领导核心作用，是有力推进和谐社区建设
的政治保障和组织保证。 通过党建引领系统的建设，党员的先锋模范作用得
以充分发挥，党员的"实力、魅力、活力"得以充分展示，党组织的"影响
力、凝聚力、战斗力"得以充分提供，而这些最终将有助于激发社区居民"创
新、创业、创优"的热情，引领社区建设中一切可供利用的社会力量和社会资
源形成巨大的社区建设推动力。 按照党组织原则和街道具体情况，城厢街道
重点建设富有特色的"楼道党支部"，让党的温暖进入楼道，服务到门口。
"先锋楼"党支部积极筹资，为居民维护楼道设施；"互助楼"党支部精心策
划"邻里互助"活动方案，开展助困结对、邻里照看等互助活动；"学习楼"

党支部在楼道内设立书报交换站，共享学习资源、共建学习楼道等。同时，管好和用好社区内的在职党员，根据在职党员的职业特点和个人专长，适宜、适时、适度地组织在职党员参加社区建设。城厢街道各社区积极开展"党员捐赠日""党员义务劳动日"等多种活动，发挥好在职党员的模范带头作用；积极借鉴社区党建工作经验，推出"党员名片"制度以及为民办实事的各项活动（认养一块绿地，管好一个楼道，做一件好事，结一个对子，献一个计策等）。

城厢街道建立区域性横向联动组织网络，形成街道党工委牵头，辖区内机关、企事业单位、社区、学校、"两新"组织、党组织共同参与的区域性党建共建工作组织即城厢街道区域联建党建共建工作联席会。街道充分挖掘辖区优势，坚持以街道党建共建联席会为抓手，以社区在职党员联络站和流动党员管理服务站为平台，加强辖区内党组织之间的横向联系，强化社区党组织在地区性、社会性、群众性工作中的组织协调功能，通过制订共建规划，签订共建协议，明确社区和辖区单位的责任和义务，适时召开联席会、座谈会等，及时通报社情民情，加强沟通，交流经验，夯实区域党建共建工作；按照资源共享、优势互补的原则，各社区整合辖区内人力资源、物质资源，驻区单位尽其所能，为社区开展活动提供支持，街道、社区也本着互惠互利的原则，主动将会议室、活动场所向驻区单位开放，实现区域资源效益最大化。通过区域性联建党建共建工作联席会，辖区单位与社区形成了良好的沟通模式，辖区单位也为社区建设构建社区社会资本网络，辖区单位会积极配合，共同参与社区建设工作，提供一定的物质、技术、人力等支持。

百尺溇社区老年活动中心的报纸订阅就是由辖区内的中信银行提供的；城厢街道多个社区都同绿康医院建立了良好的合作伙伴关系，绿康医院为社区提供一定的康复器材，并定期派人为社区居民开展健康知识讲座和义诊，为社区居民测量血压，进行身体检查；崇化社区经常与辖区内的小学和幼儿园保持学校资源共享（比如社区居民在学校放学后能使用学校的体育场、借用学校的会议室等），另外每逢重阳节等重要节假日，社区会和学校共同举办活动，如通过开展"小手拉大手"活动，利用儿童的力量推动家长开展环保工作；潇湘社区其辖区单位有杭齿集团、钱江职高，杭齿技校，辖区单位资源相对较为丰富，能为社区提供一定的人员、场地及资金捐款，学校学生与老人结成对子，当老年人需要帮助时可向结成对子成员寻求帮助。

7.4.3 "撤村建居"社区经济发展与社会事业发展并重

以湘湖社区为例，"撤村建居"社区在征迁之初为妥善处理好社区居民的切身利益，讨论通过《股份制改革及资产量化方案》，成立了湘湖股份经济合作社，向社区居民发放股权证书，公平分配股利。湘湖社区集体资产数额较大，征迁过程中涉及的资产有超过 15000m^2 的厂房、470 亩宅基地、680 亩山地和 3780 亩山林。对这些资产的处理，湘湖社区分别组织老党员、老干部、居民代表、社员代表、居民小组长和普通群众等讨论，并做了合情合理的处置。资产的经济补偿方案经过集体资产评估盘点小组及民主理财监督小组的确认，由党员和社员代表大会表决通过。集体土地和房屋换取旅游度假区内三产用地 25 亩和安置区商铺及公益性用房 7400m^2。三产用地和商铺的隐性增值达 5000 万元，大大增强了集体经济的实力。3780 亩林地每年可收取林木资源养护费 75.6 万元，大幅度提高了村级可使用资金的额度。2008 年 8 月，湘湖社区对 3600m^2 的停车场配套用房进行公开招租，一次收取 3 年租金 138 万元。2008 年，社区经济总收入达 10500 万元，比上年增长 40％；人均纯收入 14500 元，比上年增长 12.7％；可分配收入 258 万元，比上年增长 10％。

湘湖社区着重搞好资产租赁服务业，既有利于集体资产的管理，又保证了集体资产不流失。2008—2011 年，湘湖社区重点投入了大樟树宾馆工程建设的工作，并以年租金 489 万元竞拍出租成功。3 年来签订社区山林、厂房、商铺租赁承包合同 57 份，已签订 55 份，还有 2 份未签订的为医务室房屋租赁合同和经营权合同，租赁承包款除医务室因故没有缴纳外，其余均按时上缴，集体发包租赁总收入 1638 万元，提取集体积累 328 万元，分配股利 878.5 万元。2009 年，集体总收入 856.4 万元，可用资金 360 万元，2010 年，可用资金 400 余万，2011 年可用资金达 900 万元，股民每年年底都能得到一定分红，真正得到了集体经济发展带来的实惠。

在保证集体经济保值增值的同时，湘湖社区不断深化开展各项社区社会事业，并坚持城厢街道党工委提出的"以经济建设为中心，以党的建设为核心，以社区建设为重心"的工作思路，认真做好居民服务工作，主要工作包括：第一，进行困难救助。每年年底专门召开三委班子成员会议，对社区内的困难家庭进行排队摸底，对有实际困难的居民进行补助，给遭受不幸或有特殊原因致贫的家庭送去慰问金，党支部及时组织人员去医院看望慰问生病的党员，送去慰问金。第二，丰富居民业余生活。为使居民享受到社区经济建设带来的益处，每年组织文艺爱好者举行"庆国庆""庆元旦"等文艺演出，现有 30 余人组成的文体队伍，多次参加城厢街道组织的全民健身活动和多项体育比赛，并获得表彰和奖励。第三，社区志愿者服务。社区志愿者服务站现有志愿者 180 人，坚持把居民便捷生活的需求放在活动目的的首位，为湘湖社区提供志愿服务，帮助居民整理、复印申领房屋产权证、土地使用证资料，发放科普宣传资料，开展"节约资源，绿色消费"活动。每年组织志愿者号召居民向贫困地区的儿童募捐，并组成志愿者小分队，为空巢老人提供帮助，如打扫卫生、洗换衣服等。志愿服务队还根据各自的特长，为社区居民提供便民服务，如清洁社区家园服务、代写春联、邀请医院专家进行志愿体检服务等。第四，计划生育服务。社区妇联经常组织妇女小组长、居民小组长展开活动，对妇女和计生情况进行排查，每季一次为育龄妇女进行孕检，建立健康档案。为育龄妇女及时落实长效避孕措施，组织妇女进行健康体检，对流动人口、暂住人口，采取上门上单位做孕情检查，结合治安大清查进行排查等方法，查验计划生育情况和婚育证明。第五，社会治安服务。治安状况良好，对出租私房户进行登记清查，现有出租私房 600 多户，外来人口 2800 多人，及时为流动人口办理临时居住证，调解和化解各类矛盾纠纷，帮教涉毒人员进行康复治疗，确保社会稳定。第六，医疗卫生服务。规范卫生保健站，保证居民小病不出社区。大力宣传新型合作医疗的政策，提高居民参保率，减少或消除居民因病致贫的隐患，召开社区部分户代表座谈会议，向物业公司提出管理意见和建议，使小区物业管理工作更加规范化。第七，儿童及老龄工作服务。社区集体经济出资引入城厢幼儿园分园，教学质量好，为社区居民解决儿童学前教育问题；为老年人办理优待卡，社区派专人管理星光老年之家，在活动中心免费供应茶水，使老年人生活充实，老有所乐，减少家庭矛盾。

7.4.4 推动城乡社区一体化发展

（1）社区基础设施逐步一体化

萧山区城厢街道为推动城乡一体化工作，早在1994年便开始对8个行政村实行村改制，其中以湘湖村的整体改造为突破口，全面推进行政村的一体化。2004年又对湖头陈、杜湖、东湘三个行政村实行改制，进一步推动城乡社区的一体化改造，以集体资产股份制改革为抓手，稳步推进"撤村建居"改造，要实现城乡社区的一体化改造，首先必须保证社区基础设施逐步一体化。经过20年左右的行政村改制，城厢街道社区整体上保持着良好的自然环境和生态环境，各类基础设施齐全，美化绿化程度高。"撤村建居"社区在形态上逐步与城市社区接近，两类社区办公用房和活动用房配备到位，两类社区在社区基础设施的配备上基本达到一致。为实现城乡社区一体化，城厢街道确保城市社区和"撤村建居"社区无差别配备"六室四站二栏一家一校一场所"，即社区党组织和居委会办公室、社区警务室、文体活动室、图书阅览室、资料档案室、城市管理服务室、社区服务站、社区卫生（计生）服务站、劳动保障服务站、帮扶救助服务站、宣传栏、社区居民事务公开栏、星光老年之家、社区居民学校、健身活动场所。这些活动场所成为各类宣传的载体，为社区居民提供顺畅的沟通渠道，另外，城厢街道社区已大规模普及"爱心超市连锁店"，为居民日常生活带来极大方便。为提高社区居民事务办理效率，萧山区实行社区一门式服务大厅，据调查数据显示，城厢街道53%的社区完成了一门式服务大厅的建立，10%的社区正在筹建中，预计在第3个"社区发展五年规划"中大规模完成一门式服务大厅的建立，并最终实现整个街道的普及建设。

（2）社区公共服务一体化

社区公共服务一体化是实现城乡社区一体化的关键途径，看农村社区是否真正达到了城市化水平，不仅在其外部形态，也不是简单地让"农民上楼"，最重要的是保证"撤村建居"社区居民享有和城市居民同样的公共服务待遇，合理布局"撤村建居"社区的公共服务网点，确保15分钟公共交通服务圈，确保基础教育服务均等化，不让贫困孩子失学。萧山区城厢街道经过20年的转制建设，已基本形成较为健全的社区服务体系，覆盖面广，能针对不同社区居民的需要提供高质量的服务项目和服务内容。志愿服务开展较为充分，志愿组织健全、机制完善、活动正常，根据社区实际情况不定期开展义工志愿服务，使老年人、困难户等弱势群体的利益得到基本保障；深入开展为老服务工作，为两类社区老人提供一定量的生活保障金，大规模普及居家养老一键通呼叫系统，并定期聘请医学专家为老人举办健康知识讲座；街道社区内便民利民服务网络健全，服务功能完善，服务形式多样，服务水平和服务质量较高，满足社区居民"吃、住、行"方面的基本需要；完善居民的保障体系，关注弱势群体发展，推动"撤村建居"社区居民对新型合作医疗保险的认同及接受程度，提高"撤村建居"社区居民的参保率，为"撤村建居"社区良好的医疗保障做后盾；严格执行最低工资标准，强化再就业培训，提高下岗失业人员再就业能力，增强下岗失业人员自强能力以达到助人自助的成效，帮扶救助、退休人员社会化管理等工作成效显著。城厢街道为使社区公共服务体系更加完善，提出了"一社一品"的工作口号，每个社区都有自己的特色服务，再根据辖区实际情况，充分发挥社区内广大群众的资源优势，通过民情联系服务机制，将社区内的各种资源整合起来，满足社区居民生活各方面的需要。

（3）社区管理体制一体化

城市社区由于各项工作起步较早，社区管理模式也更趋现代化，"撤村建居"社区则相对较差。"撤村建居"社区由于受原来农村社区管理的较大影响，其管理方式还趋于陈旧，社区管理领导班子也基本由原来的村民委员会转变而来，呈现出年龄大、管理方式单一、集体经济领导班子与社区居委会职责分工不明确等问题。面对此类问题，城厢街道对集体经济实行量化管理，对社区居委会成员进行培训，组织社区领导班子去同街道优秀社区及其他地区进行经验学习和借鉴。另外，"撤村建居"社区领导干部的工作重心不再局限于集体经济保值增值，还要保证社区社会管理职能的充分发挥，以社区服务带动社区治理。为逐步实现"撤村建居"社区在管理体制上向城市社区的接轨，城厢街道为每个"撤村建居"社区都配备了大学生村官，为社区领导班子注入新鲜血液，并在"撤村建居"社区逐步实现社区工作者"凡进必考"的准入制度，基本坚持"公开招考、公平竞争、双向选择、择优录用"的原则，面向社会公开招聘，并推行统一准入、量化培训、动态管理、绩效考评、梯次退出的社区工作者系统管理机制，实现社区工作的专业化、职业化。 城厢街道坚持保障居民群众的基本政治权利，拓宽群众参与社区管理的渠道，引导群众建立居民互助自治组织，增强居民的社区参与和社区自治能力。

7.5 新型社区治理的对策建议

相关研究表明，社会资本与民主呈正相关，即社会资本越丰富，民主绩效越高。 托克维尔在《论美国的民主》一书中指出，公共参与（社会资本）是民主的基石。 社区治理是民主在基层的实践，它同样与社会资本相互制约和依存。 真正的社区发展不仅仅指物资设备、组织形式的改善，更重要的是它包含了共同价值观、富有信任感和人情味的社区人际关系、吸引居民积极参与的社区组织、社区文化及社区认同的发展。 这正是社会资本的基本构成要件，即规范、信任、参与、关系网络等，社区社会资本在一定程度上决定了社区凝聚力的强弱及社区治理绩效。

7.5.1 "撤村建居"社区治理对策

（1）转变管理模式发展多元治理主体

"撤村建居"社区在社区治理过程中呈现出高度的行政色彩，街道办事处或政府各部门都将各自的工作下放到社区居委会，名义上是要求社区居委会协助完成政府部门的工作，但到最后，社区居委会实际上成了政府部门的下属机构，基本丧失了社区居委会的自治组织功能，疲于接受上级的各项任务，无力开展社区自治事务。 "撤村建居"社区因历史发展时间较短，社区治理主要以社区居委会为治理主体，经济主体（社区企业单位）、公益主体（社区社会组织）因在"撤村建居"社区中发展并不成熟，也就无力承担社区治理主体作用。 "撤村建居"社区的集体经济组织更多地关注于集体经济的保值增值，虽然集体经济的保值增值能给社区建设提供必要的资金支持，但这也仅仅是在资金方面的支持，谈不上治理主体的作用，而公益组织等社会组织在"撤村建居"社区的发展水平较低，社区居民及社区居委会领导干部对此的认识度也远远不足，辖区内的公益组织发展培育不成熟。

社区治理中应存在4个共同治理主体，即以政府为代表的行政系统、以企业为代表的经济系统、以中介组织为代表的非政府组织系统和以社区居委会为代表的群众自治系统。转变社区治理模式，就要打破强大的行政体系主导，从单一治理主体走向多元治理主体，从政府主导走向社区自治。政府在社区治理过程中进行宏观上指导，为社区治理提供有利的政策制度环境；保持社区居委会的居民自治性质，使它们在协助政府完成相关民政任务后能有足够的时间和精力开展社区自治活动。因此，政府应为社区居委会减负，保证社区居委会的相对独立性，提升社区居委会的自治能力；辖区企业单位在社区治理中能解决社区居民的就业、生活需求，注重培育社区企业单位的社区公益责任；降低社会组织成立门槛，提高各社区自治主体的自治能力；另外，社区居民对社区的治理主体作用不容忽视。

（2）集体经济管理与社会管理职能并重

社区治理过程中，社区服务是基础，是龙头，是凝聚社区居民的核心。城市社区中针对各类群体开展的社区服务已相对完善，不仅包括社区娱乐活动，还有针对社区贫困人口、孤寡老人、残疾人、孤儿等传统弱势人群提供的各类服务，"撤村建居"社区管理班子主要是原村委会成员，既管集体经济又管社区事务，但由于集体经济的保值增值切实关系到社区居民的自身利益，社区居民也希望社区干部能将集体经济发展好，如此一来，社区居委会难免会忽视社区社会管理职能。所以"撤村建居"社区在社会管理职能方面的工作远不如城市社区，开展的基本社区娱乐活动较少，每年仅1—2次，开展社区志愿活动的频率则更低。

"撤村建居"社区要真正实现与城市社区的转轨，必须要重视社区治理和社区建设，社区专职工作者的任务不仅包括确保集体经济增值，还包括社区管理方面的事务。社区管理主要包括丰富社区居民在社区内的生活，了解社区居民的需要，为社区居民提供各类便民服务，社区居民居家养老服务，保证社区居民的医疗保健需要，满足社区居民在社区的娱乐需要，增强社区居民对社区归属感认知的需要，提供针对各类社区特殊人群提供的服务如残疾人服务、贫困家庭服务等。通过社区服务的完善，带动"撤村建居"社区治理的成长点，而这一切仅仅依靠社区居委会来完成是不现实的，我们可考虑增加社区居民对社区志愿服务的参与意愿并提高参与能力，培育包括兴趣小组、社团组织在内的社区社会组织，提供部分社区服务。

（3）加强政府的政策引导与资金支持

关于城市社区的建设及社区治理问题，目前已经有相对完善的政策体系。而关于如何对改制后的社区进行社区治理，如何完善对社区居民的就业、医疗、养老保险等方面的问题，目前尚无详细指导。区政府层面会有一些政策支持，少部分会得到市级层面的支持，缺少更高层面的政策引导和支持。另外，为了降低政府在城市化过程中的成本，大部分"撤村建居"社区都实行镇或村自筹建设，政府只做一定的方向引导，缺少足够的财政支持，基本实行原村集体经济组织自担建设经费。

因此，要推动"撤村建居"社区城市化、现代化的顺利进行，必须要加大政策层面的支持，特别是在"撤村建居"社区社区自治能力不足、公民意识不强的前提下，更需要政府自上而下地推动社区治理。唯有如此，才能让各级政府更为关注和重视"撤村建居"社区建设。"撤村建居"社区虽有自己的集体经济，但在股份制改革下，集体经济承担了大量的社区建设负担，大部分"撤村建居"社区承担了本该由政府承担的费用，因此，要推动"撤村建居"社区逐步向城市社区的接轨转型，就必须加大对"撤村建居"社区的财政投入，降低社区自身的经济负担，使社区有时间和精力进行社区治理方面的建设。

7.5.2　城市社区治理对策

（1）推动重心下移，增强社区自治能力

社区治理是一个过程，好的治理才是终极追求，这就要求各参与主体之间必须呈良性互动合作关系，构筑新型的社区治理模式，即要在政府、社区组织和社会组织之间建立起相互合作、相互协调、相互监督的关系，加强社区居

民参与社区治理的能力，增强社区自治能力，构建新型政府与公民关系的社
区平台。

政府职能的转变是行政管理体制改革的重要内容，这就要求政府下放权
力到基层组织——街道办事处。 厘清政府或街道办事处与社区居委会关系，
使社区拥有更多独立、自由的发展空间，在更广泛的领域充分行使社区居委
会的自治权利，真正做到为社区居民服务而不是为政府部门办事。 培养社区
居民的公民意识，关心社区事务是社区居民的权利，更是居民的义务，培养公
民民主参与和民主管理能力，不仅要增加居民参与社区日常事务管理的积极
性，也要提高居民的参与能力。 培育居民积极主动参与意识，为公民互动提
供活动空间，基层政府努力做到政府职能不越位，不错位，鼓励广大公民积极
参与到公共活动中来。 积极推进基层民主实践，提高民主参与质量，扩大基
层民主，完善居民自治，建立健全社区信息公开制度，使社区居民能更加广泛
有效地参与和监督政府及街道办事处的各项工作，进一步探索新型的公民政
治参与方式和途径，丰富城市社区居民政治参与的方式，使公民的政治参与
经常化、秩序化、制度化，推广社区居民委员会的自荐直选，并开展选聘分离
的居委会人才选用机制。

（2）利用社会资本，促进辖区共建

城市社区机关、团体、部队、企事业单位组织等社区组织的资源较为丰
富，这对社区建设及社区发展是一种巨大优势，要达到城市社区的良好自治
效果，必须充分调动社区内各种组织共同参与社区建设，最大程度地实现社
区资源的共有、共享、共治，营造共驻社区、共建社区、共治社区的良好氛
围。 社会各界的广泛参与是社区治理的必然要求，没有社区治理主体的多元
化，社区自治将难以实现。 事实上，当社区开展相关活动、需要辖区单位帮
忙协助时，辖区单位未必会尽力协助，它们对社区的支持主要集中在提供人
力、物力或者场地方面，基本不会涉及资金层面的捐助，即辖区单位对社区的
支持呈现出一定的片面化和碎片化状态。 对此，萧山区政府发布相关文件，
要求辖区单位与社区居委会共建共享社区，充分利用城市社区的各类社区单
位及社区组织的资源，使辖区单位与社区的互动呈现出规模化、系统化和持
续性的特点。 社区建设不仅仅是社区居委会的责任，要强调辖区单位的社区

治理主体责任，要顺应多元主体共建社区的重大社区治理趋势。

（3）培育社区文化提高社区归属感

随着经济水平的快速发展，人口流动性的加大，城市居民生活节奏的不断加快，加之现代化社会的原子化生活状态，这使社区居民往往专注于个人生活和家庭生活，对他人持戒备态度，对社区公共生活更是漠不关心，而这种生活状态对增加社区社会资本存量极为不利，而城市社区居民之间的冷淡感往往比"撤村建居"社区更加严重。

社区文化作为通行于一个社区范围之内的特定的文化现象，包括社区中人们的信仰、价值观、行为规范、历史传统、风俗习惯、生活方式、地方语言和特定象征等，社区文化对居民的心理、性格、行为有深刻的影响，不同的社区文化特质不仅造就人们不同的生活习性，并影响着社区居民的价值取向。

社区文化主要包括公益文化、演出文化、娱乐文化、民俗文化、社区群体文化、科普文化、社区专题文化、社区休闲文化等，具有黏合剂的作用。塑造社区文化有利于增强社区凝聚力，促进社区居民形成共同社区意识。为培育社区文化，可对社区家长学校、家长协会、票友会、健身团体、离退休人员团体等社区社会组织进行有效规范化管理，推动社区节日庆典等各种文化活动的开展，满足社区居民的文化生活需要，提高社区生活的质量，最终形成健康、融洽、和谐的居民关系；整合驻区单位与社区关系，改变以往计划经济体制造成的条块分割、老死不相往来的弊端，推动社区文化的建立，促进形成一种相互信任、相互合作的社区价值体系；提高社区居民对社区的归属感和认同感，充分发挥社区居民的自我管理、自我服务和自我监督的自治能力；通过各项社区文化活动、志愿组织活动、党建活动及针对社区各类群体的服务，提高社区居民对社区的认同度。只有当社区居民意识到社区组织的各类活动是真心为社区居民服务的，对社区居民的日常生活非常有帮助，才能充分肯定社区社会组织存在的社区价值。

（4）导入社会工作服务完善社区治理

现代化、社会化的社区管理模式，迫切需要专业社会工作的导入，推动社区工作者职业化、社区工作的专业化发展，培养专业化的社会工作人才，是适应社会发展的重要趋势，是实现社会管理创新的必要举措。社会工作作为一种社会管理专业，包括 3 大基本方法，即个案工作、小组工作、社区工作。也就是说，社区工作是社会工作的一个重要实务研究领域，将社会工作引入社区治理过程是社会管理创新的必然路径选择。 社区居民委员会是社区治理的主要实施主体，其本质是社区居民自我管理、自我服务、自我监督的自治组织，但在中国独特的行政管理体制下，社区居委会具有强烈的行政化色彩，专业社会工作的导入，有利于改善社区行政化过高的现状，坚持社会工作本土化、专业化、职业化的道路。 在政府层面上，要把社会工作人才队伍的建设纳入政府人才发展规划，建立基本社会工作人才培养、选拔、任用、流动和激励等方面的政策框架体系，构建社会工作的领导机制和工作机制，提升从事社会工作岗位人员的专业化能力。 现在每个城市社区基本都配备 7—12 个社区工作者，但这些社区工作者中真正具有社会工作专业学科背景的寥寥无几，自 2008 年开始实施社会工作者职业资格认证后，不少社区工作者开始补充专业社会工作知识，获得资格证书，但他们更多是基于现实功利原因的考虑，因为是否持有这个资格证书与其工资水平直接挂钩。 在考出资格证书后，他们往往从事的还是日常居委会工作，并没有体现出社会工作的专业水准。 因此在逐渐兴起的社会工作资格证的考试上，应该提供增强社区工作者实践能力的相关专业工作，并在学习借鉴社会工作试点建设区成功经验的基础上发挥自身的优势特色。

7.5.3　推动城乡社区共融发展

"撤村建居"社区作为由农村社区向城市社区的过渡形态，实现了真正的城市化，逐步实现"撤村建居"社区向城市社区的接轨。 实现城乡社区的一体化，最关键是突破城乡二元结构。 针对"撤村建居"社区征地农民"农转非"的劳动人口失去土地后生活缺少保障的问题，可借鉴经验推出 "失地农民社会保险"突破户籍限制，并与社会保障相衔接，充分保障就业及住房。要始终把发展作为第一要务，缩小城乡收入差距，提高"撤村建居"社区居民的人均纯收入水平；始终把以人为本作为中心，改善民生，把工作重心放在保障和改善民生的重大工程项目上，监督保证各项民生工程真正落到实处，保证民生工程真正惠及人民；始终把统筹城乡社区发展作为社区建设的实现路径，用城市反哺农村。

要真正实现"撤村建居"社区向城市社区接轨，一是要实现"撤村建居"社区与城市社区在基础设施上的一体化。各类标准配置的硬件设施、软件配置、人员及资金支持要保持一定的平衡，提高"撤村建居"社区的各种休闲娱乐设施的基本普及，政府为"撤村建居"社区道路的修建和维护及各类路灯指示牌等设施提供支持，完善"撤村建居"社区公共交通设施如公交车的配备情况。二是要实现公共服务均等化。这种均等化是指让"撤村建居"社区也拥有提供服务的相应组织，不再仅仅靠单纯的个人网络满足生活需要，为"撤村建居"社区居民构建一张覆盖面更广的社区组织网络，并提供较好的环境卫生保障、医疗卫生保障和养老保障，完善新型农村医疗合作保险。三是要实现社区管理体制一体化。"撤村建居"社区之所以呈现出一定的改革惰性，有很大原因是社区治理方式保持着原来农村治理的形态，要实现"撤村建居"社区向城市社区的接轨，必须要实现"撤村建居"社区管理体制的改革，保持社区居委会的相对独立性，厘清两个领导班子（集体经济组织与社区居委会）的职责。社区的治理要改变原来依靠领导成员个人魅力及领导权威的形式，转为注重领导成员的实际工作能力及政府赋予的权力和地位，实现领导班子成员的工作专业化及职业化管理，提高综合管理素质，通过公平竞争、招聘考试的方式为社区注入新鲜血液，导入专业社会工作，使社区工作朝着更加专业化的方向发展。

8

发展型社会政策和"撤村建居"社区治理
——以广州市石牌村为例①

广州市是在全国范围内较早开始"撤村建居"工作改革试点的城市。 广州作为我国华南地区最大和发展最快的城市之一，经济和社会的发展程度使其直接把社区发展的焦点放在了可持续性上。 "撤村建居"社区作为我国农村城市化进程中新旧体制交替和磨合中的各种矛盾的集中表现，其发展的重要性毋庸置疑。 据相关资料显示，2010 年广东省城市化水平为 63.4%，当前的目标是力争到 2020 年底全省基本完成现有"撤村建居"的改造任务。 早在 2001 年 9 月，由广州市建委牵头，成立了"加强广州市城乡接合部管理深化研究课题组"，调集 50 多名城市规划管理方面的专家学者，分 13 个子课题联合调查，分头研究，集中论证。 在此基础上，广州市政府于 2002 年制定了《中共广州市委办公厅广州市人民政府办公厅关于"撤村建居"改制工作的若干意见》（穗办〔2002〕17 号）。 此后，广州市委、市政府于 2008 年又出台了《中共广州市委办公厅、广州市人民政府办公厅关于进一步完善我市"撤村建居"和"撤村建居"改造工作的若干意见》（穗办〔2008〕10 号），而为进一步贯彻落实《珠江三角洲地区改革发展规划纲要（2008—2020 年）》，推进了以旧城镇、旧厂房、旧村庄改造为主要内容的"三旧"改造工作。 出台了《广州市人民政府关于加快推进"三旧"改造工作的意见》（穗府［2009］56

---

① 本次调研时间为 2011 年 9 月。

号），再次为广州市"撤村建居"改造提供了政策导向，制定了近、中、远期目标，力争用 10 年时间基本完成全市在册的 138 个"撤村建居"的整治改造任务，力争用 3—5 年时间基本完成其中 52 个"撤村建居"社区的全面改造任务。

由于其地理位置，加上受城市规划的影响，在加速城市化的进程中，石牌村的拆迁安置问题成了一个"老大难"问题。"撤村建居"居民散落居住于自建的、密集的村落建筑群体，在经过一个相当长的城市融入与磨合过程后，仍处于"都市里的村庄"的空间形态，但社区居民的生活方式、价值观念等方面无论是主动或者被动，都有了一定程度的变化。

1997 年 5 月，天河区率先开始"撤村建居"改造试点工作，试点单位为石牌村。石牌村由此成为广州市最早实施"撤村建居"的试点单位。石牌村是广州市建成区内 45 个城中村之一，也是广州市最著名的"撤村建居"试点之一。村落主体坐落于天河区繁华地段的黄埔大道以北、天河路以南、石牌东路以西、石牌西路以东，呈不规则的长方形分布，区域面积大约 $0.7km^2$。之所以仍将其称为"村"，既沿袭了过去的习惯称谓，也是指村庄是在城市化进程中形成的。石牌村的人口构成以外来流动人口为主，在社区经济社会结构上却以本地居民为主，这完全不同于农村村落社区，也不同于城市社区。石牌村建筑面积近 100 万 m^2，约 3000 栋房屋，居住着不到 5000 名本地人和近 100000 名外地人。在迷宫似的狭窄巷道和"握手楼"中，原村村民与外来者们共生，形成了一个特殊的生态群。

在"撤村建居"的十几年间，这个"农村"社区发挥了原村落的优势——特别是以血缘、亲缘、宗缘、地缘等社会关系网络构成的生活共同体的社会资本；通过集体经济的发展帮助居民家庭资产的积累，构建了较为坚实的经济安全网；"撤村建居"村民利用"市民"身份也加快了融入城市的能力建设。石牌村处在城市化阶段的"撤村建居"社区，由于"先致性"因素与城市社区存在差距，加之"后致性"因素——社区公共产品供给不足，现代城市文明导入缺失，平等发展机会供给不均等——阻碍了社区居民社会身份的持续转化，"撤村建居"社区处在发展动力不足的困境中。例如，公共服务的导入是农民融入城市的基础，而农民自身能力的提升是融入城市的关键，但现实的情

况是，由于自身就业竞争动力衰退和对村集体经济的过分依赖，居民的个人
能力仍处于一个低增长状态，这也弱化了居民的社区参与度。"撤村建居"
社区需要突破原有政策的瓶颈，消解因城乡分割和户籍制度的制约带来的
"伪城市化"现象，开创可持续发展的新路径。显然，更具适切性的政策制
定，整合社会力量以实现更优质的制度供给，是当前"撤村建居"社区亟待解
决的难题。

发展型社会政策理念对解决"撤村建居"社区问题并推动其发展有很强
的适用性。中国特色的城市化必然要坚持可持续发展观和"以人为本"的理
念，在政府主导下，弥补现有政策的缺失，实现基本公共服务的均衡化。
2011年，通过对石牌村的实证调查，以发展型社会政策的理念为基础，探求
社会政策的适应性问题，同时强调以政府为主导的社会福利供给必须重视
人、家庭和社区等层面的发展需求，并给予关注和回应，以此改变社区发展所
面对的困境，提升"撤村建居"社区在城市化过程中发展的可持续性。

8.1 "撤村建居"——石牌村的社区发展

石牌村的变迁过程丰富而生动地展示了我国城市化带来的村庄社会结构
的改变，城市化推进过程中所实施的举措和落实的政策都影响着村落每个阶
段的发展。

石牌村自1997年在行政上撤村建制，撤销石牌村村民委员会，成为广州
市中心地带人流密集、物流畅顺、高度繁荣的"撤村建居"试点，融入城市。
改革开放以来，石牌村作为整个社会宏观发展中的一个小小微观细胞，在"撤
村建居"近10年的过渡中，兼容并蓄，加速迈开城市化步伐，因其在发展路
径等方面极富创造性和先进性，被称为"石牌模式"。

石牌村的社区发展历程依据其本身的标志性事件可分为3个阶段，标志
性事件分别是1988年的社区股份合作制改革，1997年的"撤村建居"实践，
加之以"撤村建居"后一个10年的发展。3个阶段分别为城市化起步阶段
（1988—1997年）、城市化发展阶段（1997—2007年），后城市化发展阶段

（2007 年至今）。

第一阶段：1988 年，石牌村进行了社区股份合作制改造，村集体经济向产权人格化方向迈开步伐，将全村集体资产折股量化到村民个人名下。此后又对股份合作制度不断进行完善。股份合作制的实施与完善，适应了城市化进程的要求，是农村城市化实践中的一种经济制度的探索与创新，促进了征地后农村大量劳动力的合理流动，调动了村民的积极性，这为以后"撤村建居"政策的落实、农村社区转化为城市社区以及转制后社区居民的基本生活保障奠定了相应的基础。

第二阶段：石牌村的土地在 1995 年已全部征用完毕，在这样的背景与条件下，"撤村建居"成了村落必然的发展路径。1997 年 5 月，石牌村开展了"撤村建居"实践，成为广州市最早实施"撤村建居"的试点单位。行政上撤销石牌村村委会，这是石牌由乡村转为城市的转折点。同时以石牌经济联社和 27 个经济社（原村生产队）共同出资发起成立了石牌三骏企业集团公司，统一管理原村全部集体经济，公司设置行政办公室，承担社区过渡性职能，包括管理改制后的征地、旧村改造、文化教育等事务。

政府作为"撤村建居"的主导力量，以促进公共权力在基层社区的顺畅运作为目的进行干预，推动改革。在"改制"的制度安排中，原村委会属下的村民成立了朝阳、南镇、绿荷和逢源 4 个居委会，直接受石牌街道办事处的管辖；"撤村建居"公司党委接受石牌街道党委的直接领导。这样的安排明确了在改制转轨期内政府与企业集团公司、居委会间的关系格局：街道办事处作为社区居委会和三骏企业集团公司的实际领导机构介入治理，"改制的目的是想通过改革实现制度与体制上的城乡一体化。公司化实际上是为解决集体经济后续发展如何与现代经济组织接轨而设计的，居委会化则是为解决'撤村建居'村民转化为'新市民'后的组织化管理，以及与城市基层管理体制的接轨而设计的"[1]。在此后的社区发展中，"撤村建居"社区居民的特殊的公共服务需求和社区内大量流动人口的公共服务需求，以及一些政府难

---

①蓝宇蕴：《对改制公司"办"社区的思考——广州城中村撤村改制个案研究》，《社会》2005 年第 2 期，第 78—92 页。

以及时支付"撤村建居"的管理成本，这些方面的工作就落实到三骏企业集团公司，使公司承担了更多社区内的公共事务。

第三阶段：2008年，广州市为进一步完善"撤村建居"和"撤村建居"改造有关政策，出台了《中共广州市委办公厅、广州市人民政府办公厅关于完善"撤村建居"和"撤村建居"改造有关政策问题的意见》（穗办〔2008〕20号）。政策的不断出台，使人们对"撤村建居"社区居民的就业问题、养老问题和社区存在的矛盾和问题的关注度日益增加，政府正"逐渐由强制管理型向集引导、管理、服务于一体的综合型转变，……把'撤村建居'打造成幸福社区"①。

三骏企业集团公司承担了大量社区职能，投入了大量的资源，特别是加强了社区精神文明建设层面的投入，使街道和社区有了一定数量的共建单位，在一定程度上减少了三骏企业集团公司投资于社区内公共事务的费用。

由于各种主客观原因，当前石牌村社区居民尽管在整体素质上与城市居民存在差距，但我们并不能否定这些居民在积极地面对和适应城市化过程中所做出的努力与贡献，硬件设施的城市化可以一蹴而就，"个体"的城市化、现代化则无法如此。发展的视角不应只注重于"物"，"人"才是根本。自"撤村建居"以来，石牌村以经济形态的转换为基础发生了经济、社会、政治、文化等一系列社会变革，在资产积累的同时积极推进社区各方面能力的建设和成长。

在现代化经济制度建设上，资源形态由土地形态转换成货币形态，进而转为物业形态；相对应的，在经营方式上由集体土地家庭承包责任制转为股份合作制，再转为对物业的公司经营。石牌村所实践的股份制、集体企业公司化、物业出租等模式，代表着农村城市化在经济制度、经济模式上的创新。

在社区资本建设方面，村经济以经营性为主，增强服务性，逐步完善村内出租屋"旅业式"和"捆绑式"的创新管理模式，增强出租屋市场的经营性。在个人能力建设方面，城市化进程中促进了各方面的人才成长：在市场竞争

---

① 广州大学城中村改造课题组：《城市发展进程中的民生关怀和政府责任》，《中国行政管理》2011年第8期，第117—120页。

中出现技能和经营人才,在维护弱势群体利益中出现基层精英"能人"。 在人力资本投资方面,社区居民观念转变,子女的教育问题成为每个家庭最关注的事情,对村内小学投入巨额资金进行硬件建设和软件提升;实行成人素质教育,丰富村民文化生活,为"人的城市化"奠定了一定的基础。 在社区功能发育方面,保留传统祭祀活动,在简化与改进形式的同时增加内涵与功能,将龙舟赛、舞狮活动等民间传统习俗朝着可以促进地方经济、创造商机的方向发展。

8.2 石牌村社区治理的实证研究

为了了解石牌村社区的发展状态,我们在石牌街道文化站进行了为期一个月的"田野活动",在街道和社区的协助下,采用入户调查的方法,对石牌街道所辖的 4 个"撤村建居"社区进行了调查,4 个社区户籍人口共计约 8700 人。 本次调查共发放问卷 320 份,回收有效问卷 303 份,有效回收率 94.7%。 同时选取了部分社区居民和社区干部进行访谈。

8.2.1 调研对象的基本特征

调查的基本情况如表 8-1 所示。 可以看到,男女性别比例基本适当,女性略多。 (因调查过程中,女性居民的积极性比较高);中青年人口占比例较大,人口比例适中;4 人户、5 人户家庭占很大比例,如果社会保障机制滞后,将使这些家庭抗击社会风险(诸如失业、疾病等)的能力减弱;居民的受教育程度集中于初中和高中阶段,素质相较过去有所提高,对生活质量的要求也相应提高。 家庭月人均收入相较于 2010 年广州市城市居民每月人均可支配收入 2555 元以及农村居民每月人均纯收入 1057 元来说,石牌村居民的收入处于中等偏上地位,集体经济股份制分红的保障作用明显。

表 8-1　调研对象的基本情况

性别结构(%)	男:44.6	女:55.4		
年龄结构(%)	18—30 岁:41.5	31—45 岁:33.7	46—60 岁:20.8	60 岁及以上:4.0
家庭结构(%)	1 人户:2.0	2 人户:3.0	3 人户:35.6	4 人户及以上:59.4
教育程度(%)	小学及以下:10	初中:38.7	高中、技校等:30.6	大专及以上:20.7
家庭人均收入(%)	480—1300 元:13.9	1300—1990 元:37.6	1990—3360 元:22.8	3360 元及以上:23.8	缺省:1.9

资料来源:根据问卷统计数据整理。

　　"撤村建居"社区居民因为身份、角色由农民转变为市民的冲击,个人的后续发展受自身文化素质的限制,个人能力建设的局限明显;作为社区基本单位的家庭,其结构和经济情况在一定程度上影响着家庭功能的发挥。

8.2.2　实证调研的数据分析

　　实证调研的数据主要从个体层面、家庭层面、社区层面和政府层面 4 个维度进行分析。

　　(1)个体层面

　　第一,个体的自我认同度直接影响"撤村建居"居民对城市融入的感受度。 对居民身份自我认同的调查显示,如表 8-2 所示,居民的自我认同在当前和未来都偏向城市居民的身份。

表 8-2　居民自我身份判断

自我身份判断	城市人(%)	农村人(%)	两者都不是(%)	不知道(%)	合计(%)
当前身份	40.6	37.6	12.9	8.9	100
未来身份	45.2	35.5	10.3	9.0	100

资料来源:根据问卷统计数据整理。

　　如图 8-1 所示,若以居民个人未来身份倾向为 X 轴,正向、负向分别为城市人、农村人。 以居民目前个人身份判断为 Y 轴,正向、负向分别为城市人、农村人,以 O 为原点,建立直角坐标系。 第一象限为未来身份倾向于城市人,目前身份判断也为城市人;第二象限为未来身份倾向于农村人,但目前身份判断倾向于城市人；第三象限为未来身份和目前身份判断都倾向于农村人；第四象限为未来身份倾向于城市人，目前身份判断倾向于农村人。未来身份和目前身份判断都倾向于城市的调查对象既认同了现有的市民这一制度性身份，也有融入未来的生活的积极意愿，自我认同程度高。未来身份倾向和目前身份判断都倾向于农村的调查对象对现在的、现实的制度性身份接收度低，自我认同完全停留在过去。居于这二者之间的其他调查对象在目前和未来一段时间内对自我的身份认同仍然不明确，陷入自我认同紊乱状态。

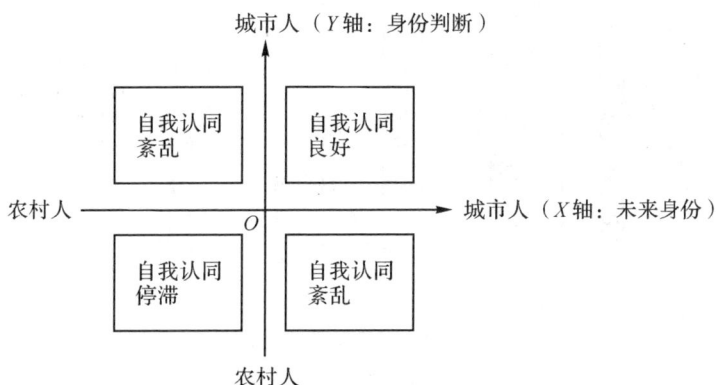

图 8-1 居民自我认同程度

资料来源:根据问卷统计数据整理。

将居民当前身份判断和未来身份判断进行平均值分析，落入第一象限的比例之和为 43.0%，落入第三象限的比例为 36.5%，落入第二和第四象限的比例为 20.5%。居民社会身份和角色的自我认同转变良好，表明社区在居民角色意识、思想观念、行为模式等方面都提供了一定的支持性对策和公共服务。

第二，居民对外部支持的感受度。从居民对街道办事处、社区居委会和辖区内其他组织给予自己的支持程度的分析，如图 8-2 所示，我们可以看出，分别有超过 82%、83% 和 78% 的人对街道办事处、社区居委会和其他组织的评价中等偏上。居民对社区的依赖性很大程度上是因为当农民"由一个同质性的熟人社区转向一个异质性的匿名社会，是由'社区'转入'社会'"，完全有可能面临整体性的不安全。因为它意味着居民离开小型的、熟悉的社区经济，进入不很熟悉的、大型的城市经济。 目前城市的生态、工作、生活环境，常常不能给农民提供足够的安全环境，农民将面临各种各样的经济不适应，会转向寻求低度安全，希望保持既有的、比较稳定的生活方式、生活网络、生活感觉①。 而社区就是居民最为基础的安全网。

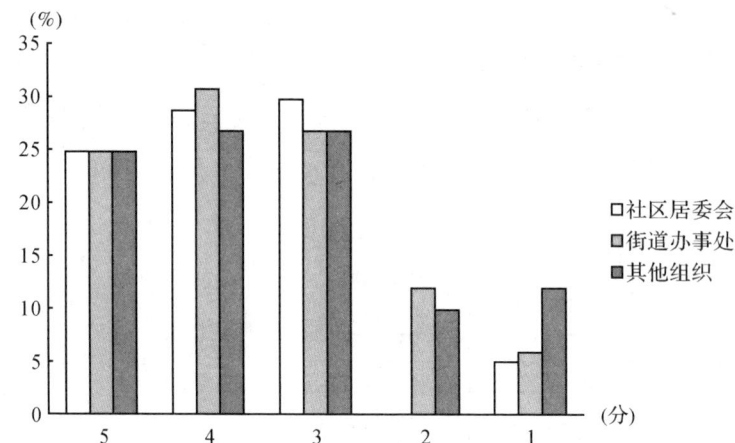

图 8-2　居民支持度分析

资料来源:根据问卷统计数据整理。

第三，农民身份向市民身份转变过程中的影响因素。 对"撤村建居"社区居民对自身的社会身份由农民向市民这一转变过程中的影响因素进行评价，社区居民对"家庭经济能力"的评分最高，认为家庭资产积累对个人和家庭产生的影响最大，如表 8-3 所示，将社区居民对家庭经济水平这一影响因素的评价与现实生活中家庭经济储备情况进行相关分析，结合表 8-4 可知，二者呈显著的正相关关系。

---

① 毛丹、王燕锋:《J 市农民为什么不愿做市民——城郊农民的安全经济学》,《社会学研究》2006 第 6 期,第 46—73 页。

表 8-3　影响社会身份转变的因素评价

因素 分值	家庭经济能力 （%）	环境适应能力 （%）	人际交往能力 （%）	就业能力（%）
5	48.5	28.6	34.5	31.5
4	24.8	28.7	24.7	29.6
3	16.8	30.8	22.8	25.9
2	5.9	2.0	10.0	6.0
1	4.0	9.9	8.0	7.0
合计	100	100	100	100

资料来源：根据问卷统计数据整理。

表 8-4　对家庭经济水平因素评价与家庭经济储备的相关分析

相关性			
		家庭经济水平	有否经济储备
家庭经济水平	Pearson 相关性	1	0.179**
	显著性（双侧）		0.002
	N	303	303
有否经济储备	Pearson 相关性	0.179**	1
	显著性（双侧）	0.002	
	N	303	303

**．在 0.01 水平（双侧）上显著相关。
资料来源：根据问卷统计数据整理。

　　"撤村建居"社区居民深刻体会着城市化带来的社会变迁，会更加理性地寻求经济安全，使家庭在生活变动中不降低既有的生活水平和安全感，但对个人的就业能力、人际交往能力和环境适应能力等因素的关注度不高，而这些又是人力资本投资所关注的个人能力的主要方面，决定社区居民生活质量或者他们是否能被纳入社会主流生活的关键更在于个人拥有的知识、技能和能力。

　　第四，最想提升的自我能力。在对居民个人最想提升的自我能力的调查中，如表 8-5 所示，居民的就业意愿比较强，这是很好的转变。居民有谋求

就业和扩大社会交往的意愿,但是其经过后天投资而形成的人力资本较弱,
又或者是人力资本的类型往往不适合大多数企业的要求,导致就业难或者就
业难以持续,工作"可被替代性"程度强,这也给他们开展新的社区外交往造
成了一定障碍。 街道和社区层面应该关注居民的就业需要和自我成长需求,
避免给他们贴上不思进取、"食租者"等负面标签。

表 8-5 居民最想提升的自我能力分析

程度\能力	就业能力 (%)	社会交往能力 (%)	参与社区事务能力 (%)	投资理财能力 (%)
最想提升的	32.5	29.8	14.9	22.8
第二想提升的	16.9	46.5	17.3	19.3
想提升的	17.8	18.8	37.7	25.7

资料来源:根据问卷统计数据整理,已忽略缺失值。

第五,对街道和社区的人力资本投资的感受度。 街道和社区在就业信息
发布方面做得比较好,超过 55% 的居民表示满意社区就业信息的发布频率。
且天河区人力资源和社会保障局的位置正好位于石牌街道辖区内的主干道石
牌东路,是居民获得就业信息的重要途径之一。 同时,石牌经过 10 多年的努
力,居民对就业的看法有很大程度的改观。 通过对不同年龄层的人群对就业
的看法的分析,青年群体普遍对就业持积极看法:"能享受多种社会保障"
"使自己融入城市,扩大社交圈""体现自我能力";中青年及中年群体主要
的关注点则落在就业"能享受多种社会保障"。 但石牌村对人力资本的促进
落实在实际行动中比较薄弱,主要表现为对有就业意向的居民的职业培训不
足或不适当,调查显示,有 70.3% 的人对街道和社区的就业支持作为持不满
意态度。

第六,对儿童发展的关注度。 在各年龄层人群目前最担心的问题的调查
中,通过交叉分析,如表 8-6 所示,我们可以明显发现,"撤村建居"社区的
父母无异于其他城市社区的父母,都对子女的发展最为关注。 各年龄层父母
在"最担心的问题""主要担心的问题"和"担心的问题"的选择上,"子女
的教育和就业问题"都占最大比例,特别是对中年年龄层来说。 保护儿童、
改善儿童的成长环境是政府最早关注并落实的社会福利之一。 在发展型社会

政策理论中，"投资儿童不仅被认为是切断贫困'代际转移'链条的措施，也是提高劳动力素质和国家竞争能力的策略。换言之，投资儿童的目的不只是让儿童不要输在起跑线上，而是为他们的生命起点尽可能提供最好的条件"[1]。以此保证儿童获得恰当的教育、健康的身体和良好的家庭环境。

表8-6 各年龄层居民对"子女教育问题"关注的交叉分析

年龄 程度	18—30 岁 （人）	31—45 岁 （人）	46—60 岁 （人）	60 岁及以上 （人）	合计 （人）
最担心的问题	36	57	27	0	120
主要担心的问题	27	24	12	6	69
担心的问题	12	24	6	6	48

资料来源：根据问卷统计数据整理。

第七，对社区教学资源的满意度。在社区的教学资源方面，调查显示如表8-7所示，教学资源数量充足，辖区内小学、初中和高中学校的数量可以满足青少年儿童的学习需求，尽管村集体企业集团公司每年对辖区内教学资源都有较大数额的资金投入，但居民对教学质量的看法较为消极，对教学质量的满意度较低，特别是对小学教育资源的质量感到担忧。

表8-7 居民对教学资源的看法

看法 资源	数量足，质量好 （%）	数量足，质量不高 （%）	数量不足，质量好 （%）	数量不足，质量 不高（%）
小学学校	32.7	42.6	16.8	7.9
初中学校	26.7	41.6	21.8	9.9
高中学校	27.7	36.7	20.8	14.8

资料来源：根据问卷统计数据整理。

（2）家庭层面

第一，家庭收入构成。在居民家庭主要收入来源的调查中，如图8-3所示，按照最主要收入、次主要收入和主要收入的排序，可以看到，三骏企业集

[1] 张秀兰、徐月宾：《发展型社会政策及其对我们的启示》，载于《中国社会政策》，北京师范大学出版社2006年版，第56—86页。

团公司分红和居民自家经营性的房屋出租占居民家庭收入的比例较大,村的
资产建设为预防贫困问题和减少家庭经济不安全感发挥着积极作用,规避了
一定的社会经济风险,自石牌村"撤村建居"以来,它们一直在发挥积极作
用。 居民的房屋出租所得占家庭收入的比例大在一定程度上也表现了农民的
生存理性:"不仅指按家庭条件去追求经济收入最大化,还指按家庭条件去求
生存与发展的安全性,表现为平衡收入最大化与生存安全化这两种需求"①,
并且在剧烈的社会变迁中不降低既有的生活水平和安全感。

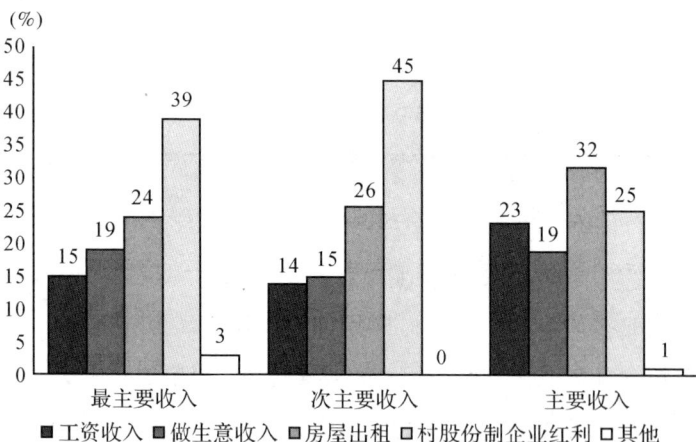

图 8-3　居民家庭主要收入分析

资料来源:根据问卷统计数据整理。

　　第二,家庭生活质量。 居民对目前家庭生活水平和 5 年后的生活水平的
感受比较乐观。 超过 93％的居民表示目前家庭生活处于中等偏上的水平,对
5 年后生活水平持积极乐观的态度,如图 8-4 所示。 家庭在适应社会变革的
过程中面临很多方面的挑战,这会削弱家庭的保障功能。 "撤村建居"社区
面对城市化的冲击,更需要维护家庭的保障功能,其中最基本的是维护家庭
的经济功能,从而保证未成年人的发展不会因为家庭经济困难或其他因素而
受到影响;而更重要的是,要帮助家庭增强其适应经济和社会变化的能力。

---

　　①毛丹、王燕锋:《J 市农民为什么不愿做市民——城郊农民的安全经济学》,《社会学研
究》2006 年第 6 期,第 45—73 页。

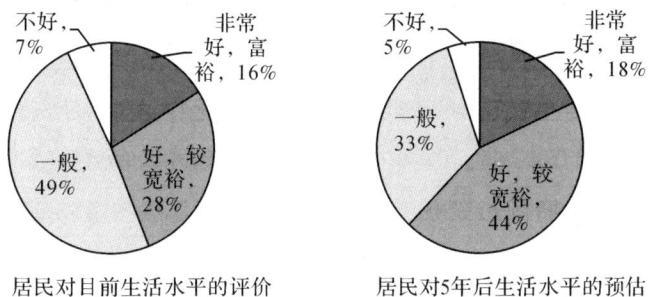

居民对目前生活水平的评价　　　　居民对5年后生活水平的预估

图 8-4　居民对生活水平的评价

资料来源:根据问卷统计数据整理。

（3）社区层面

第一，居民对社区的感受。 将年龄结构与居民对社区的感受进行交叉分析，如表 8-8 所示，很大比例的人都认为社区"有一种'家'的感受""社区居民之间相互帮助，可以相互依赖"，这表现出社区善用社会资本，培育社区居民"主人翁"精神，社区中的"中流砥柱"居民——中青年群体发挥的作用尤为明显。 居民对社区的认同感和归属感比较高，这是"撤村建居"社区融入城市过程中社会资本优势保持良好的表现。

第二，对街道、社区的信任度和依赖度。 居民对街道办事处和社区委员会表示信任的人分别达到 55.4％和 53.5％；持中间态度的人分别占 26.7％和 29.7％；而表示不信任之比分别为 17.8％和 16.9％。 由于"撤村建居"社区的许多居民都没有稳定或者说"可靠"的单位，相对于其他社区来说，除了对血缘和亲缘等关系的依赖性之外，他们更需要街道和社区的关心和帮助，因此表现出对街道办事处和社区居委会更高的信任度和互动的需求。

对社区近 5 年提供的公共服务的评价与社区在个人平衡家庭和工作的作用方面发挥的评价呈正显著的相关关系，如表 8-9 所示，合理利用社区资源，支持个人和家庭，使个人的发展需要得到满足，社区正在不断探索这样的路径。

表 8-8　社区感受度的交叉分析

感受 年龄	有"家"的感觉 （%）	社区和睦 （%）	仅是居住地 （%）	没有留恋 （%）
18—30 岁	64.8	31.4	20.5	9.5
31—45 岁	62.9	42.4	18.2	0
46—60 岁	57.6	43.3	22.9	4.8
61 岁以上	60	30	10	0

资料来源:根据问卷统计数据整理。

表 8-9　近 5 年社区公共服务与社区对个人作用的相关性分析

相关性			服务进步	社区作用
服务进步		Pearson 相关性	1	0.327**
		显著性（双侧）		0.000
		N	303	303
社区作用		Pearson 相关性	0.327**	1
		显著性（双侧）	0.000	
		N	303	303

＊＊. 在 0.01 水平（双侧）上显著相关。
资料来源:根据问卷统计数据整理。

　　第三，对社区活动的参与度。 对居民参与社区活动的意愿以及行动力进行分析，如表 8-10 所示，我们发现两者是负相关的关系，相关系数为－0.508。 居民的意愿和行动表现不一致，对社区组织的活动参与意愿高，但行动力不足，直接导致的后果是社区活动的参与度不高。 在与街道和社区工作人员的访谈中，他们也对居民社区活动参与度不高表示困惑。

表 8-10 社区居民参与活动的态度和行动力相关性分析

相关性			
		参加社区事务态度	参加社区活动
参加社区事务态度	Pearson 相关性	1	−0.508**
	显著性（双侧）		0.000
	N	303	303
参加社区活动	Pearson 相关性	−0.508**	1
	显著性（双侧）	0.000	
	N	303	303

**. 在 0.01 水平（双侧）上显著相关。
资料来源：根据问卷统计数据整理。

社区参与是居民社会性身份的确认，社区居民愿意通过自己的"行动"来推进社区共同利益的形成，这是很好的社会资本。 但是，由于街道和社区提供的部分活动和服务未能与居民的需求相适应，导致居民社区参与的不均衡性，如表 8-11 所示，2010 年有 25.7％的居民一次社区活动也没有参加，却有15.8％的人参与过"5 次及以上"活动，街道和社区对居民需求的认识不到位，造成了活动适切性不足；带有"本位主义"色彩的政策制定和活动提供，造成了"供需矛盾"。 这种"参与状态"不利于社区不同群体共同参与和社区共同文化的形成，反而与提高"撤村建居"社区居民城市生活适应度的目标背道而驰。

表 8-11 社区居民对社区活动的参与度分析

2011 年上半年参加活动次数	百分比（％）	对参加社区活动的态度	百分比（％）
0 次	25.7	积极参加	32.7
1—2 次	44.6	偶尔参加	43.6
3—4 次	13.9	无所谓	8.9
5 次以上	15.8	不参加	14.8
合计	100	合计	100

资料来源：根据问卷统计数据整理。

第四，对社区发展的关键因素的认知。 在对居民对社区发展的关键因素的看法的分析中，如表 8-12 所示，也能看出居民对街道和社区在需求回应方

面的期望。 只有关注和回应居民真正的需求，才能促成居民个人和社区的良
好协作。

表 8-12 对社区发展关键因素看法的分析

因　素	频　率（%）
社区硬件设施	35.6
工作人员专业化	30.7
居民团结	31.7
坚持政府主导	18.8
居民需求的回应	44.6
村集体经济的发展	28.7
商业经济发展	12.9
其他	1.0

资料来源：根据问卷统计数据整理。

第五，居民社区参与的主动性。 从居民对参与社区组织的各项活动的态
度来看，居民参与的主动性不高，如表 8-13 所示。

表 8-13 居民参加社区活动的态度

	积极参加，争取权益（%）	参加，与社区干部感情好（%）	参加，随大流（%）	不参加,太形式化（%）	不参加，觉得没意思（%）	不知道如何参加（%）
社区居民委员会直接选举	42.6	10.9	16.8	12.9	14.8	2.0
社区居民大会	36.6	13.9	15.8	22.8	6.9	4.0
社区听证会	34.7	8.9	23.8	19.8	8.8	4.0
社区志愿者活动	31.7	10.9	15.8	17.8	14.9	8.9

社区居民委员会直选和社区居民代表大会体现的是居民的社区政治性参
与，社区志愿者活动和社区听证会体现的是居民的社区自治性参与，通过健
全不同的参与过程和参与机制，由此构建社区自治体系。 "社区居民参与是
社区发展的本质特征和基本精神。 综观世界各国的社区发展，其理论和实践
虽因各国文化传统和国情不同而有所差异，但有一点却是共同的，并贯穿于

社区发展的始终,那就是参与、分享。从一定意义来说,社区发展的历史就是社区居民参与的历史"①。中国社区建设所面临的最大问题之一就是"参与冷漠症",因此,在"撤村建居"社区的社区建设中,必须善用社区特有的社会资本。有数据反映出,在这5项主要活动中,"参加,随大流""不参加,太形式化"和"不知道如何参加"的人数大大超过"主动参加"的人数。居民被动参与的多,主动参与的少,街道和社区应该从多方面入手,培育居民的社区参与感和社区参与能力。

第六,对集体经济的支持度。社区居民对三骏企业集团公司在当前社区建设和发展中所发挥的作用普遍持肯定态度,认为"作用非常大"的人占34.9%,认为"有一定的作用"的人占46.3%,两者合计达到81.2%。因为在公共资源配置方面,三骏企业集团公司担当了重要的角色,承担着村里很大一部分的社会性福利性支出,包括村镇建设、医疗、养老、教育、文体活动和治安等。这些无不体现出企业集团公司发挥的作用:致力于投资人力资本,不仅帮助生活困难的弱势者,而且推动未来的劳动力发展,优化居民素质以及他们所在的社会环境;致力于社会资本增量,以强大的经济实力及社区居民的信任关系为后盾,在社区事务的担当中继续发挥力量,凝聚社区价值,促进社区发展。

在调查居民对三骏企业集团公司发展困境的看法时,我们发现有30.7%的居民认为是"居民的支持度不足",44.6%的居民认为最大的问题是"政府给予的政策支持不足",仅有9.9%的居民认为企业集团公司发展中遇到的最大问题是"社区事务的负担太重",如图8-5所示。由于公司与社区居民利益的高度相关性,居民期望其能持续发展,公司"办"社区,"这一脉络中迎合了人们认知中的合理性与实践中的现实性"②。公司在未来发展中的关键是社区责任的担当与自身市场化取向的把握。

---

①潘小娟:《中国基层社会重构——社区治理研究》,中国法制出版社2004年版,第29页。

②蓝宇蕴:《对改制公司"办"社区的思考——广州城中村撤村改制个案研究》,《社会》2005年第2期,第78—92页。

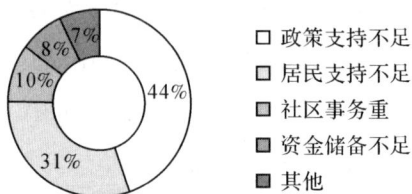

图 8-5　居民对企业集团公司发展困境的看法

资料来源:根据问卷统计数据整理。

（4）政府层面

第一，对政府提供的社会福利的满意度。 社区居民普遍希望政府可以在以后的社区发展中发挥作用，"提供资金""提供优惠的税费政策""协调多方利益""解决社区居民的就业问题"和"保护原村的历史文物"。 这是居民对政府作为的多种期望，显示出社区居民对政府的信任度有所提升，同时这些需求也给了政府回应的方向性。

石牌村社区居民认为政府在社会福利供给方面"不足"和"非常不足"的人高达 47％，显示政府在承担社会成员社会福利的责任中有所缺失。 社会福利社会化并不意味着政府从社会福利责任中退出，而是政府提供福利的方式发生了变化，是对政府职能发挥的更高要求。 "在政府主导型的城市化进程中，通常意味着政府并非完全、甚至并非主要依靠市场机制去搬迁农民，而是经常、甚至主要依靠行政力量。 在政府、农民、市民三方互动关系中，农民原本是最被动的一方，因此会对政府工程失去积极性"①。 在这种情况下，政府更应该承担起社会福利的投资主体角色，保证服务质量和数量适应社会变化的需要，保证社会福利递送的有效性。

第二，对公共服务的供给途径的认知度。 天河区"95100"热线电话是广州市天河区政府构建的一个公共服务平台，主要特征是通过"平台"来满足社区居民日常服务需求，增强政府各部门为民服务的责任感，方便市民参与监督，从而实现政府公共服务资源和民间资源的有机整合和连接，是一种"自下而上"的公共服务供给途径。 但调查显示，如图 8-6 所示，社区居民使用过

---

①林毅夫:《制度、技术与中国农业发展》,上海三联书店 2005 年版,第 33 页。

"95100"热线电话的比例只占 19％，对其效果的评价也是优劣参半。 高达
54％社区居民表示"没有使用过"，还有 27％的居民表示"不知道有这个热
线"。 这表明社区居民社会参与度和参与效果都不理想。 这是由于"撤村建
居"社区居民的"参与主体"地位弱于城市社区，居民的独立性不高，还未能
适应和利用这种较为现代化的社会参与方式。

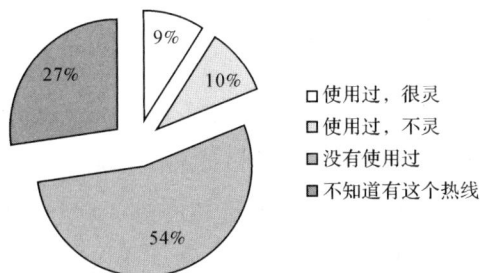

图 8-6　对社区居民使用 95100 热线电话情况的调查

　　第三，对公共服务的公平度的评价。 在关于街道和社区提供的服务的公
平度评价中，认为"一般"的人高达 49.5％，认为"非常公平"和"公平"的
人分别占 9.9％和 26.7％，合计 36.6％。 大部分居民持中立的态度，距离充
分或平等的市民成员资格还有较大差距。 这更需要街道和社区提升公共服务
的公平度，帮助社区居民获得平等的社会承认，获得参与和利益表达的权利。
这就要求参与机制和利益表达机制的整合和协调，达到水平层面以及垂直层
面的畅通。

8.3　石牌村社区发展的优势与困境分析

　　当前广州市表现出放缓"撤村建居"改造的状态，在"撤村建居"改造
中，因为各方博弈，有许多利益需要协调，应该找到适合自身的利益机制、历
史文化的改造方式。 因此，在找到更合适的方式之前，放缓改造是有必要
的。 此外，2011 年 7 月，广州市"三旧"改造工作领导小组会议明确了广州
将选取一个有代表性的"撤村建居"社区，按照"修旧如旧，建新如故"的原

则保留其原貌。 "撤村建居"见证了改革开放以来广州的起飞,具有历史样本价值,提出保留有代表性的"撤村建居"的建议,在文化层面上是值得肯定的。 在保留"撤村建居"的物质形态的同时,对"精神"层面的保留显然也应该被认同。 当一个"撤村建居"社区消失的时候,在享受拆迁补偿带来的狂喜之余,其社会成员势必会产生一定的精神失落感,且这种心理将随着时间的推移愈发强烈。 而一部城市发展史,完全可以给"撤村建居"留下一席之地,避免自身的文化失落[1]。

石牌村是极具代表性的"撤村建居"社区,充满了城市快速发展的印记。它与广州市选择保留的"撤村建居"社区的几个原则大致符合:在城市快速发展中形成,比较有特色,有代表性,而且还没有开始全面改造。 也就是说,借着"撤村建居"改造脚步放缓的时机,政府对多重利益的博弈的考虑增多,对民间力量的尊重增多,石牌村的未来又多了一种可能性。 下面,我们从微观、中观和宏观 3 个层面分析当前"石牌模式"的发展,对"撤村建居"社区做出更全面的综合评价,探索更适切、更有效的方法,以期形成成熟的改造条件。

8.3.1 石牌村社区发展优势

在发展目标上,阿玛蒂亚·森提出了"资财"的概念,把它视为一个国家生产财富的能力,并且把增加人的能力作为发展的终极目标[2]。 人是经济和社会发展的最终动力,"实施可持续发展战略的一些关键因素如环境的保护和改善、政府治理以及广泛、有效的公民参与等等,无不依赖于公民个人角色的有效发挥"[3]。

(1)居民社区参与意识的提升

从调查中可以看到社区居民逐渐有了参与社区事务的热情,也希望自身

---

①甄静慧:《广州市城中村,浅水深水慢慢行》,《南风窗》2009 第 5 期,第 41—44 页。

②张秀兰、徐月宾:《发展型社会政策及其对我们的启示》,载于《中国社会政策》,北京师范大学出版社 2006 年版,第 56—86 页。

③TOM H, SYLVAIN C: *The well-being of Nations: The role of Human and Social Capital.* OECD, 2001.

这方面的能力能有所提升。社区参与意愿的增强是居民社区意识的表现，从居民对参加社区活动的态度来看，参与欲望是比较高的，街道和社区对居民的社区意识培育上已经有了很好的成效，也体现了"撤村建居"社区居民素质的提高、社会交流的增加。通过中长期的社会政策影响个人的竞争力，将满足社区成员的发展需要作为优先的目标和出发点，继续培植和投资社区居民，促使居民的城市社会融入能力进一步提升。

（2）"撤村建居"公司对社区责任的履行

三骏企业集团公司的"社区性"使其积极地承担和履行对社区的责任，持续发挥对社区发展的推动效能。三骏企业集团公司植根于社区，承接了石牌村发展的种种历史因素。公司本身的特点带有社区的性质：行政性、社区性和福利性，与社区居民利益以及社区发展高度相关。经济是基础，三骏企业集体公司实质上成为村共同体城市化的组织的主导力量，对社区发展的关注和投入也就顺其自然地产生并持续了。自石牌村集体经济股份制改造以来，村民每年的股份分红收入（发放的社员生活费）保障了居民的基本生活，在一定程度上消解"新市民"群体进入城市之后很长一段过渡期内的生活问题，社区居民个人的发展享有社区提供的最基本的安全保障。而对社区公益事业的支持符合社区居民传统的村集体意识，折射出村、企业集体公司和社区作为共同体的行动逻辑，2008年1月至2010年7月，石牌村社区活动接收了三骏企业集团公司的大量捐赠，如表8-14所示。

表 8-14　企业集团公司捐赠情况

	活　动	时　间	捐赠金额
1	石牌地区迎新春舞狮活动		3 年合计 150000 元
2	石牌地区 2008 年端午龙舟竞赛		3 年合计 700000 元
3	节日电影展播		3 年合计 40000 元
4	石牌村暑假青少年书法比赛		3 年合计 75000 元
5	石牌村农具展	2008 年 10 月	80000 元
6	汶川震灾募捐义演活动	2008 年 5 月	30000 元
7	庆祝中华人民共和国成立 60 周年文艺演出	2009 年 9 月	60000 元

	活动	时间	捐赠金额
8	金秋重阳粤剧展演活动	2009 年 10 月	35000 元
9	2010 年"天河之夏"石牌街青少年暑假系列活动启动仪式	2010 年 7 月	26000 元

资料来源:广州市天河区石牌街道文化站。

由于企业集团公司股民(村民)普遍对企业集团公司存有依赖心理,而企业集团公司所有的发展资源与依赖就是社区性的资源。 这种双向的依赖使其与社区共同体社会网络保持着独特关系,因而在"撤村建居"社区的发展与进化中发挥着特殊的效能,符合社区居民认知中的合理性与实践中的现实性。这也是"撤村建居"社区发展推动力有别于其他社区的地方。

"不论何种制度,也不论何种制度创新,只要能让民众的自主治理能力得到充分的发挥,这种制度便是'善'的制度。 这种观点本来并没有什么新意,毛泽东的群众路线就非常通俗地归纳了蕴藏在民众之中的活力与自主能力"[1]。 在特定经济、历史文化与现实条件下,企业集团公司作为民间自主治理精神一种集体行动的体现,社区作为一个相对独立的"制度化的社会自治领域"[2],这种独特的社区自治方式在解决社区公共物品的提供、改善社区公共服务、实现社区性公共利益方面发挥着重要作用。

(3)社区公平体系的维系

社区内自我公平体系处于平衡状态。 在"撤村建居"社区内部,已经形成了一套以血缘、地缘关系为纽带的公平体系,承载了部分政府功能,保障了社区居民的利益,弥补了政府由于公共资源配置不公平而造成的居民利益损害问题。 这在一定程度上可以被认为是原住民在城市适应性和现代性获得过程中的社会公平。 "撤村建居"的存在,为外来者可以以较低的生活成本居住在城市、公平地享受城市提供的各种现代化设施提供了可能。 这种市井文化其实也是一种市

①蓝宇蕴:《对改制公司"办"社区的思考——广州城中村撤村改制个案研究》,《社会》2005 年第 2 期,第 78—92 页。

②王河江:《城郊社区自治能力对社区公共服务水平的影响研究》,《中国社会科学院研究生院学报》2010 年第 3 期,第 15—22 页。

井的公平,使更多的农民可以进入城市、适应城市,为其最终实现"人的城市化"提供可能。 无论是对"撤村建居"社区原住民还是外来者而言,这都说明了"社会安全网是为那些在发展中被甩出来的群体所建立的"①。

(4)传统的传承与现代性的获得的平衡

"撤村建居"社区由传统村落发展而来,有其独特的村落肌理,如果以"大一统"的城市标准来判定它,就会抹灭其特质。 我们应该根据"撤村建居"社区自身的实际情况制定适合"撤村建居"社区发展标准,明确社区的发展目标。 该发展目标不应该放在如何通过人为措施实现社区的外在城市化上,而应该放在如何引导居民(包括外来人口)适应城市、融入城市、最终实现个体的城市化上;应放在如何改善社区内的人居环境、完善社区公共服务、逐步实现社区物质空间的城市化上。 同时,作为文物保护单位的村落古建筑如祠堂等,都承载并延续着村独有的文化和特质,任何外来物都不可能取代这种文化和特质,如表8-15所示。 从某种意义上说,这个村落社会群体是无可取代的。

表 8-15 社区内文物保护单位名录

名 称	年 代	类 别
池氏大宗祠	清代	古建筑
瑞藻家塾	1915 年	近现代重要史迹及代表性建筑
董氏宗祠	清代	古建筑
潘氏宗祠	1683 年	古建筑
善平书室	1873 年	古建筑

资料来源:广州市天河区石牌街道文化站。

保护原村落的历史文化,使其在城市化的过程中成为特色的城市区域,而不是单调统一的城市空间复制品。 只有综合考虑传统乡土社会和外来人口的承受能力,才能逐步消除建筑无序、社会犯罪及缺乏公共服务设施等问题,为社区居民营造健康的社会气氛。

---

①张秀兰、徐月宾:《发展型社会政策及其对我们的启示》,载于《中国社会政策》,北京师范大学出版社 2006 年版,第 56—86 页。

社区居民对传统艺术活动对于社区作用的看法是积极和正面的，他们普遍持支持的态度，认为此类活动"对团结和增进社区居民感情有重要作用""是对本村历史文化的保护"。姓氏祠堂及其相关文化意涵以及相关活动，传统仪式下的醒狮（舞狮）活动与龙舟赛事，所有这些具有浓郁传统风味的民俗文化，成为人们实现与城市融合的精神依赖。而且，"这一功能就暂时而言，还没有其他途径可以替代。因而，值得强调的是，承续了诸多传统社区共同体特质的'撤村建居'，本身就内含发挥多重社区功能的良好基础"①。

分析居民对社区硬件设施（图书馆、文化活动室、公园和健身设施）的使用频率可发现，较多居民使用过这些设施。可以看出，社区完善必要的硬件设施，改善人居环境，导入城市"因子"，逐步实现村落物质空间的城市化，同时为居民提供了新的聚集空间，提供了发育公民意识的场所，培育社区精神，增加现代性的获得，使居民在"失去"与"获得"之间取得一种平衡和安全感，增强社区的发展动力。

社区传统文化的保护与现代性的获得并不矛盾，社区成员的认同和参与将整合两者，促进社区发展。

8.3.2 石牌村社区发展的局限性

（1）社区对人力资本的投入作用不到位

社区对人力资本的投入落实在实际行动中比较薄弱，主要表现为对有就业意向的居民的职业培训不足或不适当。调查显示，有接近四分之三的受访者对街道和社区的就业支持行动持不满意态度，就受教育的程度与类型来说，"撤村建居"社区居民要想获得一份适合的职业所需的训练与现实中政府提供的对农民的初级、短期训练存在着巨大差距，这直接弱化了居民获取职业的能力。

人力资本的投资不足使"撤村建居"社区居民距离充分或平等的市民成员资格状态还有较大差距。这更需要街道和社区提升公共服务的公平度和效度，帮助社区居民经由自身能力的增量，获得平等的社会承认，具有平等的社

---

① 蓝宇蕴:《都市里的乡村》生活·读书·新知三联书店 2005 年版，第 42 页。

区参与和利益表达。

（2）居民对青少年儿童福利服务的认识不足

社区为青少年儿童提供的活动量基本充足，但居民关注度和重视程度不高。 石牌家庭综合服务中心长期提供针对青少年儿童的传统服务有学业辅导、兴趣培养等，并在假期与广州市三一社会工作服务中心合作，开展家人关系的辅导、同龄人交往辅导等创新型活动。 这说明社区针对青少年儿童这一特殊群体的社区公共服务资源输送是基本充足的。 同时，社区引入社会工作专业服务，力求保证开展的活动的专业性和有效性，使社会工作服务能逐步走入社区居民的日常生活。 社区既重视对青少年儿童正式教育的辅助功能发挥，也开展非正式教育。 因为非正式教育作为一种社会发展工具的价值，在有关促进可持续性发展的环境管理领域中，非正式教育对于成功绝对是至关重要的[①]。

社区居民重视青少年儿童的正式教育，但对社区提供的非正式教育关注度不足，而社区居民的认识和重视就是基础性的资源。 青少年儿童的非正式教育，特别是儿童社会工作，能够激发儿童自我发展、自我成长的潜能，促进儿童全面的发展。 需要充分运用一切能促使儿童成长发展的个人和环境资源，是儿童福利服务得以实施的重要前提之一。

（3）社区对居民家庭功能的支持度不足

社区对家庭经济支持比较充足，但在家庭功能发挥支持方面相对不足。除了物质经济基础方面，在婚前教育、家庭生活技能培训、亲子关系辅导、儿童照顾辅导、老年人照顾辅导、法律援助和心理疏导等方面关乎家庭功能的全面发挥上，社区向居民提供家庭方面的专业性服务很少，较多地停留在上级安排和硬性指标达成层面。 但是，家庭是满足社会成员保障和发展需要的最重要的社会保护资源。 更为重要的是，家庭不仅直接影响其成员的生活质量，也影响整个社会的发展。 可以说，家庭是中国社会最有价值的资产，是社会最基本的福利单位，承担着很多基本的社会功能。 实施更多的非物质层

---

①安东尼·哈尔、詹姆斯·梅志里：《发展型社会政策》，社会科学文献出版社 2006 年版，第 47 页。

面的家庭社会政策，将社会资源用于对家庭的投资，是社会政策从补救和应急型向积极的、社会投资型政策转变的一个有效的手段。

（4）社区资产积累的动力缺失

企业集团公司在发展中遇到的最大问题是政策支持不足，社区居民支持度亦有待提升。政府在社区"撤村建居"这个相当长的过程中，改造成本难以及时支付，企业集团公司在维持社区的稳定和发展方面做出了巨大贡献。因此，企业集团公司应获得政府的认可与充足的制度与政策支持。尽管已出台将公司的社会管理职能交接至街道的相关政府文件，但单纯强调减轻改制公司的社区经济和社会管理负担仍然是不足的。

企业集团公司的社区事务负担重，但部分社区居民认为其承担的大量社区公共事务和经济负担是顺理成章的，没有认识到长此以往，公司将面临发展和效益增长的困境。正如斯科特所言，"小农不是纯粹的经济单位，更承担着村落社区的社会义务和责任，在伦理化的经济组织中，其经济关系兼具市场与非市场导向的双重内涵"[①]。"撤村建居"居民对企业集团公司不再如以前那么热心于社区事务理解为"村委不要我们了，把我们出卖了"。

（5）政府主导下的社会福利失衡

改革开放带来了市场力量的持续冲击，"已经没有多少人会认为农村可以不变化、不适应、不转型，'以不变应万变'。农民可以在什么范围和什么程度上幸存，已经成为10多年间很多农民研究者关注的问题"[②]。

至今仍有人形容石牌村是"四不像"，即农村不像农村（都市里的村庄），城市不像城市（城市管理的缺失），居民不像居民（与城市居民待遇有差距），公司不像公司（三骏企业集团公司未能严格按公司法运作经营）。这"四不像"表现了石牌村城市化道路的漫长。

农村被置于城乡二元化的社会结构、政治体制、社会福利框架之中，城乡两类社区还处在社会不平等之中。农民离开了原本作为生产资料的土地，是

---

①詹姆斯·C.斯科特：《农民的道义经济学：东南亚的反叛与生存》，译林出版社 2001 年版，第 45 页。

②毛丹：《村落共同体的当代命运：四个观察维度》，《社会学研究》2010 年第 1 期，第 1—33 页。

否能以最小的代价融入现代社会，使这个融入过程较为平顺？　现实融入过程中，农民通常要为此付出一定代价，通常会成为市场中的弱者。　政府未能对"撤村建居"社区真正落实"市民"的"同城同待遇"问题，未将他们完全纳入社会化社会保障体系，导致基本公共服务水平失衡，城乡两类社区的居民权利不对等。　"撤村建居"社区与城市社区的社会福利差异性，事实上是一种制度性排斥，是社会地位与权利等非经济因素及其基本功能被剥夺和机会的丧失。　因此，社会福利应该有一定的倾向性——面向社会弱势群体，消解社会排斥。

（6）"下游干预"策略的迟缓性

社会舆论对石牌村的褒贬不一，其中对石牌村的负面评价较多，很多人认为石牌村是城市文明的包袱，是社会管理的难点，是影响社会稳定的重要因素。　对于这样一个城市化的过渡现象，"撤村建居"历史的长短，要看城市发展的基础、政府的主导和决策①。　石牌村城市化中的产业变化进程有自身特点，从种稻到种菜到"种楼"，从第一产业（农业）直接转变为第三产业（物业经营）。　农民在短短几年时间离开土地，经历着从生产到生活的急促而巨大的变化；农村也在体制上、地理上、形式上纳入城市发展。　这种急促跨越的变化，使各个领域产生了不少不适应的状况，遗留问题也相应增多。

政府对城市化的主导作用不足，在相当长的一段时间只是被动地顺应形势，在实践中逐步适应，对失地农民的利益的关注度和维护力度没有足够的认识和及时的行动，导致这些方面的政策、规划滞后、被动和不完备。　在社区建设的问题上，仍停留于见步行步、就事论事的水平，停留在传统的"头疼医头、脚疼医脚"社会治理模式，减弱了政府的积极应对能力，无法实现"撤村建居"社区在发展上的突破。

---

①郑孟煊：《城市化中的石牌村》，社会科学文献出版社 2006 年版，第 67 页。

8.4　推动石牌村社区发展的新对策

　　本书借助发展型社会政策的理论框架，对极具代表性和典型性的"撤村建居"社区的可持续发展进行实证调查和分析。 从宏观、中观和微观 3 个层面探求"撤村建居"社区的转变优势、局限以及面临的困境，探析"撤村建居"社区的发展路径。

　　在发展型社会政策理论视角下，本书对石牌村这一"撤村建居"社区的实践和经验进行总结，并提出社区未来发展的新对策，意在考察此类型社区在后城市化阶段的发展，同时也考虑了石牌村未来的拓展性。 诚然，石牌村确实有其独特性和优势：它具有"撤村建居"的特征，社区的农民市民化起步较早，而实力雄厚的集体经济为社区居民城市化的生活方式提供了必要的经济基础。 同样，城市化进程中的其他"撤村建居"社区也拥有自身的特殊性。其关键是提供能够顺利推进农民市民化过程的政策和制度，为"撤村建居"社区持续导入有助于居民城市融入的公共产品。

　　社区发展实质上是人们为应对生活共同体中诸多共同体问题而实施的互助合作的集体行动，是利益相关者的互助和合作，也是有组织、有计划的经济和社会并重的动态过程①。 "撤村建居"社区的发展必然与其历史条件相联系，现实中的某些状态与条件实际上也是未来发展的萌芽。 本书在发展型社会政策理论框架下，以发展的视角对"撤村建居"社区未来发展的系统工程做一些思考。

　　构建一个以社区为基础的稳固的金字塔结构的制度环境，如图 8-7 所示，以此导入公共服务，坚持增能和增进社会资本，依靠社区组织和民众的参与来改进社区环境，实施政府、社区和个人共同参与的多元、可持续发展模式：政府以居民个人城市融入能力为核心制定政策，集体经济的发展持续为社区

────────

　　①李雪萍、陈伟东：《论社会建设经由社区建设》，《社会科学研究》2008 年第 1 期，第 84—88 页。

居民个人能力建设构建经济安全网，家庭功能的建设和发挥为居民提供个人发展的基础，社区组织协助完善社区的家庭关系、邻里关系以及社区关系。

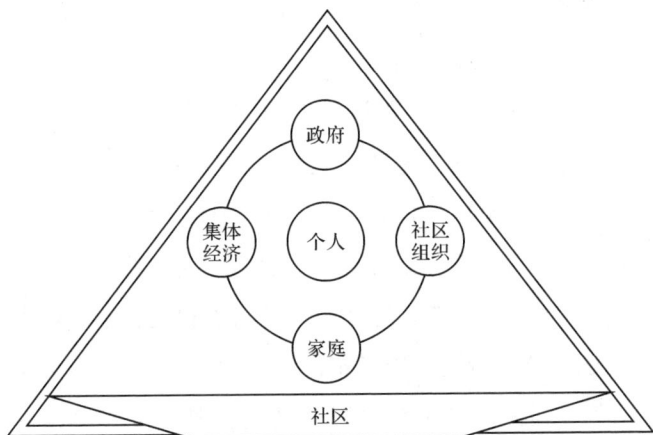

图 8-7　社区可持续发展的多元模式

资料来源:根据问卷统计数据整理。

8.4.1　宏观层面的整合

（1）以个人城市融入能力发展为导向的政策转向

"撤村建居"社区居民需要的个人能力建设。集体经济的发展对居民生活有举足轻重的影响，在预防贫困和减少家庭不安全感方面发挥着积极的作用，居民有了一定的经济积累，可以在一定程度上解除后顾之忧。这虽然是改善居民生计的一种好办法，也是帮助他们规避各种社会风险的重要安全措施，但也影响了居民融入城市的能力和社会竞争意识的增长，表现出社区经济与社会发展的不同步。社区未来发展的政策选择不应只停留在货币化安置，更需要通过政策调整来弥补社区资产建设带来的问题——居民对集体经济的过度依附。居民外向的社区外社会交往不足，过分依靠社区或者其他人代替这种社会交往能力的增进。因此，新的政策制定应以居民的个人能力发展为核心。

对社区居民赋权增能，消解他们对社区的过度依附，增强他们的自立性，引导他们与城市社会的持续交往、融入和沟通，最终实现个人的发展。以居民个人能力发展为核心的政策制定，其核心是提高个体的社会竞争力和融入社会的能力，使居民在获得可持续的经济保障和与市民同等的各种权利基础上，具备社会竞争意识和社会融入能力，特别是个人获取职业的能力，平等地履行公民责任，享受社会发展成果。

（2）中长期发展战略角度下的制度供给

"上游干预"策略是对社会问题产生的条件和机制采取预防性的消除措施，以中长期的眼光制定配套的政策。在基层社会管理体系中，制度性的缺陷是最大的缺陷。社区发展进程需要系统性、方向性的决策理念和战略、规划以及具体计划。当前及未来必须强调中长期的制度供给，逐步消减由于社会发展而出现的弱势群体制度供给不足问题。通过对社区发展问题的"上游干预"，切断社区问题发育并消解弊端。医疗、教育和养老作为人力资本投资，是发展的前提，要注重基础教育、基本医疗和基本养老服务对社会和谐发展的重要性，而实现这样的社会发展目标绝不是能在短期内完成的，必须将短期目标、中期目标和长期目标结合起来，加大中长期的制度供给。

"撤村建居"社区居民需要经历漫长的城市融入过程，政府既要解决居民思想观念、行为方式转变的问题，又要解决居民赋权增能的问题，还要解决提高居民生活质量和社会参与度的问题，因此必须有一系列"过程性"的政策和机制保证社会公平和社区凝聚力，减少"撤村建居"过程中的社区治理成本。

（3）以政府干预形成社区衔接

"村庄作为农民社区的转型——有可能从传统农业社区转向城乡社区衔接带的弱质端。这种'可能'的实现，既取决于农村和农民对国家、市场、城市的态度，更取决于国家、市场、城市对农村的态度"①。

通过政府干预和主导继续推进城市化，改造社区的人居环境。政府若希望在和谐与平衡的大前提下推动社区的改造，必需的、适当的投入是不可或缺的。政府可以尝试形成城市社区和"撤村建居"社区的衔接带，改善社区基础设施，确保交通、交流畅通，达到社区生活条件的基本均等。"村庄"

---

① 毛丹：《村落共同体的当代命运：四个观察维度》，《社会学研究》2010 年第 1 期，第 1—33 页。

的存在为居民提供了便利的社区条件，街道所辖的各个社区共同形成"一个经济上互为支持和补充、文化风格不同但是彼此平等、社区基本生活类型不同但品质差别并不悬殊的连接带"①。

（4）"人文—社会"可持续性与经济可持续性的平衡

社区的"人文—社会"的可持续性与经济的可持续性的平衡，能充分发掘社区的潜力与资源。"人文—社会"的可持续性主要表现为以下几方面：参与和责任；改进公共部门的责任、透明度和效率，鼓励并促进民众具备为社区的未来承担更多责任的能力；权利与平等；确保社区的所有成员能够利用经济与社会机会；健康的人与健康的生态系统；等等。经济的可持续性作为资源和产品的增长意义，在发展中国家中已经成为社区发展中的关注点②。

"人文—社会"的可持续性与经济的可持续性两者的平衡，如表 8-16 所示，有助于推动社区创新，增加社区发展机会，维持社区稳定，使居民具有更强的能力抗击风险，承担改善自己生活的责任。

表 8-16　可持续性的平衡表

	人文—社会可持续性	经济可持续性
人文—社会可持续性		以人为本,社区认同感和凝聚力
经济可持续性	社区发展的物质支持和保障	

资料来源：中国香港妇女中心协会社区可持续发展办公室 2009 年报告。

长久以来形成的农民特性和村庄历史记忆使得居民认同原有的熟人关系所带来情感、信任和合作关系。在这种利益关联型社区中，居民对社区高度关注，并利用正式和非正式的制度参与并监督社区治理③。社区有较强的集体责任态度、共享的道德感和归属感。这种社区社会资本，对社区治理和发展有着非常强的正向作用，是实现社区发展的重要资源，维护和维持着社区的运转，必须善加利用。"撤村建居"社区在由"村"向"城"的过渡中，

---

①毛丹：《浙江村庄的大转型》，《浙江社会科学》，2008 年第 10 期，第 2—11 页。
②汪大海、孔德宏：《世界范围内的社区发展》，中国社会出版社 2005 年版，第 13 页。
③陈建胜：《社会资本视野下的"撤村建居"社区治理》，《调研世界》2010 年第 11 期，第 29—31 页。

需要强大的社区经济支撑，为居民需求的满足创造一定的物质基础。 但是，企业集团公司作为社会经济细胞，必须逐步向市场经济要求的方向变动，这才是符合社区居民利益的最终表现。

"撤村建居"社区居民在社会关系网上能获得的心理上的支持，在经济安全网上能获得物质上的保障，在社区文化上必须维护他们生活方式、文化习俗的完整性，为他们创造具有地方特色和文化气息、充满人文关怀的、以家庭为根、以社区为本的生活方式。

8.4.2　中观层面的协调

（1）以社区认同感为基础的社会资本积累

城市化中"人"是社区发展的根本问题，经过了多年融入城市的实践，各年龄层居民对自身身份和角色概念的认同差异性较大。 60 岁以上居民普遍对现在生活比较满意；50 多岁的居民最担心的是现状的改变；31—60 岁的居民分为两类，一类有自己的事业，对自己的角色是村民抑或是市民没有强烈区分感，另一类因为没有工作，对生活有各式抱怨；20—30 岁的居民比较认同居民身份，忙于学业或工作，并且对今后的生活与工作看法比较积极；20 岁以下居民基本上没有村民的概念，把自己视为地地道道的市民。

社区作为小型、紧密的共同体，是居民在情感和社会认知意义上的需要。社区为居民提供日常生活圈，成员间进行非物质的、情感的互助与交换，以满足人们在其中寻找确定性的需要。 社区是个体意识的心理基础，"熟悉的人群中产生的道德约束与情感联系的强度与性质也完全不同于陌生人群。 对于个体而言，社区共同体边界里互动的、相互熟悉的人群，不仅常常是个体认知社会的基本场域、基本情景区，而且是个体在社会中满足与否的基本定位点、基本参照对象"①。 身份与角色的自我认同的转变是否意味着社区认同感的缺失？ 一个缺乏认同感的社区是可悲的，村落的毁灭性的拆迁改造，或许会使得社区的认同感、归属感的彻底沦陷。 一个地方失去了自己的特色与文化，也失去了精神归宿与自我文化界定。 政府在制定政策时，要有意识地培

---

①齐格蒙特·鲍曼：《共同体》，欧阳景根，译.江苏人民出版社 2007 年版，第 15 页。

育地方文化认同感,让各个生命阶段的原居民懂得珍惜自己的土地、自己的历史、自己的文化,维护和增加社区认同感,让社区居民在保留记忆和获得新的发展空间之间取得一种平衡,这本身也是对社区认同感的"投资",即以居民为本,达到社会资本的积累和持续利用。

(2)找寻"适切性"的社区发展途径

社区作为社会最基本、最基层的细胞,是民众参与社会发展进程和分享社会发展成果的最有效的途径和渠道,社区不仅是民众聚居的公共空间,更是"精神共同体"的体现。

从某种程度上讲,出租屋市场所联结着的新移民和新市民,是一种互惠型社会关系。作为外来劳动力的新移民进入发达城市,经济上的限制使他们需要低廉的生活成本空间,而他们的住房需求由"撤村建居"社区得到基本满足,新移民可以将之作为自身在城市奋斗的栖身点;"撤村建居"的农民转为新市民,社会身份的转变使他们处于弱势,而政府对失地农民利益的关注和维护有一定的滞后性,因而房屋出租成为失地农民重要经济来源。

石牌村的发展历史所积淀的传统文化,随着城市化和现代精神的加入,以及社会变迁带来的各种碰撞,使石牌村成为城市的"精神高地"。要保留石牌村这独特的一面,就要求社区的建设和发展必须结合其自身变化的社会实际,社区应该是自由自愿的,并且也要为城市中的个人提供机会,让他们取得成功,做出贡献。社区建设的目标是为社区中的每个居民提供发展空间,其工作重点是维护共同社区利益,推进公共产品的均衡化和推进基层民主自治①,是以应出台一系列能够增量社会资本、从基层构建社会信任的社会政策,来体现社区作为基层社会管理创新体系中心的价值诉求。

8.4.3 微观层面的支持

(1)社会工作专业服务的导入

社会工作专业服务作为解决社会矛盾的有效手段,是社会福利制度的重要体现。社会工作的价值理念与构建和谐社区的思想是相统一的。在社区

---

①德鲁克基金会:《未来的社区》,中国人民大学出版社 2006 年版,第 6 页。

建设中导入专业社会工作，是社区发展的最佳方式之一。 特别是对于社会矛盾交汇和聚集比较密集的"撤村建居"社区，社会工作专业服务可以帮助居民处理与物质需求相关的情感和社会需求，调动社区居民积极改善自身所在的社会环境，深层次地增强居民对城市生活的适应度和自我肯定度。

从社区层面推动组织制度建设，搭建社会工作专业服务的平台；构建支持系统，充分利用石牌辖区内多所高等院校的教育资源，与高校社会工作系合作，推进社会工作服务的专业化。 同时要坚持以直接服务的方式取得居民的信任和依赖，以期在未来达成社区居民"有事找社工"的良好社会氛围。

（2）家庭功能的建设

家庭是承接社区建设各种功能的基础结构，也是进行社区建设最好的切入点。 "撤村建居"社区接受政府的制度安排，社区居民由此产生了脆弱性或被剥夺感。 在具有亲缘、地缘等关系的独特性质的社区中，家庭作为个人的非正式社会支持，更是个人应对社会变迁的基本保护，需要借此修复个人的脆弱性。 社区建设的根本目的是为家庭及居民提供一个良好的、支持性的社会环境，而稳定和健康的家庭是社区稳定和发挥其功能的基础。 因此，社区建设需要注入家庭政策的概念，强化家庭内部网络，要将建立以社区为依托、以增强家庭功能和保证儿童发展需要得到满足的家庭服务作为目前社区建设中最重要的内容。

"撤村建居"社区作为一个人群聚居地，既有"城"的特征，又有"村"的特质。 从人的角度来看，这是一个包含经济利益关系、社会关系、宗族关系、文化关系等各种关系的共同体，并且该类型的社区是经由农业社区转为非农社区的，在这个转变中，内含的各种关系必有扬弃，既有继承，又有变化。 如何更好地保留社区内比较深层次的东西，进而保持社区和谐的、健康的发展趋势，是未来城市化推进需要考虑的问题。

发展型社会政策作为一个消除社会福利和经济发展之间裂痕的政策，强调在动态和可持续的发展过程中整合社会和经济发展目标。 在以政府的主导为核心的社会政策设计中纳入并强化"发展"的维度，推动公共服务的导入，增加对更多人群的关注；要致力于培养人的能力，强化社会网络。 这种政策理念对解决"撤村建居"社区问题并推动其发展有很强的理论价值和实践意义。

参考文献

［1］亨廷顿.变化社会中的政治秩序［M］.上海：生活·读书·新知三联出版社,1989.

［2］罗吉斯.乡村社会变迁［M］.杭州：浙江人民出版社,1988.

［3］陈甬军,景普秋,陈爱民.中国城市化道路新论［M］.北京：商务印书馆,2009.

［4］傅晨.广东城市化发展战略［M］.广州：广东人民出版社,2006.

［5］詹姆斯·梅志里.发展型社会政策：理论和实践［C］//中国社会政策［M］.北京：北京师范大学出版社,2006.

［6］张秀兰,徐月宾.发展型社会政策及其对我们的启示［C］//中国社会政策［M］.北京：北京师范大学出版社,2006.

［7］马克斯·韦伯.经济行动与社会团体［M］.桂林：广西师范大学出版社,2004.

［8］汪大海,孔德宏.世界范围内的社区发展［M］.北京：中国社会出版社,2005.

［9］安东尼·哈尔,詹姆斯·梅志里.发展型社会政策［M］.北京：社会科学文献出版社,2006.

［10］德鲁克基金会.未来的社区［M］.北京：中国人民大学出版社,2006.

［11］郑孟煊.城市化中的石牌村［M］.北京：社会科学文献出版社,2006.

［12］蓝宇蕴.都市里的乡村［M］.北京：生活·读书·新知三联书

店，2005.

[13] 齐格蒙特·鲍曼.共同体［M］.欧阳景根,译.南京：江苏人民出版
社，2007.

[14] 林毅夫.制度、技术与中国农业发展［M］.上海：上海三联书
店，2005.

[15] 潘小娟.中国基层社会重构——社区治理研究［M］.北京：中国法制出
版社，2004.

[16] 詹姆斯·C.斯科特.农民的道义经济学：东南亚的反叛与生存［M］.南
京：译林出版社，2001.

[17] 池柏良，郑奔.天河农村制度变迁［M］.中国香港：香港新闻出版
社，2003.

[18] 广州市天河区石牌村民委员会.石牌村志［M］.广州：广东人民出版
社，2003.

[19] 孔繁斌.公共性的再生产［M］.南京：江苏人民出版社，2008.

[20] 杨团.社区公共服务论析［M］.北京：华夏出版社，2002.

[21] 马西恒，鲍勃·谢比伯,等.中加社区治理模式比较研究——以上海和
温哥华为例［M］.上海：上海人民出版社，2006.

[22] 王新，蔡文云.撤村建居何去何从？ ——以温州市为例的撤村建居改
造对策研究［M］.北京：中国市场出版社，2010.

[23] 谢蕴秋主编.规划博弈和谐——"撤村建居"改造实证研究［M］.北京：中
国书籍出版社，2011.

[24] 许义平，李慧凤.社区合作治理实证研究［M］.北京：中国社会出版
社，2009.

[25] 杨冬雪，李惠斌.社会资本与社会发展［M］.北京：社会科学文献出版
社，2000.

[26] 沈建法.城市化与人口管理［M］.北京:科学出版社，1999.

[27] 阿历克斯·英格尔斯.人的现代化 ［M］.成都:四川人民出版
社，1985.

[28] 张永理.社区治理［M］.北京:北京大学出版社，2014.

［29］ 秦瑞英.城市社区演变与治理［M］.北京:经济科学出版社，2018.

［30］ 郑杭生.农民市民化:当代中国社会学的重要研究主题［J］.甘肃社会科学，2005（4）：4—8.

［31］ 毛丹.赋权、互动与认同:角色视角中的城郊农民市民化问题［J］.社会学研究，2009（4）:28—60.

［32］ 李培林.巨变:村落的终结——都市里的村庄研究［J］.中国社会科学，2002（1）:168—179.

［33］ 傅晨，刘梦琴."撤村建居"及其改造:一个"三农"的研究视角［J］.农业经济问题，2008（8）：75—79.

［34］ 梁祖彬.演变中的社会福利政策思维——由再分配到社会投资［J］.中国社会科学，2004（6）:11—14.

［35］ 王思斌.社会政策时代与政府社会政策能力建设［J］.中国社会科学，2007（6）:8—11.

［36］ 陈建胜.社会资本视野下的"撤村建居"型社区治理［J］.调研世界，2010（11）:29—31.

［37］ 王道勇.农民市民化:传统超越与社会资本转型［J］.甘肃社会科学，2005（4）：9—13.

［38］ 文军.农民市民化:从农民到市民的角色转型［J］.华东师范大学学报（哲学社会科学版），2004（3）:55—61.

［39］ 马良."撤村建居"社区融入城市进程中的优势和局限——对杭州三叉社区的实证调查［J］.党政干部学刊，2008（3）：54—56.

［40］ 郁建兴，何子兰.走向社会政策时代:从发展主义到发展型社会政策体系建设［J］.社会科学，2010（7）:17—26.

［41］ 蓝宇蕴.对改制公司"办"社区的思考——广州撤村建居个案研究［J］.社会，2005（2）:78—92.

［42］ 广州大学"城中村"改造课题组.城市发展进程中的民生关怀和政府责任——广州市城中村改造中"猎德模式"的创新与启示［J］.中国行政管理，2011（8）：117—120.

［43］ 毛丹.村落共同体的当代命运:四个观察维度［J］.社会学研究，2010（1）:

1—33.

［44］毛丹，王燕锋.J市农民为什么不愿做市民——城郊农民的安全经济学 [J].社会学研究，2006（6）：46—73.

［45］郑晓东.一个农民市民化过程较为平顺的社区——H市Z社区的经验与问题 [J].浙江社会科学，2008（2）：60—64.

［46］林卡，赵怀娟.论生产型社会政策和发展型社会政策的差异和蕴意 [J].社会保障研究，2009（1）.

［47］王思斌.走向发展型社会政策与社会组织建设 [J].社会学研究，2007（2）：187—189.

［48］李雪萍，陈伟东.论社会建设经由社区建设 [J].社会科学研究，2008（1）：84—88.

［49］胡荣，胡康.城乡居民社会资本构成的差异 [J].厦门大学学报（哲学社会科学版），2008（6）：64—70.

［50］郎友兴，周文.社会资本与农村社区建设的可持续性 [J].浙江社会科学，2008（11）:68—73.

［51］宋菁，顾伟.嵌入社会网络结构的社会资本理论——对林南《社会资本》的理论梳理 [J].法制与社会，2011（1）：171—172.

［52］田凯.科尔曼的社会资本理论及其局限 [J].社会科学研究，2001（1）：90—96.

［53］肖林."'社区'研究"与"社区研究"——近年来我国城市社区研究述评 [J].社会学研究，2011（4）：185—208.

［54］杨先明，周昭.论社会资本 [J].思想战线，2003（6）：5—9.

［55］苏博.土地的城市化还是人的城市化 [J].社科纵横，2012，27（3）：54—55.

［56］姜作培.城市化进程中农民市民化问题 [J].国家行政学院学报，2003（4）:36—39.

［57］王萍.撤村建居过程中的群体分化问题 [J].浙江社会科学，2008（2）：64—67.

［58］ANDERSON M H. Social networks and the cognitive motivation to realize network opportunities: a study of managers' information gathering behaviors [J] . Journal of organizational behavior, 2008.

[59] RHYS A. Exploring the impact of community and organizational social capital on government performance: Evidence from England [J] . Political research quarterly, 2011, 64 (4) :938—949.

[60] ANIRUDH K. Active social capital: tracing the roots of development and democracy [M] . New York: Columbia University Press, 2002.

[61] SHAHZAD A, KAMAK M, TRICIA G. Impact at the 'bottom of the pyramid' :the role of social capital in capability development and community empowerment [J] . Journal of management studies, 2012, 49 (4) :813—842.

[62] BANTILAN M C S, PADMAJA R. Empowerment through social capital build-up: gender dimensions in technology uptake [J] . Experimental agriculture, 2008, 44 (1) :61—80.

[63] ALMOND G A, VERBA S. The civic culture: political and democracy in five nations [M] . New York: Princeton University Press, 1963.

[64] TERESA T, JESSICA L. Changes in social capital and networks: a study of community-based environmental management through a school-centered research program [J] . Journal of science education and technology, 2012, 21 (1) :167—182.

[65] TIM H, GERBERT K. Formal and informal social capital and self-rated health in Europe: a new test of accumulation and compensation mechanisms using a multi-level perspective [J] . Acta sociologica, 2012, 55 (2) :143—158.

[66] JAN W VAN DETH, MARCO M, KEN N, PAUL E W. Social capital and Eurepean democracy [M] . London: Routledge, 1999.

[67] ROBERT C E. Order without law: how neighbors settle disputes [M] . Cambridge: Harvard University Press, 1991.

[68] CATHERINE R, LAURA G, STEPHEN S. Family social support,

community "social capital" and adolescents' mental health and educational outcomes: a longitudinal study in England [J]. Social psychiatry and psychiatric epidemiology, 2012, 5.

[69] RONALD S B. Structural holes: the social structure of competition [M]. Cambridge: Harvard University Press, 1992.

[70] MARTHA A S. Theories of social capital: researchers behaving badly [J]. Review of radical political economics, 2012, 44 (1): 107—109.

[71] GUTTERMANN J. Megalopolis: the urbanized northeastern seaboard of the United States [M]. New York: Twentieth Century Fund, 1961.

[72] BENJAMIN C. Growth management: good for the town, bad for the nation [J]. Journal of the American planning association, 1990, (56):3—8.

[73] PORTER D R. Managing growth in America's communities [M]. Washington DC: Island Press, 2007.

[74] KENNY L. Rural-Urban interaction in the developing world [M]. London and New York: Routledge, 2004.

[75] JAMES M, KWONG-LEUNG T. Social policy, economic growth and developmental welfare [J]. International journal of social welfare, 2001, 10 (4):244—252.

[76] JOHN W, et al. Urban-Rural Links [M]. Oxford: Heinemann Educational, 1990.

[77] WHITEHAND J W R. Urban Fringe belts: development of an idea [J]. Planning perspetives, 1998, 3 (1):47—58.

[78] GEORGE S W. The rural-urban fringe [J]. Economic geography, 1942, (18):217—218.

[79] JAMES F C. Community organizing + community development = community transformation [J]. Journal of urban affair, 2004, (2):

151—161.

[80] MILLAR P, KILPATRICK S. How community development programs can foster re-engagement with learning in disadvantaged community: leadership as process [J]. Studies in the education of adult, 2005, 4 (1):18—30.

[81] GILCHRIST A. Community development in the UK: possibilities and paradoxes [J]. Community development journal, 2001, (1): 6—25.

[82] CARTER H, WHEATLEY S. Fixation lines and fringe belts, land uses and social areas, nineteenth-centrury change in the small town [J]. Transaction of the institute of British geographers, 1979, 4 (2):214—238.

[83] REID H E. Is Los Angeles-style sprawl desirable? [J]. Journal of the American planning association, 1997, 63 (1):107.

[84] ANGEL D L F. Human capital in a global and knowledge-based economy: final report [M]. Blingley: Emerald group publishing, 2003.

后 记

对"撤村建居"的研究缘起于我们 10 多年前在杭州江干区四季青街道的
访谈。 四季青街道是杭州"撤村建居"的典型区块，它伴随着杭州的城市化
发展，从农村社区变成城市社区，从边缘转到中心。 而且，由于我们的老家
当时也处于"撤村建居"状态，这直接引起了我们对"撤村建居"特有的兴趣
和研究热情。 "撤村建居"是中国特有的城市化进程中"城乡二元分治"状
态下延伸出来的特定社会现象，目前，国内外学者对其的研究已有很多，研究
的关键之处不仅要实现空间和土地的城市化，更要实现文化认同和人的城市
化。 10 多年来，我们对这个主题进行了持续性的研究，并且获得了教育部人
文社会科学研究项目规划基金项目、浙江省社会科学联合会项目等的支持，
聚焦于"撤村建居"不同阶段所面临的不同困境，从社会支持和社区融合、多
元共治和差异化服务、人的城市化和基层治理等方面展开研究。 后来，两位
研究生林雪和李翠萍也加入了研究团队，在我们的指导下，对广州市的石牌
村和杭州市萧山区城厢街道的"撤村建居"现象进行研究，进一步拓展了研究
的空间并且提供了相应的对照性分析。 同时，研究团队的徐祖荣研究员一直
关注着社区志愿者服务，我们一起探讨未来社区志愿服务的发展是否能有效
推进"撤村建居"居民社区参与，大家都认为可以通过提升社区居民的组织化
志愿服务来确立居民参与的主体性地位，以形成基层民主自治的良好氛围。
这个视角的研究实际上很重要，但是可惜的是我们后来没有深入做下去。 因
此，我们还是决定先把初步成果呈现给大家，在"撤村建居"领域，无论是广

度还是深度上都有很大的拓展空间，我们团队将努力在这个领域进一步深耕。

最后，感谢我们整个研究团队持续为本书的顺利完成所付出的种种努力，全书由马良和陶莺最后完成统稿。感谢浙江工商大学开展的"浙江工商大学文化精品研究工程"，也感谢浙江工商大学出版社鲍观明社长策划了这套"改革开放 40 周年浙商研究院智库丛书"，很荣幸，我们这本书能被收录其中。特别感谢本书的责任编辑徐凌和谭娟娟，她们为了本书的顺利出版花费了很多心血。书中的观点如有不当之处，恳请学界同仁们批评和指正。

马　良　陶　莺

2018 年 11 月 18 日